O sorriso de Nicolau

História de Maquiavel

Maurizio Viroli

O sorriso de Nicolau

História de Maquiavel

Tradução
Valéria Pereira da Silva

Estação Liberdade

Título original: *Il sorriso de Niccolò. Storia di Machiavelli*

Revisão Agnaldo Alves, Nair Hitomi Kayo, Luciana Veit e Flávia Moino
Composição Pedro Barros / Estação Liberdade
Ilustração da capa Santi di Tito: *Niccolò Machiavelli*. Óleo sobre tela. Florença, Palazzo Vecchio.
Capa Nuno Bittencourt / Letra & Imagem
Editor Angel Bojadsen

Dados Internacionais de Catalogação na Publicação (CIP)
(Câmara Brasileira do Livro, SP, Brasil)

Viroli, Maurizio
O sorriso de Nicolau : história de Maquiavel / Maurizio Viroli ; tradução Valéria Pereira da Silva. — São Paulo : Estação Liberdade, 2002.

Título original: II sorriso di Niccolò: storia di Machiavelli
Bibliografia.
ISBN 85-7448-063-0

1. Escritores italianos - Século 16 - Biografia 2. Florença - Política e governo - 1421-1737 3. Intelectuais - Itália - Biografia 4. Machiavelli, Niccolò, 1469-1527 5. Política - História 6. Políticos e estadistas - Itália - Biografia I. Título.

02-4818 CDD-923.2

Índices para catálogo sistemático:
1. Pensadores políticos : Biografia 923.2

Editora Estação Liberdade Ltda.
Rua Dona Elisa, 116 – 01155-030 – São Paulo SP
Tel.: (11) 3661 2881 Fax: (11) 3825 4239
e-mail: editora@estacaoliberdade.com.br
http://www.estacaoliberdade.com.br

SUMÁRIO

NOTA 11

ABREVIAÇÕES 13

O SORRISO DE NICOLAU

I. A máscara e o rosto 17

II. Episódios que deixam sua marca 27

III. O nascimento da república e a morte do profeta 37

Mapa 1: Os territórios florentinos 38

Mapa 2: A Itália em 1494 41

IV. Um secretário muito particular 49

V. Horizontes mais amplos 59

VI. Uma esposa enfurecida e um duque inquietante 69

VII. O grande teatro da política 79

VIII. A história ensina a quem quer aprender 89

IX. Uma idéia talvez grande demais 99

X. A inveja dos florentinos e um papa guerreiro 111

XI. A missão junto ao imperador e a conquista de Pisa 121

XII. A tempestade se aproxima 131

XIII. Como morre uma república 145

XIV. A tragédia e o riso 159

XV. Parecer vivo 169

XVI. *O príncipe* e os amores 183

XVII. A comédia da vida 201

XVIII. O sabor da história 215

XIX. Histórias de frades, do inferno e de diabos 231

XX. Os últimos amores 249

XXI. No Palazzo Vecchio e no campo, pela última vez 269

XXII. Amar a pátria mais do que a própria alma 281

CRONOLOGIA ESSENCIAL DOS EVENTOS ITALIANOS, 1494-1527 297

BIBLIOGRAFIA SELECIONADA 301

ÍNDICE ONOMÁSTICO 303

À memória de Pier Paolo D'Attorre

NOTA

Escrevi esta biografia sem a pretensão de superar, em riqueza de detalhes e precisão histórica e arquivística, os estudiosos que antes de mim escreveram sobre a vida de Maquiavel, particularmente Roberto Ridolfi. Sua *Vita di Niccolò Machiavelli* [Biografia de Nicolau Maquiavel[1]], um clássico ainda insuperável, foi o meu principal guia. Apenas procurei narrar a vida de Maquiavel de forma nova, evidenciando certos aspectos obscuros e, algumas vezes, revendo opiniões consolidadas.

Sempre fui fascinado pelo pensamento político e pela escritura de Maquiavel e, sobretudo, pelo seu modo singular de rir da vida e dos homens. Escrevi estas páginas para compreender o significado do sorriso que emerge de suas cartas, suas obras e de alguns retratos seus, pois acredito que esse sorriso encerra uma grande sabedoria de vida, ainda mais profunda do que o seu pensamento político.

Para agilizar a leitura, reduzi ao mínimo as indicações textuais e recorri às abreviações que relaciono a seguir. O leitor irá encontrar no texto expressões bastante fortes extraídas das correspondências recebidas e enviadas por Maquiavel, e também

---

1. Edição brasileira: *Biografia de Nicolau Maquiavel*, de Roberto Ridolfi. Tradução de Nelson Souza Canabarro, publicada pela Editora Musa, São Paulo, 2002. (N.E.)

de documentos da época que outros biógrafos expurgaram ou omitiram. Preferi nada expurgar nem omitir, porque essa era a sua linguagem.

ABREVIAÇÕES

P (seguido pela indicação do capítulo) = Giorgio Inglese (edição crítica). *De Principatibus.* Roma: Istituto Storico per il Medio Evo, 1994.

LC (seguido pela indicação da página) = Sergio Bertelli (Org.). *Legazioni e Commissarie.* Milão: Feltrinelli, 1964. v. III.

L (seguido pela página) = "Lettere". In: Franco Gaeta (Org.). *Opere.* Turim: UTET, 1984. v. III.

D (seguido pela indicação do livro e do capítulo) = "Discorsi sopra la prima deca di Tito Livio". In: Corrado Vivanti (Org.). *Opere.* Turim-Paris: Einaudi-Gallimard, 1997. v. I. [Ed. bras.: *Discorsi. Comentários sobre a primeira década de Tito Lívio.* Trad. Sérgio Fernando Guarishi Bath. Brasília: UNB, 1982.]

Opere (seguido pela página) = Corrado Vivanti (Org.). *Opere.* Turim-Paris: Einaudi-Gallimard, 1997. v. I.

SL (seguido pela página) = "Scritti letterari". In: Luigi Blasucci (Org.). *Opere.* Turim: UTET, 1989. v. IV.

IF (seguido pela indicação do livro e do capítulo) = "Istorie Fiorentine". In: Alessandro Montevecchi (Org.). *Opere.* Turim: UTET, 1986. v. II.

Ridolfi (seguido pela indicação da página) = Roberto Ridolfi. *Vita di Niccolò Machiavelli.* Florença: Sansoni, 1969.

O SORRISO DE NICOLAU

I

A MÁSCARA E O ROSTO

Conta-se que, antes de morrer, em 21 de junho de 1527, Nicolau Maquiavel relatou aos amigos que o acompanharam até o último momento, um sonho que tivera, e que se tornou célebre nos séculos vindouros como "o sonho de Maquiavel".

Disse ter visto um grupo de homens malvestidos, de aparência miserável e sofredora. Ao indagar quem eram, recebeu a seguinte resposta: "Somos os santos e os bem-aventurados, vamos para o Paraíso." Em seguida, avistou uma multidão de homens de nobre e grave aspecto, vestidos com roupas majestosas, que discutiam solenemente sobre importantes problemas políticos. Reconheceu os grandes filósofos e historiadores da Antigüidade que haviam escrito obras fundamentais sobre política e sobre os Estados, entre os quais estavam Platão, Plutarco e Tácito. Perguntou também a eles quem eram e para onde se dirigiam: "Somos os condenados ao Inferno", responderam. Maquiavel termina seu relato explicando aos amigos que queria antes ir para o inferno discutir sobre política com os grandes homens da Antigüidade do que ser mandado ao paraíso, para morrer de tédio na companhia dos beatos e dos santos.

Esse sonho evoca outro, o célebre "sonho de Cipião", relatado por Cícero em sua *República*. Narra Cícero que Cipião, o Velho, aparecendo em sonho ao sobrinho Cipião Emiliano, lhe diz que "a todos os homens que ajudaram a conservar e engrandecer a pátria está garantido um lugar especial no céu, onde os bem-aventurados desfrutam da eternidade; pois, de todas as coisas que sucedem na Terra, nada é mais aprazível ao Deus primeiro, que governa todo o Universo, do que as reuniões e as sociedades dos homens agregados no direito, conhecidas como repúblicas. E seus governantes e defensores, que daqui provêm [referia-se à Via Láctea], para cá retornam".

Maquiavel, que conhecia muito bem o "sonho de Cipião", quis transmitir em seu leito de morte uma versão bem pessoal do relato, com uma moral um tanto diversa. Em seu sonho, os fundadores, governantes e protetores das repúblicas, com seus feitos e suas obras, não desfrutam beatificamente a eternidade no lugar mais luminoso do Universo, como na antiga visão. Ao contrário, são condenados ao inferno porque, ao realizar os grandes feitos que os tornaram imortais, violaram as normas da moral cristã. Na sátira de Maquiavel, porém, o inferno é mais atraente e interessante do que o paraíso, pois lá se encontram os grandes homens da política. Em seu relato, Nicolau reafirma a moral do sonho antigo, segundo a qual os verdadeiros políticos são semelhantes aos deuses e merecem uma glória perene e, ao mesmo tempo, zomba do paraíso e do inferno dos cristãos.

Não sabemos se a história do sonho de Maquiavel é verdadeira ou inventada, mas acredito que lembrá-la é a melhor forma de apresentar o homem cuja vida e idéias proponho relatar. De fato, na narrativa do sonho estão presentes todas as qualidades de Nicolau: zombeteiro, irreverente, dotado de uma inteligência aguçada; pouco interessado na alma, na vida eterna ou no pecado; fascinado pelos grandes feitos e pelos grandes homens. Considerava grandes, antes de tudo, os príncipes e os governantes das repúblicas, homens que prescreveram boas leis a seu povo, salvando-o da escravidão e tornando-o livre, como Moisés. Igualmente grandes eram as peripécias e os reveses dos Estados e governos que decidiam a vida e o destino de inúmeros homens.

Em suma, para Maquiavel, grande era a política. Não há nada de estranho que, à beira da morte, tenha afirmado sua preferência pelo inferno, na companhia dos grandes políticos, ao céu e seus santos.

Estranho é que ele tenha encontrado forças para gracejar em seus últimos dias. Pouco antes de morrer, Nicolau é um homem triste, desiludido, resignado. Tem quase sessenta anos. O rosto está cansado; nos lábios, desenha-se uma prega amarga, e os olhos perderam a expressão inteligente, sarcástica e irônica transmitida pelos retratos dos anos de maturidade. Tem o olhar voltado para o vazio e os pensamentos, para o passado. Não apresenta mais a postura ereta e segura com a qual fora apresentado aos príncipes, papas, reis e imperadores. O corpo está curvado pelas fadigas inumeráveis: demasiadas viagens, cavalgando dia e noite; demasiados perigos enfrentados e demasiadas esperanças desiludidas; demasiados sonhos que jamais seriam realizados. Demasiadas, sobretudo, a estupidez, a malevolência e a perversidade dos que se voltaram, enfurecidos, contra ele.

Durante toda a vida, Nicolau empregou suas energias no intuito de convencer os poderosos da Itália a libertar o país do domínio dos estrangeiros que mandavam e desmandavam com seus exércitos. Todavia, poucas semanas antes de sua morte, cumpriu-se o último e mais grave ato de toda a tragédia italiana. Em 6 de maio de 1527, um exército formado por soldados da infantaria espanhola e pelos terríveis mercenários alemães, sob o comando do duque Carlos de Bourbon, tomou de assalto os muros de Roma. Para defender a cidade, havia apenas um punhado patético de miseráveis mal-armados, recolhidos nos estábulos dos cardeais e dos prelados, nas oficinas dos artesãos e nas tabernas. O papa, que poucos meses antes havia se desfeito de suas tropas, buscou refúgio no Castelo de Sant'Angelo. Após poucas horas de combate, Roma caiu em poder dos espanhóis e dos mercenários. Os espanhóis estavam sedentos de violência e de despojos de guerra; os mercenários alemães, fervorosos protestantes, ávidos de violência, de despojos e de vingança contra os odiados católicos. É o saque de Roma.

Maquiavel havia calculado e previsto as providências que os homens de poder na Itália deveriam ter tomado para evitar tal tragédia, mas ninguém o escutara. O que mais poderia fazer agora, a não ser rir e contar histórias, como aquela do sonho? Mas era um riso que não consolava nem aliviava o coração de suas aflições — ria para não chorar. Era um riso que mascarava, sem dissipar, sua indignação contra a injustiça e o absurdo de um mundo no qual quem governa não sabe proteger da guerra, da violência, das humilhações e da miséria os homens e mulheres sob sua autoridade, enquanto quem é capaz de governar com justiça, refreando a ambição e a crueldade dos homens por meio da criação de instituições dignas, boas leis e exércitos bem disciplinados, não é ouvido por ser pobre, ou por não ser membro da nobreza, ou por não possuir amigos influentes.

Essa era a condição de Nicolau: "nasci pobre, e aprendi antes a padecer do que a gozar". Não queria dizer com isso que alguma vez lhe faltara o pão, ainda que tivesse de se contentar, muitas vezes, com modestas refeições. Ao definir-se como pobre, Maquiavel se colocava entre os que não pertenciam a grandes famílias e estavam, portanto, excluídos de serem eleitos aos cargos públicos ou de alcançar a fortuna nos negócios. Parentesco e amizade significavam tudo. Quem não os possuía, devia resignar-se a permanecer à margem, por maiores que fossem suas qualidades. Em Florença, quem não tem poder "não encontra cão que lhe ladre", escreve Nicolau na *Mandrágora,* sua mais bela comédia, composta em 1518.

Os Machiavelli eram uma antiga família florentina que chegara a ocupar cargos importantes no governo da cidade. O pai de Nicolau, porém, *messer* Bernardo di Niccolò di Buoninsegna, pertencia a um ramo empobrecido dos Machiavelli, e as magras rendas de sua propriedade eram suficientes apenas para sustentar a família, mesmo assim graças a severas economias. A família era constituída pela mulher Bartolomea de' Nelli, as filhas Primavera e Margherita, por Nicolau, nascido em 3 de maio de 1469, e Totto, o filho caçula, nascido em 1475.

Bernardo era doutor em leis, mas, ao contrário da maioria dos advogados e dos tabeliães florentinos, obtinha escassos ganhos em sua profissão, embora pareça ter gozado de certo prestígio intelectual, visto que Bartolomeo Scala, secretário da república e grande humanista, representara-o como um dos protagonistas de um diálogo sobre a justiça e as leis, composto em 1483. Bernardo era um amante sincero dos livros e conseguiu a duras penas formar uma biblioteca que reunia obras de filósofos gregos e romanos, incluindo Aristóteles e Cícero, os textos dos grandes mestres da Retórica e vários volumes sobre a história italiana. Muitas vezes tinha de se contentar em tomá-los emprestados, pagando *in natura* com o produto de suas propriedades. Para conseguir um livro particularmente caro mas importante, a *História de Roma* de Tito Lívio, compilou um índice de todos os lugares mencionados na obra, a pedido do editor florentino Niccolò della Magna. Foi um trabalho árduo e tedioso, que durou nove meses, porém, como recompensa, obteve o livro. Graças ao paciente trabalho do pai, Nicolau pôde ler e reler a seu bel-prazer a obra na qual o historiador romano narrava as empresas políticas e militares que permitiram a uma pequena cidade tornar-se uma república livre e poderosa. Nos anos de sua maturidade, Nicolau iria utilizar essa obra para compor os *Comentários sobre a primeira década de Tito Lívio*, sua obra mais importante, que contém o conjunto de seu pensamento político e, em particular, suas reflexões sobre como construir uma república grande e livre.

Nicolau era muito ligado ao pai, e ambos mais pareciam dois amigos do que pai e filho, a julgar pelos documentos que restaram. Como todos os bons amigos, sempre brincaram entre si. Numa ocasião em que Nicolau passava por dificuldades em Florença, Bernardo lhe mandou do campo um gordo ganso. Em agradecimento ao generoso presente, Nicolau respondeu com um soneto que terminava com as seguintes palavras: "Ao fim do jogo, pois, / meu bom *messer* Bernardo, comprareis / patos e gansos, e não os comereis."

Bernardo e Nicolau tinham em comum o espírito jovial e o amor pela boa companhia, pela conversação alegre e pelos ditos picantes. Alguns anos após a morte do pai, ocorrida em maio de 1500, um frade da Santa Cruz disse a Nicolau que alguns cadáveres tinham sido sepultados, às escondidas, na capela da família Machiavelli. Ao frade estupefato, Nicolau respondeu: "Ora, deixe-os lá, pois meu pai gostava muito de conversar, e quanto mais gente vier entretê-lo, mais se divertirá" (*Ridolfi*, 56). Bernardo jamais pôde dar-lhe riqueza ou poder, mas Nicolau o amou do mesmo jeito, ou melhor, talvez por isso mesmo dedicasse a ele um sentimento singularmente terno, desprovido da reverência e do temor que os pais ricos e poderosos com freqüência inspiram em seus filhos.

Madonna Bartolomea, mãe de Nicolau, havia morrido em 11 de outubro de 1496, poucos anos antes do pai. Infelizmente, sabemos muito pouco dela. Não restaram cartas, nem recordações que nos permitam conhecer seu caráter e seus sentimentos pelo marido e pelos filhos. Como acontece em relação a tantos outros e, sobretudo, em relação a outras tantas mulheres, devemos nos conformar diante da força destruidora do tempo, que nos privou de documentos e de memórias. O que o tempo não destruiu foi apagado pelo preconceito daqueles que acreditaram que a vida de Bartolomea de' Nelli não merecia sequer algumas poucas páginas de um diário ou um breve relato. Sabemos apenas que era uma mulher culta, que chegou a compor poesias e *laudes* de caráter religioso. Talvez Nicolau tenha herdado justamente dela o dom da poesia, ou pelo menos o dote de ver a vida e o mundo com os olhos de um poeta e de escrever uma "divina prosa", como disse um importante e severo crítico da literatura italiana.

Os Machiavelli não podiam dar-se ao luxo de confiar seus filhos a grandes preceptores que neles incutissem os dotes humanísticos. Mesmo assim, deram a Nicolau e a Totto uma boa educação, que compreendia o conhecimento do latim, da gramática e do ábaco, e muito provavelmente, a julgar-se pelos livros que circulavam em casa, também a retórica, ou seja, a arte de falar e escrever de forma eloqüente, de convencer, persuadir e comover o público que escuta ou lê. Ao descrever seus conhecimentos, por volta dos quarenta anos, Nicolau escreveu a um amigo que o acaso fizera com que ele não soubesse discorrer sobre a arte da seda, nem sobre a arte da lã, nem sobre os ganhos e as perdas. Em outras palavras, ele não conhecia nem as artes manuais, como a da lã ou da seda, nem a outra arte na qual os florentinos se destacavam, isto é, os negócios bancários e o comércio.

Mais tarde, Nicolau enriqueceu o patrimônio dos conhecimentos adquiridos na infância com leituras importantes. Os poetas latinos vinham em primeiro lugar, e acima de todos, Virgílio. Em seguida, aqueles poetas que ele chamava de "menores" e que escreveram sobre o amor, como Tíbulo e Ovídio. Lucrécio ocupava um lugar à parte, com seu poema *De rerum natura,* que conta em versos a origem da natureza, dos mares, das plantas, dos animais e da condição humana. Nicolau não apenas leu como copiou o poema com esmero, talvez como exercício de latim ou, mais possivelmente, para possuir uma cópia que pudesse ler e reler à vontade. Em todo caso, Nicolau sentia-se atraído pelo poeta latino que afirmava em seus versos intensos e desconsolados que o homem não é, de forma alguma, o senhor do Universo, como gosta de acreditar com orgulho fútil. Ao contrário, o homem é uma vítima, imolada à natureza, em primeiro lugar, e ao destino, por fim. Nasce nu, em prantos — seus gritos enchem o ar. É o único animal da criação capaz de cometer espantosas crueldades contra seus semelhantes; no entanto, nenhuma outra criatura parece ter tanta vontade de viver e tanto desejo e necessidade do eterno e do infinito.

Leu depois os filósofos antigos, sobretudo os historiadores. Tucídides, que relatou a guerra entre Esparta e Atenas que iria dilacerar a Grécia; Tácito, que narra a corrupção e a perfídia de Tibério,

Calígula e Nero; e, principalmente, aquele Tito Lívio, que o pai, Bernardo, havia adquirido com tanto esforço e pelo qual deixara como adiantamento da paga ao encadernador "três garrafões de vinho tinto e um de vinagre". Dessas leituras nasceram as duas grandes paixões de Nicolau: o amor pelos antigos e o amor pela história. Nos antigos heróis romanos e gregos via exemplos de virtude, coragem e sabedoria, que refletiam uma grandeza imensa quando comparados à corrupção, covardia e estupidez dos modernos. A história lhe ensinava sobre as paixões, as esperanças e os erros dos homens, e ao ler os acontecimentos passados compreendia os eventos do presente, porque, dizia, todas as cidades e todos os povos manifestam as mesmas paixões e os mesmos desejos.

Entre os modernos amava Dante, em primeiro lugar, e depois Petrarca e Boccaccio. Para Maquiavel, Dante era um mestre de estilo e de sabedoria; procurou imitar seu estilo ao escrever poesias e o citava freqüentemente de memória, seja em seus livros ou nas cartas aos amigos. Boccaccio inspirou-lhe uma concepção de vida alegre, burlesca e irreverente que o tornou, para a felicidade de seus amigos, sempre disposto aos gracejos, aos ditos de espírito e a todo o tipo de anedotas capazes de provocar risos. Tudo isso sem ofender, sem ferir ninguém, demonstrando sempre uma ilimitada compreensão da fragilidade humana, a começar da própria.

Naquele tempo, e ainda hoje, havia muitos homens que adoravam aumentar as próprias virtudes e qualidades. Nicolau divertia-se em exagerar os próprios vícios, atribuindo a si mesmo até alguns defeitos que jamais demonstrou. Antes de ser famoso em Florença como escritor político, autor de comédias e historiador, foi célebre pela sua atitude de independência diante de tudo e de todos, pelos seus ditos inimitáveis, suas histórias e brincadeiras. Os amigos o chamavam de "Machia", algo como "o Astuto", apelido que se ajusta bem à sua pessoa.

Orientado por seus mestres antigos e modernos, Nicolau concebeu uma visão muito pessoal da existência, feita de generosidade e de amor pelas coisas grandiosas e pelas paixões intensas, de respeito pela fragilidade da vida e de admiração pela beleza. Contudo, essa concepção era alimentada por uma profunda compreensão da maldade humana e do rigor da vida. O que os livros não ensinaram, Maquiavel aprendeu nas ruas, praças, igrejas, bancos e tabernas que faziam de Florença uma escola esplêndida e árdua, única no mundo, a qual praticamente o compeliu a viver uma vida que merece ser contada.

II

EPISÓDIOS QUE DEIXAM SUA MARCA

A Florença do final do século XV, o *Quattrocento*, era ao mesmo tempo magnífica e miserável. A beleza de suas igrejas, edifícios públicos e privados, de suas ruas e praças, o talento e a criatividade de seus cidadãos, a vivacidade da vida artística e intelectual faziam dela uma cidade única na época; apenas Veneza seria capaz de sustentar uma comparação.

Esse esplendor, porém, era prejudicado pela debilidade das instituições políticas, que asseguraram a paz da cidade e garantiram justiça e segurança a seus cidadãos apenas durante breves períodos de tempo. Sob aquele céu límpido, naquela atmosfera sutil, as paixões humanas, tanto as torpes quanto as nobres, adquiriam uma particular intensidade. Muitas vezes, praças e ruas foram o palco de ferozes combates entre facções opostas que ambicionavam dominar a cidade. Essas lutas cobriam as ruas de Florença de sangue que clamava por mais sangue.

Enquanto nos palácios as riquezas nutriam a arrogância das grandes famílias e a corrupção dos costumes, a inexistência de um exército bem disciplinado colocava a liberdade de Florença em perigo constante. Para se defender e manter o domínio sobre outras cidades da Toscana, os florentinos recorriam aos chefes mercenários e às suas milícias, que, se tivessem a oportunidade de lucrar mais passando ao campo inimigo, faziam-no sem vacilar.

Nem a proteção do aliado tradicional, o rei da França, merecia maior confiança. Para ele, a independência dos florentinos era, principalmente, um meio para reduzir o poder espanhol na Itália, e quando não lhe convinha ou não era possível ajudá-los, deixava-os, como veremos, entregues ao próprio destino.

Florença era objeto de amor e de ódio. Amada por sua beleza e elegância e odiada por sua insensatez política e pela mesquinharia e egoísmo de grande parte de seus cidadãos. Maquiavel compartilhava desses sentimentos, os quais o acompanharam por toda sua vida, inspirando seus pensamentos e ações.

A Florença de Maquiavel era rica. Suas oficinas produziam lãs e sedas que eram exportadas até os vilarejos mais distantes. Seus banqueiros sabiam fazer frutificar e reinvestir as fortunas produzidas e acumuladas. Por meio delas e de hábeis manobras diplomáticas, Florença havia construído um grande domínio, que incorporava cidades importantes e praças-fortes como Pisa, Livorno, Arezzo e Pistóia.

Florença governava as cidades e os campos subjugados visando o próprio interesse, e deles obtinha riquezas e prestígio que a destacavam dos outros Estados da península italiana. O preço a ser pago eram as rebeliões, reais ou apenas prenunciadas por alguma das cidades submetidas, a guerra e as enormes somas de dinheiro despendidas para manter seu domínio.

As grandes famílias florentinas, o verdadeiro coração político da cidade tanto no bem quanto no mal, contribuíam amplamente para essas guerras. Uma dessas famílias destacou-se entre as demais, deixando uma forte marca na história e na vida de Florença. Ricos, astutos, decididos, os Medici construíram um vasto e duradouro sistema de poder baseado em uma rede de amigos e de partidários, progressivamente organizada graças a uma cuidadosa política de concessão de favores. Ofereciam a alguns a ajuda necessária para a abertura de negócios ou para superar dificuldades financeiras; a outros, empréstimos para os dotes destinados a casar suas filhas com distinção e proveito.

A outros, ainda, auxílio para resolver problemas com a justiça ou com os impostos devidos. Desse modo, os Medici se tornaram os verdadeiros senhores da cidade, apesar de declararem freqüentemente sua condição de cidadãos "como os demais" e de Florença conservar as aparências de uma república livre.

O poder dos Medici tornou-se praticamente indiscutível a partir de 1434, quando Cosme, o Velho, voltou triunfante do exílio impelido por seus inimigos. Em pouco tempo, Cosme conseguiu reduzir à miséria ou exilar todos aqueles que eram capazes, por riqueza ou influência, de prejudicar seus projetos. Para triunfar sobre seus inimigos, não hesitava em violar leis ou esmagar regras morais. Quando o criticavam por ser inescrupuloso e amar "mais a si próprio do que à Pátria e mais a este mundo do que ao outro", respondia que "os Estados não podiam ser governados com o rosário nas mãos".

Com isso ele queria dizer que aqueles que pretendem conservar e aumentar seu poder político não podem se guiar pelos princípios da moral cristã. Quando lhe diziam que, com seus métodos, estava arruinando Florença, retrucava: "Melhor uma cidade arruinada que perdida", deixando claro que para ele os interesses relativos aos Medici prevaleciam sobre o bem da cidade. Apesar de tudo isso, Cosme morreu rico e honrado, em Florença, em 1464. Foi louvado por todos os cidadãos como um grande florentino e proclamado solenemente "pai da Pátria".

Seu filho Piero o sucedeu no comando do regime por ele construído, mas, por causa da saúde delicada, não foi capaz de cumprir as obrigações de Estado. Faleceu em 1469, deixando dois filhos, Lorenzo e Giuliano, os quais, ainda muito jovens, demonstraram as qualidades necessárias para continuar a obra do pai e reforçar o domínio dos Medici. Lorenzo, em particular, consolidou a própria reputação ao declarar guerra à cidade de Volterra, contra o conselho dos principais cidadãos, para resolver uma disputa relativa à propriedade e à exploração de algumas minas de alume.

OS MEDICI

(as datas em itálico indicam os anos no poder)

- Averardo, dito Bicci (m. 1363)
  - Francesco
    - Averardo (1373-1434)
  - Giovanni di Bicci (1360-1429)
    - (1) Cosme, o Velho, *Pater Patriae* (1389-1464; *1434-64*)
      - (2) Piero (1418-69; *1464-69*)
        - (3) Lorenzo, o Magnífico (1449-92; *1469-92*)
          - (4) Piero (1471-1503; *1492-94*)
            - (7) Lorenzo (duque de Urbino) (1492-1519; *1513-19*)
              - (10) Alessandro (1511-37; *1523-27, 1531-37*)
          - (5) Giovanni (papa Leão X) (1475-1523; *1512-13*)
          - (6) Giuliano (duque de Nemours) (1478-1516; *1513*)
            - (9) Ippolito (1511-35; *1523-27*)
        - Giuliano (1453-78)
          - (8) Giulio (papa Clemente VII) (1478-1534; *1519-23*)
    - Lorenzo (1394-1440)
      - Pierfrancesco (1431-77)
        - Giovanni (1467-98)
          - Giovanni das Bandas Negras (1498-1526)
            - (11) Cosme I (1519-74; *1537-74*)

A guerra terminou com a vitória dos florentinos. Depois de superar as fracas defesas, as tropas comandadas por Astorre Gianni saquearam a cidade, não poupando nem as mulheres nem os velhos. Entretanto, em Florença, a notícia da vitória foi recebida com grande júbilo, e Lorenzo de' Medici, principal promotor da guerra, reforçou posteriormente seu poder sobre a cidade.

Seu poder despertava o ressentimento e a inveja das demais famílias importantes de Florença, em particular a dos Pazzi, que foi várias vezes ofendida por Lorenzo. O chefe da família Pazzi era *messer* Iacopo, mas foi seu sobrinho Francesco quem concebeu a conspiração contra Lorenzo e Giuliano, para vingar as humilhações sofridas e destruir o poder dos Medici em Florença. Francesco Salviati, arcebispo de Pisa, aderiu à conspiração motivado pelo seu ódio aos Medici, e Giovan Battista de Montesecco, comandante a serviço do papa Sisto IV, mostrou-se favorável a ela pelo menos no início.

Após vários adiamentos, os conspiradores decidiram executar o plano no dia 26 de abril de 1478, um domingo, durante a missa celebrada pelo cardeal de Florença na igreja de Santa Reparata. Quando o cardeal tomou a hóstia consagrada, os conjurados sacaram os punhais de suas vestes e se lançaram contra Giuliano e Lorenzo de' Medici. Giuliano morreu sob os golpes desferidos por Bernardo Bandini e Francesco dei Pazzi; Lorenzo conseguiu escapar refugiando-se na sacristia. Após o fracasso do plano de assassinar ambos os Medici, o arcebispo Salviati tenta ocupar o palácio da Senhoria, mas é derrotado, preso e enforcado com suas roupagens sacerdotais nas janelas do Palazzo Vecchio. O velho Iacopo dei Pazzi, à frente de uma centena de homens armados, procurou sublevar os florentinos em nome da liberdade, contra a tirania dos Medici. Como ninguém atendeu a seu apelo, foi obrigado a fugir em direção a Romanha, porém acabou capturado ao longo da estrada e enforcado. O corpo foi sepultado no túmulo da família, mas depois foi excomungado e exumado para ser novamente enterrado junto aos muros do cemitério, em terra não consagrada. Ainda insatisfeitos, desenterraram novamente seu cadáver e o arrastaram pelas ruas da cidade, nu e ainda atado à corda que o enforcara; depois de tudo, foi jogado no rio Arno.

Nicolau tinha nove anos quando esses fatos ocorreram em Florença. Mesmo que não tenha visto o cardeal Salviati enforcado nas janelas do Palazzo Vecchio, ou os membros dos vencidos Pazzi carregados nas pontas das lanças ou arrastados pelas ruas, é certo que ouviu falar sobre esses eventos, e tais narrativas o impressionaram profundamente. Muitos anos depois, ao escrever sobre a conjuração dos Pazzi, e em especial sobre a sua tentativa fracassada de incitar o povo à revolta, observou que, quando um senhor é poderoso e pródigo em seus favores, assim como os Medici, o povo mostra-se surdo aos apelos em nome da liberdade, principalmente quando jamais viveu como um povo livre. Quanto ao horrível fim de Iacopo dei Pazzi, observa que mesmo os homens mais ricos e poderosos podem ter um fim miserável, seja por imprudência, por sua ambição desmedida ou simplesmente pela crueldade do destino.

Após derrotar a conspiração dos Pazzi, Lorenzo teve de enfrentar uma ameaça muito mais perigosa a seu poder e à independência de Florença. O papa Sisto IV, que havia apoiado ativamente a conspiração, aliou-se ao rei de Nápoles, Fernando de Aragão, declarando guerra a Florença. Desprovida de um exército eficaz, contando com pouca ajuda do duque de Milão e nenhuma dos venezianos, dificilmente a cidade poderia resistir como havia feito um século antes, durante a "guerra dos Oito Santos", contra a fúria do papa e de seus aliados. Assim, o próprio Lorenzo pôs em prática a única iniciativa diplomática capaz de afrouxar as garras que ameaçavam Florença. Após preparativos cuidadosos e secretos, foi pessoalmente a Nápoles negociar a paz com o rei Fernando, em dezembro de 1479. Depois de obtido um acordo, voltou a Florença em março do ano seguinte, sendo acolhido como salvador da pátria e aclamado como o legítimo senhor da cidade.

Após afastar a ameaça de uma guerra, a Florença da juventude de Nicolau retornou aos vícios da paz. Os jovens, sobretudo os amigos da família Medici que, sem rivais, dominavam a cidade, preocupavam-se apenas, como relembra Maquiavel anos depois, em "se exibir esplêndidos no vestir e astutos e sagazes no falar". Aqueles que se demonstravam os mais aptos em ofender e magoar com as palavras eram considerados "os mais sábios e os mais estimados" (*IF*, VII, 28).

Coube ao frade dominicano Girolamo Savonarola condenar energicamente e de forma profética a corrupção reinante. Ao chegar a Florença no verão de 1489, Savonarola dava lições de filosofia aos noviços no horto do convento de San Marco, ao lado de uma roseira damascena. Com o passar do tempo, sua fama começou a atrair ao convento um número cada vez maior de ouvintes, que o convenceram a transformar suas aulas em autênticos sermões dirigidos a toda a cidade.

Savonarola subiu ao púlpito na igreja de San Marco em 1º de agosto de 1489 e, predicando sobre o Apocalipse, anunciou as profecias, às quais retornaria, muitas vezes, nos anos seguintes: a Igreja cairá em desgraça; depois será renovada, e isso acontecerá em breve; enfim, uma maré inundará a Itália. Sua fama crescera tanto que, para acolher a multidão que vinha escutá-lo, Savonarola, durante a Quaresma de 1491, foi pregar em Santa Maria del Fiore. Entre as paredes dessa esplêndida igreja renovou suas acusações contra a corrupção do clero. Ouvimos freqüentemente, disse Savonarola, que bendita é a casa que possui muitos padres, mas virá um tempo em que o contrário será afirmado. Denunciou com a mesma severidade a avareza e a injustiça dos ricos, que impunham aos pobres o pagamento de juros intoleráveis.

Porém, suas palavras mais duras foram dirigidas contra o tirano que dominava a cidade, e aqueles que ouviram seu sermão de 6 de abril de 1491 facilmente compreenderam que seu alvo era Lorenzo, o Magnífico. Para Savonarola, todo o mal e todo o bem da cidade dependiam de seu chefe. Este seria, assim, o grande responsável até mesmo pelos pecados mais ínfimos de seu povo, pois, caso resolvesse seguir o caminho do bem, tornaria toda a cidade santa com ele. Os tiranos são incorrigíveis porque são arrogantes, amam os aduladores e não pensam em devolver aquilo que roubaram. Permitem aos maus funcionários agir ao bel-prazer, cedem às lisonjas, não escutam os miseráveis, não condenam os ricos e deixam que os pobres e os camponeses trabalhem em benefício daqueles, tolerando que até mesmo seus funcionários pretendam o mesmo. Também corrompem as eleições, oprimindo cada vez mais o povo.

Nicolau, na época com pouco mais de vinte anos, certamente escutou as pregações de Savonarola. Mas, ao contrário da maioria de seus conterrâneos, não se deixou levar por sua eloqüência. A idéia de que o pecado dos italianos fosse a causa de todos os males da Itália não o convencia, e muito menos acreditava que ao jejuar, pregar e abster-se dos prazeres da carne, dos jogos e das festas, os florentinos aplacariam a cólera de Deus, reencontrando a paz e a concórdia.

Mas acreditava, assim como Savonarola, que os pecados dos povos nascem da conduta de seus príncipes. Reconhecia que o frade possuía uma grande integridade moral e uma vasta doutrina que o permitiram convencer o povo de Florença, que não era "nem ignorante nem rústico", a acreditar que ele era inspirado por Deus. Mentiras e enganos à parte, Nicolau reconhecia em Savonarola o dom da profecia, ou seja, a capacidade de interpretar os sinais premonitórios que anunciam eventos extraordinários. Por isso, e também pela sua retidão moral, Nicolau sempre falou dele com respeito, ainda que nunca tenha sido um de seus seguidores.

Os primeiros sinais das grandes mudanças e dos grandes males que afligiriam Florença e a Itália se manifestaram na primavera de 1492. Um raio atingiu a cúpula de Santa Reparata, derrubando muitas pedras sobre a casa dos Medici. No céu surgiu um cometa e se ouviram os uivos dos lobos. Em Santa Maria

Novella uma mulher enfurecida bradou que um boi com chifres de fogo incendiaria a cidade. Alguns leões atacaram-se e um belíssimo exemplar foi encontrado morto. Na presença de várias pessoas, Savonarola afirmou que aqueles eram presságios da morte iminente de Lorenzo, o Magnífico.

Lorenzo morreu em 6 de abril de 1492. Sobre ele pesava a grande culpa de ter feito de Florença uma cidade servil, e conta-se que mesmo na hora da morte, enquanto confessava seus pecados justamente a Savonarola, recusou-se a devolver a liberdade à cidade, em particular a liberdade de escolher sem restrições os cidadãos aos quais seria confiado o governo, e a liberdade de discutir e aprovar as leis nos conselhos públicos. Mas Lorenzo fora também o autor de um admirável e delicado equilíbrio político entre os Estados italianos — entre o Reino de Nápoles, o Ducado de Milão, Veneza e o Estado pontifício. Graças à sua prudência, conseguira impedir que as ambições de um ou outro poderoso perturbassem a paz italiana, abrindo as portas aos estrangeiros.

Após a morte de Lorenzo, ninguém mais soube, ou desejou, continuar a sua política. Os príncipes italianos que foram a Florença assistir aos seus esplêndidos funerais tinham razão de chorar sua morte. Com a saída de cena de Lorenzo, escreveu Maquiavel em *História de Florença*, aproximadamente em 1525, "começaram a nascer aquelas sementes más, que em breve, na ausência de quem soubesse arrancá-las, arruinaram e ainda arruínam a Itália".

III

O NASCIMENTO DA REPÚBLICA E A MORTE DO PROFETA

No dia em que um raio atingiu a cúpula de Santa Reparata, Savonarola disse: "Eis a espada de Deus sobre a terra, *cito et velociter*."[1] E, de fato, o flagelo logo chegou. Convocado e patrocinado por Ludovico Sforza, duque de Milão, Carlos VIII, rei da França, invadiu a Itália em 1494 para afirmar a soberania francesa sobre o Reino de Nápoles, governado por Afonso de Aragão. Comandava um exército de quarenta mil homens, muito superior em poder e disciplina a qualquer força jamais reunida pelos governantes italianos.

Junto com Carlos VIII entraram na Itália, como escreveu Francesco Guicciardini, "uma labareda e uma peste", que iriam modificar regimes políticos e formas de governo, e alterar profundamente os velhos equilíbrios entre os Estados italianos. Antes de sua chegada, cada um dos cinco maiores Estados italianos — ou seja, os domínios papais, o Reino de Nápoles, a República de Veneza, o Ducado de Milão e a República de Florença — preocupava-se principalmente em impedir que qualquer um dos outros se tornasse poderoso demais, contestando assim qualquer tentativa de expansão. Ademais, na eventualidade de uma guerra, o procedimento dos soldados era de tal forma lento

1. Sem tardar e rapidamente. (N.E.)

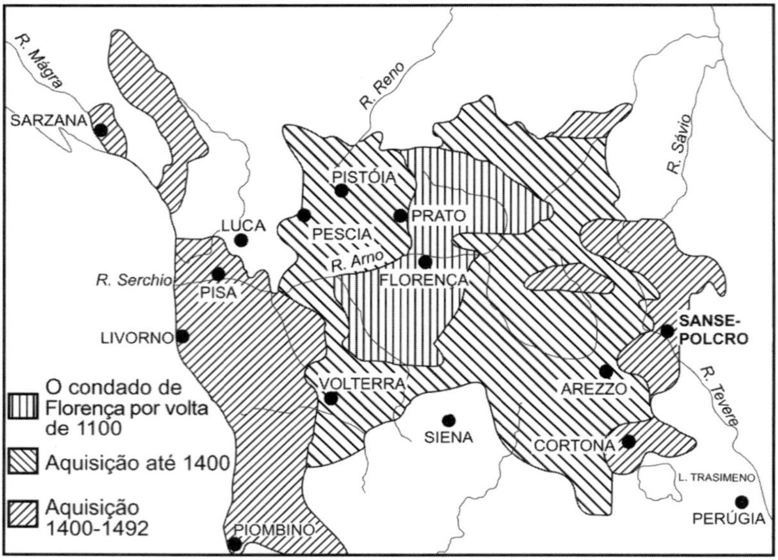

Mapa 1: Os territórios florentinos.

e o uso das artilharias tão ineficaz, que tomar um castelo de assalto podia levar um verão inteiro, e "as batalhas terminavam com pouquíssima ou quase nenhuma morte", como escreve Guicciardini.[2]

O exército francês chegara como uma tempestade imprevista, transtornando toda a política italiana. Nenhum príncipe ou soberano se preocupou com o bem comum da Itália, e, atemorizados, todos passaram a tratar exclusivamente dos próprios interesses. Nenhum deles tentou impedir a conquista de um Estado vizinho. As guerras se tornaram mais violentas, e o assalto às cidades passou a ser uma questão de dias ou até mesmo de poucas horas, graças ao emprego mais eficaz das artilharias. Tanto a guerra quanto a política assumiram uma rapidez e uma dureza extremas.

2. Refere-se a Francesco Guicciardini e à sua obra *Storia d'Italia*. (N.E.)

Com a esperança de fortalecer seu vacilante governo, Piero de' Medici, filho e sucessor de Lorenzo, foi logo ao encontro do rei francês, aquartelado em Sarzana. Para conseguir seus favores, concedeu-lhe o controle das fortalezas de Sarzana, Pisa e Livorno, todas de fundamental importância para a segurança e o poderio de Florença.

A indignação na cidade foi enorme. Mesmo os florentinos mais próximos aos Medici criticaram impiedosamente a conduta de Piero, que já era impopular pelas suas maneiras arrogantes. Segundo as crônicas da época, Piero Capponi, um dos cidadãos de maior reputação em Florença, pronunciou um discurso memorável na presença dos magistrados da cidade, que iria assinalar o início da rebelião aberta da elite e do povo florentino contra Piero e seu regime.

As responsabilidades de Piero de' Medici, afirmou Capponi, eram muitas e graves. Ele nada fizera para aproximar o duque de Milão, Ludovico Sforza, e o rei de Nápoles a fim de impedir a invasão de Carlos VIII à Itália. Nunca consultou os cidadãos mais sábios e argutos; em vez disso, quanto mais a situação se tornava perigosa, mais ele agia às escondidas. Sua culpa mais grave, porém, foi conceder as fortalezas ao rei da França como se fossem "sucata", embora elas representassem as meninas dos olhos do domínio florentino, conquistadas pelos seus ancestrais com "tanto sangue, fadiga e sacrifício".

Piero Capponi terminou seu discurso conclamando a população a reunir o maior número possível de homens armados no Condado, a fim de juntar-se aos soldados já alistados. Essas forças deveriam ser enviadas ao rei da França com uma delegação de seis cidadãos eminentes, incluindo Savonarola, para deixar bem claro que a vontade de Florença não era a mesma dos Medici.

Voltando a Florença em 8 de novembro de 1494, Piero de' Medici percebeu a frieza e a hostilidade em torno de si. Com uma manobra desesperada, tentou entrar com seus soldados no Palazzo Vecchio. O Conselho dos Senhores, representante do governo da cidade, impediu sua entrada, chamando o povo florentino em seu socorro. A praça encheu-se de homens armados, e Piero, protegido por seus soldados, buscou refúgio no palácio da família. Logo foi declarado rebelde, e uma recompensa de dez mil florins era oferecida para quem o capturasse vivo, ou quatro mil, se morto. Com medo de perder a vida, pois já perdera o poder, Piero fugiu em direção a Bolonha.

Terminava assim um domínio que havia durado exatamente sessenta anos. Mas não havia tempo para alegrar-se pela liberdade reconquistada. Carlos VIII estava às portas da cidade, e os florentinos sabiam muito bem que os soldados franceses não viam a hora de marchar sobre a cidade e saqueá-la, para apoderar-se de suas riquezas e dar curso à sua fúria.

Uma delegação comandada por Savonarola conseguiu dissuadir o rei francês de seu propósito de saquear Florença, prometendo em troca uma considerável soma em dinheiro e o apoio total ao seu projeto de submeter o reino de Nápoles. Além disso, a cidade se comprometia a alojar o rei e parte de suas tropas.

Os emissários do rei enviados a Florença gravaram com gesso o nome dos gentis-homens franceses nas portas das casas que seriam ocupadas, de forma que "toda a cidade foi marcada". Referindo-se a esse episódio, a que certamente assistiu pessoalmente, Maquiavel disse que "Carlos, rei da França, teve a permissão de pilhar a Itália com o gesso". Com tais palavras, queria dizer que o rei a conquistou sem combater, para vergonha dos italianos, em particular dos príncipes, que a haviam conduzido a tão grande humilhação.

Carlos VIII entrou em Florença em 17 de novembro de 1494, e seu ingresso foi narrado pelas crônicas como o mais "magnífico, esplêndido e belo acontecimento" ocorrido em Florença, durante muito tempo. Para homenageá-lo, acorreram ao seu encontro os melhores jovens florentinos vestidos de ricas librés, todos os cidadãos de renome e os magistrados mais importantes da cidade.

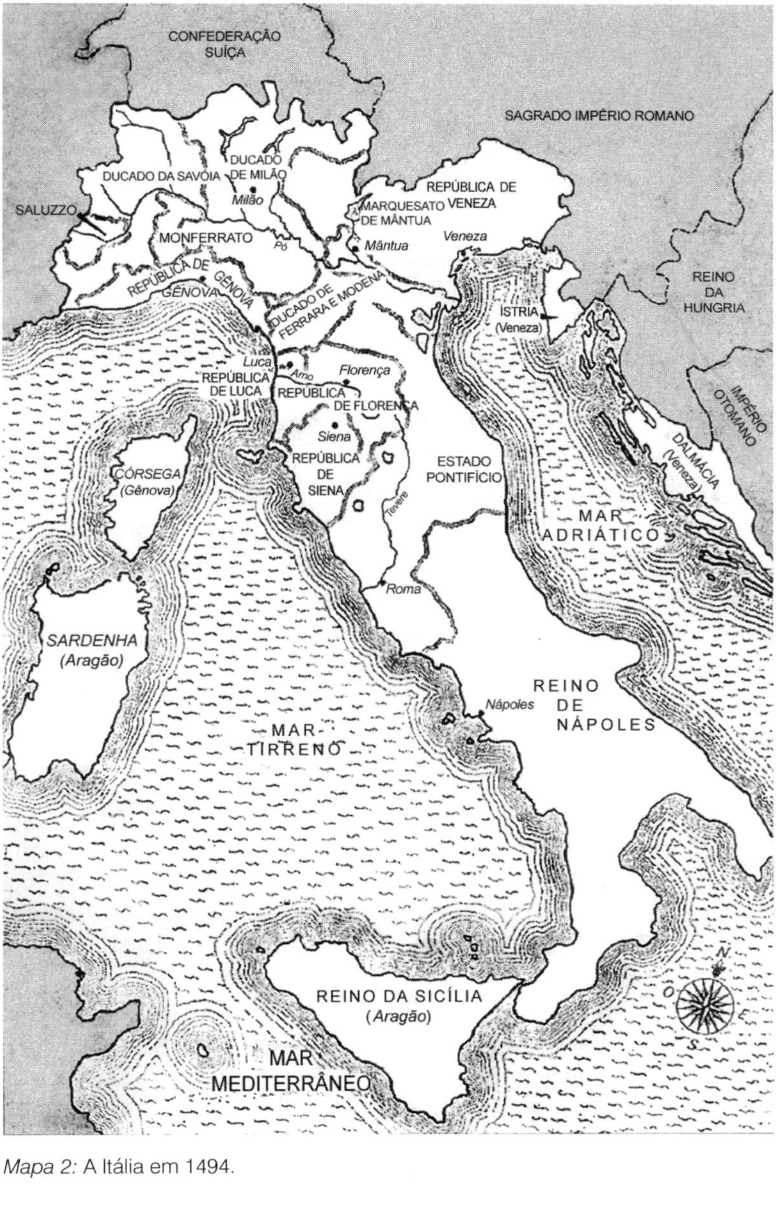

Mapa 2: A Itália em 1494.

A entrada das tropas reais foi magnífica e suntuosa. O cortejo real foi aberto por sete mil soldados suíços divididos em sete unidades sob 25 bandeiras; marchavam em tamanha ordem e silêncio, narram as crônicas da época, que se ouvia apenas o rumor dos tambores e dos pífaros. Eram seguidos por setecentos homens de armas montados em seus cavalos ricamente ajaezados, além de quinhentos arqueiros a cavalo e mais de mil arqueiros a pé, que pareciam, na visão dos florentinos que assistiam ao séquito, homens de aparência e maneiras bestiais. A guarda real, que desfilou em seguida, era composta por soldados de estatura jamais vista e de aspecto tão feroz que provocava calafrios. Enfim, o rei fechava o cortejo empunhando uma espada desembainhada e inteiramente vestido de branco.

A despeito de toda a pompa, tratava-se de um exército estrangeiro comandado por um rei que viera a Florença para obter riqueza ou despojos. A admiração logo se converteu em desconfiança e ódio. Após descer de seu cavalo e ser visto de perto, o grande rei mostrou ser um homem de baixa estatura, pele muito branca e pêlos arruivados, de olhos azuis, boca e nariz muito volumosos, pernas finas e pés calçados com pantufas que pareciam cascos de cavalo ou de boi. Colérico, carregando a fama de pouco sensato, Carlos era totalmente dominado por dois clérigos, os bispos de Bréscia e de Saint-Malo. Sua arrogância, a prepotência de seus soldados e principalmente a exigência de que os Medici retornassem a Florença irritaram profundamente os florentinos. No decorrer de uma intensa negociação com Carlos VIII e seus ministros, Piero Capponi ameaçou sublevar a cidade pronunciando as célebres palavras: "Cristianíssimo príncipe, nós nos lançaremos aos sinos, tu às trompas, e te mostraremos como é esse povo em armas."

Apesar de algumas escaramuças, não se pegou em armas. Carlos estipulou um tratado de aliança com Florença e, sobre o altar de Santa Reparata, jurou solenemente respeitar seus termos. Não temos cartas ou escritos de Nicolau que nos permitam conhecer suas idéias e seus sentimentos naquele inverno de 1494. Certamente, a visão daqueles bárbaros franceses hospedados e reverenciados como senhores o ofendeu e o fez refletir sobre as culpas dos governantes de Florença que não souberam proteger a cidade daquela desonra. É provável que ele próprio tenha ouvido, em Santa Reparata, o rei jurar perpétua amizade a Florença; mas é muito difícil que tenha acreditado em suas palavras.

Após a partida de Carlos VIII de Florença, os florentinos puderam, finalmente, tratar da reconstrução do Estado após a queda dos Medici. Os cidadãos que haviam comandado a rebelião e governado a cidade durante a ocupação francesa, embora estivessem de comum acordo contra Piero de' Medici, encontravam-se divididos quanto ao rumo a ser dado às novas instituições políticas. Alguns pretendiam apenas reduzir o poder dos Medici e instaurar um regime oligárquico entregue aos cidadãos oriundos da elite social e política. Outros planejavam dar a Florença um governo efetivamente "popular", no qual o poder de aprovar as leis e escolher os magistrados fosse confiado a um número maior de cidadãos.

Entre aqueles favoráveis à república se alinharam Girolamo Savonarola e Paoloantonio Soderini, cidadão renomado que havia servido vários anos como embaixador de Florença na República de Veneza, naquele tempo considerada por muitos exemplo de uma constituição política excelente. Usando de toda sua autoridade e eloqüência, Savonarola, no púlpito de San Marco, declarou que, para resguardar-se contra a tirania e a corrupção, Florença deveria criar para si um "viver universal e civil", com instituições baseadas no domínio das leis e na participação dos cidadãos no exercício do poder soberano, que é o poder de aprovar as leis e de escolher os magistrados.

O Conselho Maior ou Grande Conselho, instituído em 22 ou 23 de dezembro de 1494 segundo recomendação explícita de Savonarola, representava o coração da nova república. Para pertencer ao Conselho, era necessário ter completado 29 anos, ser "limpo de espelho", ou seja, estar perfeitamente em dia com os impostos, e ter tido um pai, avô ou bisavô "assentado" ou "visto". Os "assentados" e os "vistos" eram os cidadãos florentinos elegíveis aos três maiores cargos da república: a Senhoria, os Dezesseis Gonfaloneiros de Companhia e os Doze Homens Bons. A maior diferença entre as duas categorias estava no fato de que os "assentados" haviam sido sorteados e efetivamente eleitos em um dos três ofícios maiores, enquanto os "vistos" eram aqueles que tinham sido sorteados, mas não chegaram a ser eleitos, ou por já terem ocupado o cargo anteriormente, ou por não estarem quites com os impostos (por isso mesmo, não seriam "limpos de espelho"). Ser "assentado" ou "visto" significava fazer parte do chamado "regimento", ou, em outras palavras, membro da classe governante de Florença.

Embora o Grande Conselho, instituído em 1494, fosse o mais amplo até então na história de Florença, incluindo cerca de três mil pessoas, não deixava de ser a expressão de uma classe que monopolizava os cargos públicos. Competia ao Grande Conselho eleger os magistrados de todos os ofícios públicos, escolhendo entre os nomes sorteados, e aprovar ou rejeitar as leis que a Senhoria submetia à sua apreciação. Enfim, cabia ao Grande Conselho eleger um grupo mais restrito, o Conselho dos Oitenta, cujos membros deviam ter no mínimo quarenta anos e cuja função era aconselhar a Senhoria na eleição dos embaixadores e comissários do governo florentino no "domínio", que abarcava a cidade e os territórios sujeitos à jurisdição de Florença.

Savonarola foi o pai espiritual e político da República florentina; esta foi sua última vitória. A mesma república que o frade dominicano tanto desejara e que ajudara a criar, apesar da desconfiança e hostilidade de muitos, não o defenderia do ódio que a Cúria romana nutria contra ele, motivado pelas suas denúncias ardorosas contra a corrupção da Igreja. Em 15 de maio de 1498, a Senhoria permitiu que Savonarola fosse interrogado e torturado na presença do enviado papal, cardeal Francesco Romolino, e do chefe supremo da ordem dos dominicanos. Acusado de heresia, Savonarola foi condenado à morte em 23 de maio, e na manhã seguinte enforcado na Piazza della Signoria. Seu corpo foi queimado e as cinzas atiradas no rio Arno, pois temia-se que pudessem ser recolhidas e conservadas pelo povo como relíquias.

Naquela época, Nicolau tinha 29 anos. Jamais fora um dos *piagnoni,* "choramingas", como eram chamados os seguidores do frade. Anos depois, irá descrever Savonarola como um "profeta desarmado". Disse também que, assim como todos os outros profetas desarmados, ele também fora derrotado por contar apenas com a força de suas palavras para manter a união de seus seguidores, tendo que se esforçar constantemente para não ser abandonado por eles quando mais precisava de seu auxílio.

Por meio de seus sermões, Savonarola conseguiu persuadir os florentinos de que falava em nome de Deus. Mas os cidadãos de Florença, observa Maquiavel, não eram absolutamente simplórios, e entre os mais convictos admiradores do frade estavam os maiores talentos da cidade, na época. Mas nem sua capacidade profética, nem sua eloqüência, nem a pureza e severidade de seus hábitos foram suficientes para livrar Savonarola do ódio dos corruptos e da excessivamente corrupta corte papal.

Na opinião de Nicolau, Savonarola cometera alguns graves erros políticos. Ele havia favorecido, por exemplo, a criação de uma lei que consentia aos cidadãos condenados à morte a possibilidade de apelar ao Grande Conselho. Apesar disso, a Senhoria negou a cinco florentinos eminentes ligados aos Medici — eram eles Bernardo del Nero, Niccolò Ridolfi, Giannozzo Pucci, Lorenzo Tornabuoni e Giovanni Cambi —, que tinham sido condenados à morte por conspirarem contra a república, o direito de valer-se da lei. Savonarola nada fez para defendê-los, exigindo que a lei que ele próprio tinha inspirado fosse aplicada. Ao contrário, segundo as crônicas do tempo, teria enviado dois frades ao gonfaloneiro de justiça, Domenico Bartoli, para dizer que a execução dos condenados expressava a vontade de Deus.

Entre os partidários de Savonarola, que claramente eram os mais decididos a negar aos acusados o direito de apelação ao Grande Conselho, estava Francesco Valori. Como argumento principal, os sectários de Savonarola alegavam o fato de que Piero de' Medici já estava em Siena e, encontrando-se assim tão próximo, qualquer indulgência em relação aos amigos dele poderia ser fatal à liberdade de Florença. Outros, contudo, julgavam que a lei que permitia apelar ao Grande Conselho tinha sido criada para impedir que fossem cometidas injustiças contra os cidadãos, reafirmando assim a soberania do povo, verdadeiro senhor da cidade, cuja vontade se exprime por meio do Conselho. Se a culpa dos cinco réus fosse realmente comprovada, o Conselho reconheceria e confirmaria a sentença capital.

O problema de conceder ou não o apelo aos cinco acusados dividiu profundamente a cidade. Testemunhas relatam que o Palazzo Vecchio transformara-se em "uma forja, ou melhor, em um antro de fúria", onde se enfrentavam homens enfurecidos e armados. Quando os réus foram finalmente executados, a cidade se acalmou, e os partidários de Savonarola pareciam ser os donos da situação. Mas, na realidade, escreve Nicolau, o fato de Savonarola não ter apoiado o direito dos réus ao apelo, e de não ter condenado a execução dos cinco condenados, "causou mais dano à reputação daquele frade" do que qualquer outra coisa. Nesse episódio, Savonarola deu a muitos a impressão de ser "ambicioso e parcial", contrariando a imagem de um profeta motivado pelo desejo de agir pelo bem da cidade.

O fim de Savonarola coincidiu com o início da vida pública de Maquiavel. Em 28 de maio de 1498, cinco dias após a execução de Savonarola, Nicolau é indicado como secretário da Segunda Chancelaria pelo Conselho dos Oitenta. A nomeação é ratificada pelo Conselho Maior em 19 de junho.

Nicolau, assim, deixa a obscuridade e torna-se chefe da Segunda Chancelaria, onde eram tratados os problemas relativos ao domínio e à política externa de Florença. É um jovem desconhecido, inexperiente em política, mas já marcado pelos importantes acontecimentos que assistira, ou dos quais se recordava: os corpos dos Pazzi, arrastados pelas ruas de Florença ou enforcados nas janelas do Palazzo Vecchio; a entrada de Carlos VIII, que tornava evidente a debilidade de Florença e da Itália; o odor acre do corpo de Savonarola ardendo na Piazza della Signoria; e as polêmicas discussões sobre a condenação dos cinco ilustres cidadãos acusados de conjura. Ao subir as escadas do Palazzo Vecchio para assumir o cargo de secretário, Nicolau já conhecia o duro semblante da política.

IV

UM SECRETÁRIO MUITO PARTICULAR

Permanece um mistério os motivos que levaram o Conselho dos Oitenta e o Conselho Maior da República a escolher um jovem desconhecido, inexperiente em política, que não era tabelião nem doutor em leis, nem havia se destacado por méritos literários especiais. Sem dúvida, o fato de que a maioria dos cidadãos que formava o Conselho e a Senhoria fosse contrária a Savonarola influenciou essa escolha. Sabemos, com certeza, que Maquiavel não era simpatizante do frade por intermédio de uma carta sua, datada de 9 de março de 1498, escrita a Ricciardo Becchi, embaixador de Florença junto ao papa, em Roma.

A pedido de Becchi, o jovem Nicolau relatou com precisão os sermões de Savonarola, aos quais havia assistido em San Marco nos dias 1º e 2 de março. Não é difícil imaginar que as profecias de Savonarola, que do púlpito ameaçava com as mais terríveis catástrofes seus inimigos, o fizessem antes sorrir que tremer. De fato, os argumentos do frade, escreveu a Becchi, são "muitíssimo eficazes" para "quem não os analisa" friamente. Sua última frase nos faz compreender o quão pouco acreditava em Savonarola: em sua opinião, o frade tentava adaptar-se aos tempos e matizar suas mentiras, apresentando-as de forma que pudessem parecer verossímeis.

Marcello Virgilio Adriani, primeiro-secretário da república e chefe da Primeira Chancelaria, também contribuiu para a escolha de Maquiavel como chefe da Segunda Chancelaria. Segundo uma antiga tradição, os secretários da Primeira Chancelaria da República ou "chanceleres" eram estudiosos renomados, como Coluccio Salutati e Leonardo Bruni, que ocuparam o cargo. Adriani era professor no *Studio Fiorentino*, e conhecido como homem de grande doutrina. Maquiavel, porém, pertencia a um nível funcional inferior, e essa diferença refletia-se nos salários de ambos: o estipêndio de Adriani era de 330 florins de sinete (ou florins pequenos, menos valorizados que o de ouro ou grande), e o de Maquiavel, de apenas 192 florins pequenos.

Isso não significa que o cargo de Maquiavel fosse de caráter simplesmente "executivo". Maquiavel era o chefe da Segunda Chancelaria e secretário do Conselho dos Dez de Liberdade e de Paz, comissão da república encarregada dos problemas militares e da política externa. Tinha entre seus subordinados "assistentes" como Agostino Vespucci e Andrea di Romolo, e seu querido Biagio Buonaccorsi, que se tornou seu grande amigo e admirador. Com o auxílio deles, Maquiavel deveria informar os Senhores e o Conselho dos Dez sobre os problemas militares e políticos, de forma que pudessem ser tomadas decisões adequadas a cada caso. Mas, enquanto os políticos que ocupavam a Senhoria e o Conselho dos Dez ficavam no cargo por poucos meses, os secretários e seus auxiliares permaneciam em seu posto por anos a fio, desempenhando assim um importante papel na vida institucional da república.

Em suma, Maquiavel era um chefe ou, como diríamos hoje, um "dirigente", mas um chefe muito particular, que fez de seus subordinados grandes amigos e transformou a Segunda Chancelaria numa grande turma, pelo que podemos deduzir de suas cartas aos "subalternos". Quando se encontrava em missão junto ao rei da França, Agostino Vespucci escreveu-lhe uma carta em latim, de Florença, em outubro de 1500: "Acabei de ler tua carta a Marcello [Adriani], aos outros dois chanceleres e a Biagio [Buonaccorsi]. Tua conversa alegre, agradável e espirituosa nos tranqüiliza, nos alegra e nos encoraja quando nos sentimos esgotados e irritados pelo trabalho que não nos dá trégua. Existem outros motivos que exigem o teu regresso, mas falaremos disso assim que tornares."

Os funcionários da Chancelaria eram bastante parecidos entre si pela mentalidade, cultura e pelas convicções políticas, e, por esses motivos, muito dispostos a formar uma "quadrilha". A vivacidade intelectual de Nicolau, seus ditos espirituosos e sua vitalidade incomum faziam dele o centro, a alma, desse grupo de amigos. Nicolau interpretou esse papel durante toda a vida: "Desde o dia da tua partida, nem o jogo, nem as tabernas, nada nos faz entrar em acordo, e assim acabamos compreendendo de onde é que nos vinha todo o mal [...]; na maioria das vezes nos falta ou um lugar apropriado, ou a tua verve, ou o árbitro de nossas disputas, e carecemos daquele que conduz a brigada, porque não estás aqui". É o trecho de uma carta escrita por Filippo de Nerli em setembro de 1525, dirigida, portanto, a um Maquiavel já entrado em anos, mas as palavras são parecidas com aquelas que lhe tinham sido escritas 25 anos antes pelos colegas de Chancelaria.

Uma coisa era receber ordens de homens "graves e circunspectos" como Marcello Adriani, e outra era ser mandado por alguém que, como Maquiavel, estava sempre atento aos grandes problemas políticos, adorava viajar pelo mundo e pouco se preocupava com as pequenas invejas, as provocações e as hostilidades que vicejavam entre as quatro paredes da Chancelaria. Seus subordinados muitas vezes trabalhavam duramente para substituir o querido "chefe" ausente, com o agravante que nem podiam contar com sua proteção. É lógico que reclamavam de tudo isso, mas não falavam pelas suas costas, como se faz com os chefes temidos ou desprezados; dirigiam-se diretamente a ele, de igual para igual. Agostino Vespucci escreve-lhe, em 14 de outubro de 1502: "Veja só aonde nos levou este teu espírito tão ávido de cavalgar e andar para lá e para cá, sempre correndo: é a ti e não a outros que culparei, caso aconteça alguma desgraça. Como gostaria de não ter na Chancelaria nenhum outro superior além de ti, mesmo que sejam tuas tentativas e ousadias as responsáveis por provocar o ataque de alguma cobra venenosíssima que me venha fazer em pedaços e a presença de um chefe péssimo, malvado e ambicioso a dar-me ordens; mas deixemos a água correr. Biagio também, além de odiar-te por tudo o que acontece, lança-te pragas e maldições, blasfema, não diz e não faz nada que preste nem se importa com coisa alguma."

As cartas de Biagio Buonaccorsi a Maquiavel nos fornecem um belo mostruário de imprecações e frases licenciosas. Uma das acusações que dirige a Maquiavel é que este não lhe escreve durante suas longas missões que o conservam longe de Florença. Esses desabafos revelam a grande admiração e uma certa pitada de inveja que Biagio sente em relação ao amigo, que tanto o supera pela inteligência dos assuntos políticos e pela vivacidade do raciocínio e da palavra.

Mas Buonaccorsi não era o único que recriminava Maquiavel por esquecer-se dos amigos apenas saía dos muros de Florença. Outros também o acusaram de indiferença e desconsideração no fazer e retribuir favores e gentilezas. Poder-se-ia pensar que Nicolau fosse insensível, ou até mesmo avarento em relação a seu tempo e afetos. Porém, esse julgamento contraria os inúmeros testemunhos que destacam o fato de Nicolau ser a alegria de todos os colegas da Chancelaria, o grande responsável por manter a união da "quadrilha" dos amigos.

A verdade é que, quando enviado em missão a serviço da república, Maquiavel mergulhava por completo nos assuntos políticos. Esse era o motivo de escrever tão pouco aos amigos e de dar pouca atenção aos incidentes corriqueiros da Chancelaria, ou mesmo às novidades contadas pelos amigos, exceção feita, obviamente, às histórias picantes. Nicolau era pouco propenso ao costume de adular os superiores, um aspecto sempre importante na vida cotidiana dos ofícios públicos. Ao solicitar aos membros da Senhoria uma remuneração extra, Biagio lhe escreve dizendo que provavelmente seu pedido não será atendido, pois os Senhores o consideram "um tolo, e jamais lhes fizestes uma cortesia". Para proteger o amigo de tal infâmia, Biagio faz, por sua própria conta, uma amabilidade qualquer aos Senhores "à custa e sob as barbas" de Nicolau, dizendo-lhe que, se não estivesse satisfeito, que fosse para o inferno, pois era assim que essas coisas deviam ser feitas.

Mas já é tempo de deixar a Chancelaria para seguir Maquiavel em suas missões, em nome do Conselho dos Dez da Liberdade. Nicolau adorava cavalgar e conhecer horizontes mais vastos do que os da vida cotidiana e da política florentina. Mas seus encargos e legações não eram nem fáceis nem agradáveis. Mesmo nos casos mais simples, era preciso usar sempre de muita eloqüência, saber empregar o tom e os argumentos justos, manter os olhos bem abertos e, sobretudo, compreender os tipos de homens com os quais se defrontava.

Vejamos as instruções prescritas a Maquiavel pelo Conselho dos Dez, em sua primeira missão junto a Jacopo IV d'Appiano, senhor de Piombino. Nicolau deveria encontrá-lo e negar suas requisições de dinheiro extra para manter suas tropas, que lutavam por Florença na guerra contra Pisa, além de aliciar mais quarenta homens de armas. Mesmo nesse caso, aparentemente insignificante, era preciso saber dizer não usando palavras que convencessem o senhor de Piombino da boa vontade de Florença, tomando o cuidado de sempre permanecer em "termos muito amplos e gerais". Caso o senhor em questão se mostrasse ressentido, era preciso persuadi-lo, com grande amabilidade, a ser paciente; em suma, tratava-se de dizer sempre não, sem com isso romper uma aliança que era útil a Florença.

Seus deveres de secretário tornavam-se particularmente difíceis quando tinha de lidar com grandes personagens, experientes e versados nas coisas políticas, como aconteceu em sua segunda missão junto a Caterina Sforza Riario. Quando a encontrou em Forli, Caterina tinha 36 anos e a fama de sua beleza devia ser bastante conhecida, já que Biagio Buonaccorsi pedira ao amigo, numa carta datada de 19 de julho, que lhe trouxesse, bem protegida para que não se estragasse, uma folha de papel com o retrato da "cabeça da *madonna*".

Também nessa ocasião Maquiavel teve de fazer uso das melhores palavras de seu repertório para convencer *madonna* Caterina a aceitar a renovação da tropa comandada por seu filho Ottaviano Riario, que combatia sob as ordens de Florença na reconquista de Pisa, sem o aumento do soldo que ela exigia. *Madonna* Caterina responde que as palavras de Florença lhe agradavam muito, mas os fatos não; e que gostaria de receber de Florença um reconhecimento mais concreto pelos serviços que havia prestado no passado, principalmente quando tinha arriscado seu Estado ao se posicionar contra os poderosos venezianos que haviam atacado Florença a partir do Casentino. Infelizmente, jamais saberemos o que Maquiavel sentiu quando a bela Caterina lhe dirigiu essas palavras, mas sabemos, por intermédio de uma carta de Biagio Buonaccorsi, que *madonna* Caterina estimava o jovem secretário e o recebia "com grande prazer". Em contrapartida, Maquiavel relatou os argumentos apresentados por Caterina de forma muito cautelosa à Senhoria de Florença. Pela leitura dos despachos oficiais, temos a nítida sensação de que Maquiavel queria convencer seus superiores a aceitar as solicitações de *madonna* Caterina. Insistiu várias vezes, alegando que ela consideraria uma ofensa à sua honra se tivesse de aceitar que seu filho Otaviano combatesse ao lado de Florença por uma paga inferior à recompensa oferecida pelo duque de Milão. Em sua carta de 19 de julho de 1499, afirmava que, se Florença pretendia conservar a amizade de Caterina, deveria agir com fatos e não com palavras, pagando os débitos antigos e oferecendo condições mais generosas para contar com as tropas de seu filho. Encerrando a carta, declara que o atendimento dessas condições granjearia a amizade de Caterina, que era devotadíssima a Florença, como ele podia ver todos os dias por meio de "sinais muitíssimo evidentes".

Além da devoção, também o interesse impelia Caterina em direção a Florença. Luís XII, rei da França, preparava-se para atacar o Ducado de Milão, governado por Ludovico Sforza, dito o Mouro, tio de Caterina. Ela sabia que poderia faltar o apoio do poderoso duque justamente quando começava a delinear-se no horizonte a terrível ameaça de César Bórgia, o duque Valentino. Mas, segundo Maquiavel, Caterina preocupava-se principalmente "quanto à honradez", prezando a honra "acima de qualquer outra coisa". Planejava um acordo que pudesse salvar sua honra e sua reputação diante de seu tio e de todos os outros Estados. Esse comportamento de *madonna* Caterina atraía fortemente Maquiavel, que sabia muito bem quais eram os sacrifícios que os governantes de Estado deviam fazer para não perder sua honra ou manchar sua reputação. Os dois defendiam interesses diversos. Caterina solicitava o apoio formal de Florença, e Maquiavel, que representava a cidade, queria apenas alguns soldados comandados por Otaviano, pólvora e um acordo para resolver alguns incidentes pouco relevantes que envolveram cidadãos florentinos nas terras de Caterina. No entanto, apesar disso, eles se entendiam e se respeitavam. Maquiavel certamente admirava a beleza e a inteligência de Caterina e sua forma determinada de defender sua dignidade e honradez. Ficou também comovido com sua ternura maternal, demonstrada pelas desculpas que um dia ela lhe enviou por meio de seu primeiro-secretário, Antonio Baldraccani, por não poder recebê-lo: estava indisposta e "muito desgostosa" com a grave moléstia que afetava seu filho, o futuro Giovanni das Bandas Negras.

A um certo ponto das negociações, Maquiavel acreditou ter convencido *madonna* Caterina a contentar-se com uma promessa verbal de auxílio, abandonando a exigência de um pacto escrito. Mas, de repente, ocorre uma brusca reviravolta. Na manhã de 24 de julho, Caterina convoca Maquiavel e declara que sua honra exige de Florença um compromisso por escrito de auxílio à defesa de seu Estado. Aconselha-o a não se surpreender com essa mudança, pois "essas coisas, quanto mais discutidas, tanto mais bem entendidas". Maquiavel, porém, surpreende-se e demonstra abertamente seu ressentimento com palavras e gestos, reação bastante estranha por parte de um homem que sabia muito bem esconder ou dissimular as próprias emoções quando era preciso. Provavelmente, o que mais o encolerizava era o fato de ter escrito a Florença, informando aos Senhores sobre a suposta disposição favorável de Caterina; sua súbita mudança de idéia prejudicava um pouco sua reputação. Ou talvez, após tantas conversas pautadas pelo respeito, pela compreensão e pelo prazer, a reviravolta o ferisse no plano pessoal, além do diplomático.

De qualquer modo, Caterina perdeu a proteção de Florença, que não se moveu quando César Bórgia assediou Forli. A condessa recusou sua oferta de rendição e se refugiou, como última alternativa de defesa, na fortaleza e na cidadela com todos os soldados, artilharia e víveres que conseguiu arrecadar. Porém, conta Guicciardini, "sendo ela, entre tantos defensores cheios de ânimo feminino, a única que demonstrava disposição viril, foram logo, e pela covardia dos capitães que ali dentro estavam, expugnados pelo Valentino" (*Storia d'Italia*, IV, 13). Após tomar a fortaleza, Valentino prende Caterina em seus aposentos por duas semanas, e depois a envia como prisioneira ao Castelo Sant'Angelo, em Roma.

Maquiavel comenta laconicamente o fim do domínio de Caterina sobre Forli com um verso da *Primeira década*: o Valentino "de Ímola e de Forli se fizera senhor, expulsando uma mulher com seus filhos". Fala sobre ela também nos *Discursos*, narrando uma história que já circulava havia tempos sobre a grande coragem demonstrada por Caterina em 1488, ao enfrentar os conspiradores que assassinaram seu marido, o conde Girolamo Riario. Alguns rebeldes de Forli, escreveu Maquiavel, "assassinaram o conde Girolamo, seu senhor, prenderam sua mulher e seus filhos ainda pequenos. E não lhes parecendo ser possível manter sua segurança caso não se apoderassem da fortaleza, e com a recusa do castelão em entregá-la, *madonna* Caterina (assim se chamava a condessa) prometeu aos conjurados que, se a deixassem entrar, tudo faria para que a fortaleza lhes fosse entregue, deixando seus filhinhos como reféns. Após tal promessa, eles permitiram que ela entrasse no castelo; mas ela, assim que estava em segurança, gritou dos muros contra eles, acusando-os pela morte de seu marido e prometendo toda a forma de vingança. E para mostrar que não se importava com os filhos, exibiu aos rebelados seus órgãos genitais, dizendo que tinha ainda o meio de fazer muitos outros" (*D,* III, 6). Esse episódio também foi narrado, com outras palavras, em *História de Florença.*

Maquiavel cita Caterina também em *Da arte da guerra,* ao descrever como a condessa defendeu a fortaleza de Forlì contra César Bórgia, "que para ali conduzira o exército do rei da França". Suas palavras estão repletas de admiração: "A fortaleza, mal construída, e a pouca prudência de seus defensores, envergonharam, assim, a magnânima empresa da condessa, que demonstrava ânimo suficiente para esperar por um exército, coisa que nem o duque de Milão nem o rei de Nápoles fizeram. E embora seus esforços não tenham tido um final feliz, ela obteve, contudo, aquela honra que sua virtude a fizera merecer" (*Opere,* 671). A lembrança da condessa que ele conhecera em uma de suas primeiras missões permaneceu viva ao longo dos anos, e com seus relatos Maquiavel a transformou e a fez viver para sempre como uma figura lendária.

V

HORIZONTES MAIS AMPLOS

No caminho de volta de Forli, ao atravessar os Apeninos, é possível que Nicolau ainda tivesse a condessa e o triste destino que a aguardava em seus pensamentos. Ao aproximar-se de Florença, começou a refletir sobre os problemas da república, o que significava pensar na grave contenda com Pisa, que representava uma espinha no flanco dos governantes florentinos. Florença perdera o domínio sobre Pisa quando Piero de' Medici a entregou ao rei Carlos VIII, junto com as fortalezas de Livorno, Sarzana, Sarzanello, Pietrasanta e Ripafratta, durante a invasão das tropas francesas.

Carlos VIII se comprometera solenemente a restituir Pisa e as outras fortalezas apenas quando terminasse a conquista do reino de Nápoles. Mas essas palavras não passavam de promessas de um rei, e além do mais francês. Para que os acordos fossem respeitados era preciso usar a força, justamente o que faltava a Florença no momento. Como se suspeitava, os franceses logo esqueceram suas promessas. Restituíram Livorno somente em setembro de 1499, venderam Sarzana a Gênova por trinta mil ducados e, enfim, presentearam os cidadãos de Luca com Pietrasanta e os habitantes de Siena com a fortaleza de Montepulciano. Essa obra foi completada pelo comandante da fortaleza de Pisa, que, em vez de restituí-la aos florentinos, conforme ordenado pelo rei, resolveu vendê-la aos cidadãos de Pisa por vinte mil ducados.

Finda a esperança de reaver Pisa das mãos dos franceses, era necessário tentar retomá-la pelo bem ou pela força, como adverte Maquiavel aos Senhores florentinos em uma nota escrita entre o fim de maio e o início de junho de 1499. Maquiavel afirma a necessidade de recuperar Pisa para "assegurar a liberdade de Florença". Mas seria inútil esperar que Pisa voltasse, por conta própria, a submeter-se ao jugo de Florença, visto que os pisanos odiavam os florentinos e seu domínio mais do que qualquer outra coisa no mundo. Igualmente ilusório seria acreditar que alguém dominaria Pisa para depois entregá-la aos florentinos, pela óbvia razão de que aquele que tivesse força para conquistá-la teria também a força para conservá-la e desfrutar suas vantagens.

O único caminho que restava era recorrer à força. Convencidos dessa necessidade, os Senhores florentinos começam a preparar uma campanha militar. Arrecadaram dinheiro e recrutaram tropas que foram entregues ao comando de um dos mais valentes *condottieri* da época, o barão romano Paolo Vitelli. Biagio conta a Maquiavel, em carta de 27 de julho de 1499, que "nossa campanha contra Pisa vai de vento em popa". Os Senhores trabalhavam arduamente para se certificar de que tudo estava em ordem, e em Florença todos começavam a pensar em Pisa como numa cidade já reconquistada.

As esperanças dos florentinos, porém, duram pouco. Após muito hesitar, Paolo Vitelli decide finalmente atacar os muros de Pisa. A artilharia destrói um grande trecho dos muros, abrindo caminho ao ataque decisivo das infantarias. A vitória parecia ser uma questão de dias ou até mesmo de horas, mas em vez disso, inexplicavelmente, Vitelli não ordena o assalto das infantarias, permitindo aos pisanos recobrar suas forças e sua confiança. Surdo às súplicas e ameaças dos Senhores florentinos, deixa passar os dias e só no início de setembro, quando suas tropas já estão dizimadas pela malária que assola os arredores de Pisa, decide abandonar o campo de batalha.

Em Florença a decepção é imensa. Os florentinos acreditavam ter Pisa já em suas mãos, porém, em vez disso, após terem investido uma enorme soma de dinheiro, encontravam-se no ponto de partida. Toda a raiva foi canalizada contra Paolo Vitelli, que é acusado de ter sido corrompido pelo duque de Milão para renunciar ao ataque. Vitelli é preso, interrogado e torturado, mas não fala. Se não o fez por orgulho ou por cálculo, ou por inocência de fato, não sabemos. Mesmo não tendo sido encontradas provas cabais contra ele, foi condenado à morte e decapitado em 1º de outubro de 1499.

Antes de ser decretada sua condenação à morte, discutiu-se longamente no Palazzo Vecchio e em toda a cidade se Vitelli deveria ser julgado segundo as leis ordinárias ou se a gravidade de seu crime merecia um castigo exemplar. Nicolau certamente participou dessas acaloradas discussões e ouviu tanto aqueles que defendiam o respeito à justiça antes de tudo como aqueles que justificavam o abandono das leis e regras válidas nos casos comuns visando o interesse do Estado, o que significava condenar Vitelli à morte mesmo sem se comprovar efetivamente sua culpa.

Era um caso semelhante àquele ocorrido quatro anos antes, quando os cinco ilustres cidadãos florentinos foram condenados à morte, acusados de conspirar contra a república. Como vimos, Maquiavel condenou essa decisão como um grave erro político. Dessa vez, no entanto, Maquiavel trabalha no Palazzo e sua voz é a mesma da república. A um chanceler de Luca, que havia criticado a condenação de Paolo Vitelli pelos florentinos, dirigiu palavras ferinas: “Se quereis nos ofender, fazei-o de forma a não vos tornardes ridículo: Vitelli causou males infinitos a Florença, não importa se por ser corrupto ou incapaz, e merece, portanto, o ‘infinito castigo’.”

Alguns anos mais tarde, em 1504, comenta a morte de Vitelli com estes versos: “pouco depois do recebido engano/ vos vingastes assaz, dando a morte/ àquele que foi razão de tanto dano.” Ou seja, fala de dura vingança contra um engano sofrido, mas não de justiça. Disso bem o sabe, como também seus leitores florentinos, que uma coisa é a vingança, outra a justiça. Porém, não diz nada mais, mantém a boca fechada, já que, como secretário, tem o dever de observar o silêncio, que respeita escrupulosamente.

Após a decapitação de Paolo Vitelli, resta ainda o nó górdio de Pisa a ser desatado. Obstinadamente, os florentinos tentam recuperar Pisa com o auxílio dos franceses, aproveitando a chegada de Luís XII, que vai à Itália com o objetivo de conquistar Milão e Nápoles. A ajuda, obviamente, não é gratuita: os florentinos deveriam desembolsar cinqüenta mil escudos de ouro para engajar cinco mil soldados de infantaria suíços e manter por sua conta cinco mil homens armados que os franceses empregariam na conquista do Reino de Nápoles. Por fim, deveriam armar e manter, à sua custa, um corpo de soldados de ocupação no Ducado de Milão. Em suma, os florentinos entram com dinheiro, muito dinheiro; os franceses recrutam as tropas para usar na conquista do Reino de Nápoles e prometem colocar à sua disposição os soldados de infantaria suíços, permitindo a Florença recapturar Pisa, mas sempre sob o comando francês.

Logo seria percebida a sabedoria de um acordo como esse, assim que se passou das palavras aos atos. Em primeiro lugar, as tropas penosamente reunidas em Piacenza se recusaram a marchar rumo a Pisa; e, após partirem, atrasaram-se devastando e saqueando Bolonha e outras cidades da Emília. Uma vez chegadas à Lunigiana, atacaram até mesmo um aliado de Florença, o marquês Alberigo, que foi deposto. Ao chegar no território pisano, essas hordas puseram-se a saquear os campos e com muita má vontade deram uns poucos tiros de canhão contra os muros da cidade. Enfim, para coroar uma empresa tão gloriosa, os suíços e os gascões se amotinaram, denunciando a escassa quantidade e qualidade do vinho e dos víveres fornecidos pelos florentinos. Algumas companhias comandadas por Hugo de Beaumont abandonaram o campo, outras chegaram até mesmo a aprisionar o comissário florentino Luca de Albizzi, representante oficial da república que financiava a empresa.

Foi um empreendimento infeliz, em que perderam tanto os franceses, ávidos e desleais, quanto os florentinos, tímidos e indecisos. Mais uma vez Nicolau nos descreve a situação, em seus versos, como se a tivéssemos diante dos olhos: "E assim que [as tropas de Beaumont] tiveram os pisanos à frente/ cheios de confusão e de temor cingidos, / não demonstraram já as suas forças prontas, / mas debandaram quase rotos e tingidos / de grande vergonha" (*SL*, 305). Para tentar consertar o terrível festival de equívocos, os Senhores da República enviaram Maquiavel à corte do rei Luís XII, em companhia de Francesco della Casa. Maquiavel, que tinha assistido pessoalmente aos acontecimentos no campo de batalha pisano, era a pessoa mais adequada para contestar as acusações que os franceses moviam contra os florentinos e, sobretudo, para defender a tese de que a responsabilidade do fiasco fora única e exclusivamente francesa, em particular pela inépcia de Beaumont, que se demonstrou incapaz de impor um mínimo de disciplina à soldadesca sob seu comando.

Maquiavel e Della Casa chegaram à corte do rei, em Lyon, em 26 de julho de 1500, "exaustos, mas cheios de boa vontade". Logo Nicolau percebeu a grande diferença que havia entre ser o representante (orador, como se dizia) de uma nação importante, como ele tinha sido junto a Caterina Sforza, e ser o representante de uma pequena república junto ao rei mais poderoso da Cristandade. Compreendeu pelo modo como era tratado pelos poderosos cortesãos, como o cardeal de Ruão, que declarou que os argumentos dos oradores florentinos "nada mais eram que palavras que demonstram dar pouca fé às nossas razões", e depois passou a esbravejar alto o suficiente para que fosse ouvido por todos que se sentia muito desgostoso com Florença. E para deixar bem clara sua escassa consideração pelos florentinos, saiu a cavalo para "ir aos seus prazeres" (*LC*, 120).

As coisas não melhoram quando Nicolau e Della Casa conseguem falar com o rei. Como os dois oradores relatam aos governantes de Florença, na corte estão todos ofuscados pela consciência de seu próprio poder. Sendo assim, cuidam apenas de seus interesses imediatos, mostram algum respeito somente por quem possui armas ou se dispõe a dar-lhes dinheiro. E já que os florentinos não se mostravam dispostos a pagar, nem possuíam um exército próprio, eram considerados como se nada fossem, insistindo em dizer que a culpa pela falência da campanha de Pisa era da própria Florença.

Se as satisfações políticas são magras, as materiais são ainda mais esquálidas. O pouco dinheiro que a república dá não é suficiente para que Maquiavel cubra suas despesas. Para seguir a corte, alugar cavalos, expedir despachos e se sustentar, precisa usar o próprio dinheiro. Graças às pressões do irmão Totto, obtém um aumento de salário em agosto, mas durante toda a missão na França não recebe um tostão de Florença, exceto os cinqüenta escudos que o irmão lhe envia por intermédio de mercadores florentinos que negociavam em Lyon.

Nicolau partira para a França com o coração confrangido pela morte do pai, falecido em 10 de maio, e durante a missão perde também a irmã Primavera. Era muito afeiçoado a seu desventurado pai Bernardo e devia ser ligado também à irmã, pois deu seu nome a uma de suas filhas. É compreensível a amargura que transparece de sua carta aos Senhores, datada de 25 de outubro de 1550, na qual pede licença para voltar a Florença, porque, segundo suas palavras, "de muitas formas me consumo" (*LC*, 184). Refere-se, certamente, às despesas que o estão afrontando na França e à necessidade de resolver as questões que a morte do pai deixara pendentes. Mas com as palavras "de muitas formas me consumo" é possível que ele se referisse também à sua alma, além dos bens materiais.

Enquanto se consumia de diversas maneiras, todavia, enriquecia-se. Vivendo pela primeira vez junto a um grande rei, passou a entender como funcionava uma verdadeira corte. A primeira coisa que observou foi que nas cortes, para obter qualquer coisa, era preciso ter amigos influentes, e que tais amigos são conquistados com dinheiro. Todos os representantes dos diversos Estados italianos que se encontram na corte francesa buscam granjear a amizade do rei, escolhendo para si um protetor. Florença deveria fazer o mesmo, escreveu aos Senhores em 26 de agosto, "porque aqui a razão por si só não basta".

Em vez disso, a república abandonou Maquiavel e Della Casa sem dinheiro e sem apoio, com a função de aplacar a ira dos franceses e de moderar suas pretensões. A partir de 14 de setembro até o final da missão, Maquiavel teve de agir sozinho, pois Della Casa adoeceu e viajou a Paris para se tratar. Quanto mais Maquiavel se esforçava por explicar que Florença estava exaurida pelos gastos com a campanha de Pisa, e que não era justo que ela pagasse por soldados que não tinham combatido pela república, mais os franceses insistiam que, se não chegassem os 38 mil florins devidos, o rei passaria a tratar Florença como inimiga.

Em Florença, pareciam não compreender a gravidade da situação. Não apenas continuavam a tergiversar sobre o pagamento dos 38 mil florins, como chegaram ao cúmulo de esperar até 11 de outubro para anunciar a chegada à corte francesa de Pier Francesco Tosinghi, que fora nomeado embaixador e detinha a autoridade, que Maquiavel não possuía, de subscrever um acordo formal.

Nesse mesmo dia, Maquiavel escrevera a Florença relatando uma conversa com o cardeal de Ruão. Maquiavel havia dito ao cardeal, para ganhar tempo, que o embaixador chegaria logo e cumpriria às exigências de pagamento, mas este lhe havia respondido ameaçadoramente: "Quando os embaixadores chegarem, estaremos já mortos; porém, outros poderão morrer antes de nós" (*LC,* 168). Poucas horas mais tarde foi obrigado pelo cardeal a escrever a Florença, dizendo que os franceses queriam uma resposta imediata e que o dinheiro deveria ser pago de qualquer modo, por bem ou por mal.

Maquiavel nada pôde fazer além de anexar a conta que os franceses tinham preparado à sua carta, sem discutir, pois qualquer objeção poderia apenas piorar a situação. Desejava que sua carta pudesse voar até Florença, mas não tinha dinheiro suficiente nem para pagar um mensageiro: "Suplicarei a Deus para que me ajude, e daria para isso até o pouco dinheiro que possuo." Encerra a carta com essas palavras: "Seria necessário nesse caso fazer com que os oradores voassem" e que chegassem "com muitíssima rapidez" (*LC*, 173).

Premido entre as ameaças dos franceses e a lentidão dos Senhores florentinos, triste pelas desventuras familiares, Nicolau nos revela uma das primeiras amostras de sua capacidade de compreender a política. Ele, representante sem posses de uma pequena república, é capaz de dar uma bela lição até mesmo ao cardeal de Ruão, que afirmara várias vezes que os italianos nada entendiam de guerra. "Pode ser", retrucou Nicolau, "mas vós, franceses, nada entendeis de Estado".

Explica aos franceses que, se Luís XII realmente planejava conquistar a Itália, deveria seguir o exemplo daqueles reis que no passado tinham sido capazes de conquistar uma nação diversa pelos costumes, língua e tradições. A história nos ensina, diz Maquiavel ao cardeal, que para triunfar em uma empresa do gênero é preciso enfraquecer os poderosos da nação a ser conquistada, tratar bem seus súditos, conservar as amizades e proteger-se principalmente das outras potências que ambicionam conquistar uma autoridade equivalente. Isso significava que, na situação italiana, o rei deveria, em primeiro lugar, ter protegido os Estados aliados que possuía na Itália: Florença, Gênova, Ferrara, Bolonha, Mântua e Forli. A seguir, deveria ter feito de tudo para enfraquecer o poder do papa e dos venezianos e, principalmente, impedir a todo custo que a Espanha, uma potência equivalente, senão superior à França, alargasse seus domínios na Itália.

Nicolau relata em sua carta de 21 de novembro de 1500 que o cardeal o escutara "pacientemente", respondendo-lhe que Sua

Majestade era "muitíssimo prudente", tinha "as orelhas longas e a confiança curta", escutava a todos, mas acreditava "que somente aquilo que tocava com as mãos era real", ou, em outras palavras, que o rei conhecia seu ofício (*LC*, 205).

No curso dos acontecimentos, o monarca demonstrou, ao contrário, conhecer pouco seu ofício, pois fez exatamente o contrário do que Maquiavel havia aconselhado. O resultado foi o fracasso miserável de seus planos de expansão na Itália. Tão logo reconquistou Milão, Luís XII passou a auxiliar o pontífice na expansão do domínio papal na Romanha, cujas tropas eram comandadas por César Bórgia, filho do papa Alexandre. Com isso, o rei francês afastara de si os pequenos Estados que haviam se colocado sob sua proteção. Logo depois, em 11 de novembro de 1500, assinou o Tratado de Granada, pelo qual aceitou dividir o Reino de Nápoles com Fernando, o Católico, rei da Espanha, introduzindo assim na Itália um concorrente muitíssimo perigoso.

Ao dar ao cardeal de Ruão essa lição de política, Maquiavel obteve uma pequena satisfação, talvez a única durante aqueles dias difíceis na França. Quando recebe a carta escrita em 12 de dezembro, na qual a Senhoria lhe dá, finalmente, licença para retornar, Nicolau não perde um minuto para cavalgar de volta a Florença. A experiência francesa, porém, foi importante. De fato, Maquiavel pôde examinar de perto a política que se faz em uma corte, e em suas cartas percebemos um dos primeiros exemplos daquela sua forma de fazer impulsionar, entre dores e preocupações, a mola da inteligência.

VI

UMA ESPOSA ENFURECIDA E UM DUQUE INQUIETANTE

Após seu regresso a Florença, em 14 de janeiro de 1501, Maquiavel se entrega aos trabalhos da chancelaria e retoma os velhos hábitos: ceias, bebedeiras e farras com os amigos, que se mostram todos felizes com seu retorno, inclusive e principalmente Biagio.

Seguramente visitou mais de uma vez a bela mulher de Ponte das Graças que o esperava, nas palavras do desbocado Andrea di Romolo, "com as pernas abertas". Naqueles meses de inverno, porém, começou até mesmo a pensar em se casar. Após a morte do pai, a casa onde restara somente Totto provavelmente ficara mais fria, vazia e silenciosa, e Nicolau não amava nem o silêncio, nem a solidão, nem o repouso.

Em agosto, ou pouco antes, casa-se com Marietta Corsini, de condição social semelhante à sua, condição essa, aliás, praticamente *sine qua non* na Florença da época. Mas nem o casamento fez com que Nicolau abandonasse seu desejo por mulheres e aventuras amorosas, fato que todos em Florença conheciam muito bem, até porque ele nada fazia para escondê-lo. No entanto, a infidelidade incomodava menos Marietta — se é que sabia de suas escapulidas, às quais, de qualquer modo, dava pouca importância — do que as longas ausências de Nicolau, das quais se queixava abertamente aos seus amigos. Em outubro de 1502, pouco mais de um ano após o casamento, Biagio escrevia a Nicolau: "*Mona* Marietta pediu-me para perguntar, por intermédio de teu irmão, quando tornarás; diz que não quer mais escrever e promete fazer mil loucuras." Tudo isso porque Nicolau prometera à mulher deixar Florença por oito dias, no máximo, mas já estava ausente havia dez e retornaria apenas em 23 de janeiro de 1503.

Marietta se enraiveceu seriamente e decidiu não mais lhe escrever uma linha sequer. Nicolau se aborreceu tanto com esse silêncio que pediu a intervenção de Biagio para abrandar a jovem esposa, explicando-lhe que, por se tratar de uma missão oficial para a república, não era ele quem decidia se, e quando, poderia voltar para casa. Marietta, porém, não quis nem ouvir esse tipo de argumento: "*Mona* Marietta está furiosa e se recusa a escrever. Não posso fazer nada", escreve Biagio em 26 de novembro.

Dois meses depois, com Nicolau sempre ausente, Marietta, furiosa, maldiz abertamente o momento em que aceitou casar-se com aquele desmiolado que sente tanto prazer em estar sempre vagabundeando. "*Mona* Marietta renega Deus e diz ter botado fora ao mesmo tempo sua carne e seus pertences [isto é, seu dote]", é Biagio quem informa o amigo. São palavras fortes: não só renega a Deus, pois em sua presença havia esposado Nicolau, como ainda espalha aos quatro cantos que o canalha do marido não só a negligenciava, como ainda não havia pagado (pelo menos por inteiro) o dote que fora estipulado. No que se refere à primeira acusação, Nicolau pouco podia fazer, justamente por estar distante; quanto à segunda, podia tentar resolver a contenda e assim acalmar, pelo menos em parte, a cólera da mulher. O prudente Biagio o aconselha a agir nesse sentido: "Por tua fé, ordene que ela receba o dote como as outras mulheres de sua condição, do contrário as coisas não se acalmarão." (*L*, 162).

Além de pedir a intercessão de Biagio como pacificador, Nicolau tenta acalmar Marietta com alguns gracejos e ditos espirituosos, possivelmente zombando de suas explosões de fúria. A própria Marietta o confirma, na única e bela carta que dela nos resta: "Zombas de mim, mas não tens razão, [...] bem sabes como me sinto, quando não estás comigo" (*L*, 182).

Emerge dessa carta o retrato de uma jovem esposa afetuosa e apaixonada, sinceramente preocupada com os perigos que ameaçavam o seu distante Nicolau. Ao descrever-lhe o filhinho recém-nascido, encontra mesmo uma forma de dizer que considera o marido bonito: "Por ora o menino está bem, assemelha-se ao pai: branco como a neve, mas com a cabeça que parece já coberta de veludo preto, pois é cabeludo como tu; e como contigo se parece, para mim é belo. É tão esperto que parece já estar há um ano neste mundo; apenas nasceu, abriu os olhos e encheu a casa com seus rumores" (*L*, 182-3).

Marietta desejava receber mais cartas de seu Nicolau. Desde que ele partira para Roma, havia mais de um mês, recebera apenas três cartas, que não nos parecem assim tão poucas. Nicolau também desejava que Marietta lhe escrevesse mais, pois temia sempre que seu silêncio fosse um sinal de ira, como ocorrera um ano antes. "Não te pasmes, se não te escrevi é porque não pude, pois até hoje estive doente, com febre", tranqüiliza-o Marietta (*L*, 182).

É uma pena que não tenham restado outras cartas de Marietta. Teriam nos permitido delinear o seu vulto com mais precisão, descobrindo que talvez não tenha sido apenas uma boa dona de casa e mãe, como disseram os biógrafos de Maquiavel. Marietta não esteve entre os grandes amores de Maquiavel, nem mesmo foi seu grande amor; foi, porém, uma companheira importante, e pode ter sido tudo, exceto uma vítima submissa e oprimida.

O desejo manifestado por Marietta e pelos amigos da "quadrilha" de poder desfrutar mais longamente da companhia de Nicolau conflitava com as obrigações de seu ofício de secretário. Apenas duas semanas após seu retorno da França, ele já se encontrava em Pistóia, cidade submetida ao domínio florentino. A velha rivalidade entre as poderosas famílias Panciatichi e Cancellieri havia degenerado em guerra civil, com mortos, saques e incêndios. Era preciso alcançar a paz a qualquer custo e sobretudo evitar que o fogo se propagasse com a intervenção de forças estrangeiras.

Apesar de breve, assim como as outras duas missões em julho e outubro do mesmo ano, a visita a Pistóia deu a Maquiavel chance de refletir sobre as causas e conseqüências das lutas entre facções. Compreendeu o quanto era inepto o princípio, empregado desde tempos imemoriais pelos governantes florentinos, segundo o qual a forma mais eficaz de manter o domínio sobre Pistóia era encorajar a luta entre as facções internas, que lhes permitia apresentar-se depois como os árbitros da disputa.

Na realidade, a luta entre as facções ameaçava introduzir no coração do domínio florentino um príncipe ou um líder inimigo, convocado por uma das duas partes em litígio. Era preciso fazer de tudo para "proibir, apagar e anular ambas as partes", escreve Maquiavel em um de seus relatórios aos Senhores de Florença (*Opere*, 10).

No caso de Pistóia, a força estrangeira pronta a intervir estava muito próxima e era muito perigosa. Tratava-se de César Bórgia, conhecido como o duque Valentino, que já conquistara Rímini, Pesaro, Ímola, Faenza e Forli e havia insuflado a rebelião de Arezzo e da região Valdichiana. É verdade que o duque sempre declarou que essa rebelião não fora obra sua, mas do comandante Vitellozzo Vitelli, desejoso de vingar a morte do irmão Paolo. Vitellozzo, porém, era um homem do duque e assinava seus despachos enviados de Arezzo como provenientes "do campo pontifício", ou seja, como se agisse em nome e a mando do papa e de seu capitão e filho César Bórgia. Se somarmos a essas conquistas o fato de que, em 3 de setembro de 1501, as longas mãos do duque já haviam se apoderado de Piombino, e que, em junho do ano seguinte, ele chegaria até Urbino, facilmente compreendemos que Florença se encontrava ameaçada por um perigo fatal. Estava cercada por um inimigo poderoso, astuto e sem escrúpulos, que contava com o apoio do papa e do rei da França e que desejava acima de qualquer coisa o fim do governo republicano de Florença.

Para acertar suas contas com Florença, o duque solicitou à Senhoria o envio de dois emissários competentes para tratar de assuntos importantes. Foram escolhidos Francesco Soderini, bispo de Volterra e ilustre irmão do gonfaloneiro Piero, e Nicolau, que evidentemente tinha conquistado nas missões precedentes a confiança de seus superiores.

Na estrada, em Pontassieve, são informados por um frade da captura de Urbino, pois naquele tempo as notícias eram transmitidas também dessa forma. Naquela mesma noite de 22 de junho de 1502, escrevem a Florença para advertir a Senhoria que o duque é um homem muito astuto, de ação extraordinariamente rápida e que ainda contava com a sorte ao seu lado. Com um homem desses, era necessário manter os olhos bem abertos, para não ter o mesmo fim de Guidobaldo de Montefeltro, o destronado duque de Urbino, "cuja morte foi conhecida antes que sua moléstia o fosse" (*LC*, 264).

Logo após chegarem a Urbino, foram recebidos pelo Valentino às duas horas da madrugada, no magnífico Palácio Ducal apenas conquistado. Ali, o duque se alojava em companhia de pouquíssimos homens de sua inteira confiança, tendo as portas bem trancadas e vigiadas, indicando sua desconfiança em relação a todos os que o cercavam, inclusive seus próprios homens. Era difícil não se deixar impressionar por aquele comandante de 27 anos, de rosto inteligente e feroz, emoldurado por longos cabelos negros que as tochas iluminavam aos poucos e improvisadamente. Esse homem havia destituído em poucos meses, usando a astúcia ou a força, ou ambos os recursos, os orgulhosos e violentos tiranetes da Romanha. Também corriam boatos de que tinha sido ele o instigador do homicídio de seu irmão mais velho, o duque de Cândia, ocorrido em 1497.

Era um homem que devia ser tratado com a máxima precaução, e os dois oradores queriam que os governantes de Florença tivessem consciência disso. Com esse objetivo, enviam-lhes uma minuciosa descrição do duque que vale por um retrato. A assinatura é de Francesco Soderini, mas o estilo e as palavras são de Maquiavel: "Este senhor é mui esplêndido e magnífico, e tão corajoso em fatos de armas que não há desafio que não lhe pareça coisa de pouca monta, e para alcançar suas conquistas jamais repousa, nem conhece fadiga ou perigo. Procura ser sempre o primeiro a chegar em um lugar, para poder entender as coisas como estão arranjadas. Busca ser sempre estimado pelos seus soldados, e conseguiu recrutar assim os melhores homens da Itália: e todas essas coisas fazem dele vitorioso e formidável, além de ser favorecido com uma perpétua ventura" (*LC*, 267-8).

Valentino também não perde tempo com os dois enviados de Florença. Imediatamente lhes declara seu desejo de conquistar a amizade de Florença. Porém, caso ela não o aceitasse como amigo, estaria disposto a usar todos os meios para impedir a república de causar-lhe danos. Para aquilo que pretendia, acrescentou: "estarei justificado com Deus e com os homens". Valentino se preocupava pouco com Deus e menos ainda com os homens, pois sabia que o vencedor tem sempre razão. Queria também ter certeza de que não havia nada a temer de Florença, já que os limites entre a república e seus domínios estendiam-se por um longo território.

Recorre depois às ameaças: se tivesse desejado um ano antes, poderia ter restituído o poder aos Medici, imposto um governo severo e humilhado os florentinos, mas não o fizera. "Mas guardai bem minhas palavras: vosso governo não me agrada, não me inspira nenhuma confiança. Assim, ou Florença muda seu governo, ou entrega os 36 mil ducados prometidos um ano atrás, como penhor concreto de que está realmente ao meu lado. Não desejo continuar na incerteza, e se não me querem como amigo, logo experimentarão a força do inimigo" (*LC*, 261-3).

Os florentinos sentiram-se duramente ofendidos por tais palavras. O atrevimento do duque, que ousava criticar sua forma de governo, do qual tanto se orgulham, afronta a cidade profundamente. Responderam no mesmo tom: a cidade possuía o melhor governo possível, e se a cidade está satisfeita, também estão os cidadãos florentinos. Deixam claro que não estavam ali para ouvir ofensas e ameaças. Diante de tanta indignação, o duque desata a rir. "Será que os florentinos esperavam que me desculpasse por tudo aquilo que Vitellozzo Vitelli lhes tinha preparado em Arezzo? De fato, Vitelli era um de meus homens, mas de Arezzo nada sei. A mim não desagrada Florença ter perdido Arezzo e a região de Valdichiana. Pelo contrário, me alegra e espero que Vitellozzo continue a agir da mesma forma." E se Florença esperava dele algum benefício, que essa hipótese fosse definitivamente descartada, pois "não apenas não o mereceis, como até mesmo o haveis desmerecido" (*LC,* 263).

Nesse ponto, os emissários florentinos jogaram a única carta de que ainda dispunham, isto é, o rei da França. Lembraram ao duque o tratado de aliança trienal que o rei assinara com a cidade, segundo o qual ele se comprometia, contra pagamento de uma grande soma, a proteger Florença de qualquer ataque. Mas o duque não vacilou e respondeu como o mestre do simulacro e do engano que realmente era: "Conheço melhor do que vós o que se passa na mente do rei; sereis iludidos", sem nada acrescentar.

No dia seguinte, enviou Giulio e Paolo Orsini, seus fiéis servidores, ao encontro dos dois florentinos com a mensagem de que o duque seria um louco, caso tivesse agido até aquele momento sem o consentimento do rei. Afirmava possuir tantos soldados e tanta artilharia que seria mais provável que as tropas reais se juntassem às suas fileiras, caso elas viessem realmente. E que, se o duque decidisse atacar, seria capaz de cavalgar quarenta milhas por dia e estar diante dos muros de Florença antes de ser possível organizar qualquer defesa.

Podia ser um exagero, e muito provavelmente era o duque quem mais precisava da amizade de Florença. Por isso buscava obtê-la, ora com a promessa de oferecer à cidade um auxílio mais válido do que a ajuda do remoto e desleal rei francês, ora ameaçando tornar-se um inimigo implacável dos florentinos. Maquiavel e Soderini já sabiam quão pouco confiável era o rei da França. Além disso, Valentino encontrava-se mais perto e dispunha de pelo menos 16 mil soldados disciplinados e bem armados. Nada mais havia a fazer do que correr a Florença para ganhar tempo e ouvir da Senhoria a resposta a ser dada ao duque. Partiu Maquiavel, mais apto do que o bispo Soderini a cavalgar à rédea larga. Ao galopar a toda velocidade em direção a Florença, Nicolau deve ter sentido, por diversas vezes, a risada escarninha do duque ecoando em seus ouvidos, mais ameaçadora ainda que suas terríveis palavras.

A Senhoria florentina não demonstrou a menor vontade de estreitar aliança com Valentino. Assim, coube ao pobre Soderini enfrentar sozinho as contínuas exigências do duque que, a bem da verdade, tornava-se dia a dia menos exigente. Em vez de intimidá-los, o duque se esforçava para convencer os florentinos de que uma aliança seria vantajosa para ambos. Insistia no perigo evidente de se confiar sempre e apenas na França, pois, caso a ajuda francesa fosse insuficiente, não seria capaz de proteger a cidade. E se essa ajuda chegasse na forma de recursos abundantes, representaria uma obrigação muito onerosa para Florença. Em lugar de fazer ameaças, insistia agora no fato de que apenas ele, com sua autoridade e suas armas, era capaz de controlar Vitellozzo Vitelli e os Orsini, inimigos confessos de Florença.

O cardeal Soderini inclinava-se a apoiar o duque, ou por medo, ou por estar convencido de que essa era a melhor atitude para Florença. Em suas cartas, dizia que o duque falava com o coração nas mãos e que se satisfaria em manter os acordos já estipulados em Campi. Na última carta escrita em Urbino, Soderini contou que, ao ler para o duque a carta na qual os Senhores repetiam pela enésima vez que não pretendiam estreitar uma aliança, vira-o "mudar completamente". Seu rosto revelara por um momento sua desilusão. Mas talvez tenha sido justamente num daqueles momentos, quando via desfazer-se em fumaça a possibilidade de um entendimento com Florença, que o duque tenha concebido o extraordinário plano que dali a poucos meses iria surpreender a todos, inclusive Nicolau, que no Palazzo Vecchio refletia sobre tudo o que tinha visto e escutado em sua breve visita à corte do duque.

VII

O GRANDE TEATRO DA POLÍTICA

Nos três meses seguintes, Maquiavel empregou a maior parte de seu tempo nos assuntos da Chancelaria, além de viajar três vezes a Arezzo, para negociar as condições do retorno da cidade ao domínio florentino. Logo depois, Maquiavel reencontrou o duque, dessa vez a sós, em Ímola. O acaso se divertia em colocar frente a frente um príncipe, mestre na arte da simulação e habilíssimo tanto no uso das armas quanto no das palavras, e um observador de assuntos políticos que, melhor do que ninguém, sabia ver através das máscaras, recolher a verdade das coisas por meio de um movimento mínimo da face ou de uma frase dita ao acaso.

Ímola e Cesena serviram de cenário à contenda apaixonante que César Bórgia e Maquiavel encenaram, ao longo da estrada que conduziu o duque Valentino aos arredores de Siena. Essa disputa se prolongou até 20 de janeiro de 1503, quando Maquiavel deixou a Iacopo Salviati a incumbência de acompanhar as manobras do duque. Vale a pena seguir os movimentos de ambos, tais como foram descritos pelo próprio Maquiavel, em cartas que suscitaram a admiração de todos que as leram em Florença.

Maquiavel foi recebido "amavelmente" por Valentino em 7 de outubro de 1502, ao apresentar-se ainda vestido com suas roupas de montaria. Ouviu um longo discurso no qual Bórgia tentava convencê-lo de que não havia nesse mundo nada que desejasse mais do que a amizade de Florença. Nicolau encontrou um duque muito diferente daquele que o havia recebido, em companhia de Soderini, poucos meses antes em Urbino. Trocara as ameaças por palavras respeitosas e cheias de admiração por Florença. A nova postura do duque devia-se ao fato, perfeitamente conhecido por Maquiavel, de que ele agora precisava muito mais do apoio de Florença. Ainda assim, em sua mente, Valentino já incubava um projeto alternativo para salvar-se por conta própria.

Os problemas do duque eram os comandantes e tiranetes dos quais se servira para construir seu domínio na Romanha, além de outros chefes que temiam acabar como Guidobaldo de Montefeltro. Conscientes de que, ao ajudar o duque, estavam cavando a própria sepultura, Paolo e Giambattista Orsini, Vitellozzo Vitelli, Oliverotto Eufreducci de Fermo, Giampaolo Baglioni, Ottaviano Fregoso (representante do destituído duque de Urbino) e Antonio de Venafro (substituto do sienense Pandolfo Petrucci) reuniram-se em assembléia nos dias 8 e 9 de outubro, no castelo Magione, junto ao lago Trasímeno. O objetivo da reunião era preparar um plano comum contra Valentino. Poucos dias antes, em 5 de outubro, a fortaleza de Urbino havia se rebelado contra o duque, invocando, segundo alguns, o nome de Veneza, e, segundo outros, o nome dos Vitelli e dos Orsini.

O Estado do duque estava a ponto de ser dissolvido, mas ele não parecia assustado ou resignado, aos olhos de Maquiavel. Ao contrário, exibia uma grande autoconfiança; queria dar a impressão de ser perfeitamente capaz de controlar a situação. A reunião de seus inimigos em Magione é uma "assembléia de falidos" (*LC*, 341), diz a Nicolau. Na corte do papa, o embaixador veneziano dissera algo parecido, em dialeto: ao unirem-se contra Valentino, os rebeldes teriam ingerido um *tossego a termine*, isto é, um veneno de efeito retardado. Os conspiradores estavam com suas horas contadas, explica o duque a Maquiavel, por terem escolhido o momento errado para atacá-lo. O rei da França encontrava-se na Itália; seu pai, papa Alexandre VI, estava vivo e saudável, e por meio deles Bórgia poderia contar com forças muito superiores às de seus inimigos. Também não está preocupado com a perda de Urbino, afirma, pois ainda se lembrava muito bem de como a havia conquistado e poderia repetir o feito.

Tais argumentos foram usados pelo duque para convencer Maquiavel e os florentinos de que não havia dúvidas de que ele sairia vencedor no combate contra os miseráveis tiranos, sendo do interesse de Florença associar-se imediatamente a ele, em vez de aguardar os futuros acontecimentos. Procurava persuadi-los de que Vitellozzo e os outros eram tão inimigos de Florença quanto seus. Segundo César Bórgia, após a conquista de Faenza, Vitellozzo teria implorado para prosseguir com suas tropas até Florença, mas o duque não apenas negara seu pedido como nem mesmo permitira que Piero de' Medici se alojasse em seu acampamento.

Maquiavel queria saber mais sobre os termos da aliança que o duque planejava estreitar com Florença e sobre seus planos contra os "falidos" de Magione. Procurava sondar a mente do duque, fazê-lo falar, mas o duque não caiu em sua armadilha e deixou Maquiavel sem respostas. Reapareceu satisfeito alguns dias depois, mostrando uma carta de Giovanni Ferreri, bispo de Arles e orador do papa junto ao rei da França, datada de 4 de outubro. O bispo informava que o rei e o cardeal de Ruão eram favoráveis aos planos do duque e que teriam ordenado o envio de trezentos lanceiros comandados por monsenhor de Lanques. Bórgia insistia para que Maquiavel visse a assinatura do bispo de Arles, comprovando que tanto a carta quanto o apoio do rei da França eram autênticos. E acrescentou: "Ora veja, secretário, esta carta responde à minha solicitação para tomar Bolonha de assalto, e veja o quanto ela é generosa. Imagine que ajuda obterei para defender-me desses conjurados, a maioria deles já inimiga acérrima de sua Majestade, por seus inúmeros golpes contra a Itália, ao seu dano. Creia-me, este jogo me convém, pois, não só eles foram descobertos a tempo para me ofenderem o menos possível, nem eu poderia desejar algo mais útil, pois agora saberei de quem me devo proteger, e irei conhecer assim quem são os meus amigos" (*LC*, 345).

Desde o primeiro dia, Maquiavel já havia compreendido que Valentino sairia vencedor. Em 19 de novembro, diz isso ao duque, não para adulá-lo, mas para que ele conhecesse sua capacidade de avaliar situações. Mais tarde relata a Florença o que havia dito ao duque: "Sempre o vi como vencedor, e se, no primeiro dia, eu tivesse deixado por escrito essa minha opinião, e agora a mostrasse, iria lhe parecer uma profecia" (*LC*, 446). Sua conclusão baseava-se em um raciocínio sutil, mas contrário ao senso comum: o duque seria vencedor porque "estava só" contra vários inimigos. Ou seja, sua aparente debilidade era a fonte de sua força. Sozinho, o duque podia agir rápida e eficazmente; já seus inimigos, divididos entre si por ódios e hostilidades, jamais conseguiriam chegar a um plano de ação eficaz.

As cartas enviadas à Senhoria em meados de outubro revelam claramente que Maquiavel havia compreendido, de imediato, duas coisas: que o duque se desembaraçaria de seus inimigos, e que era do interesse da república aliar-se a ele. Em 13 de outubro, escreve de Ímola aos Senhores florentinos, dizendo: "este senhor é glorioso, muitíssimo afortunado, e habituado à vitória" (*LC*, 357). Desde a assinatura do tratado entre Florença e Bórgia, um ano antes em Cagli, o duque havia estendido seus domínios e aumentado suas forças, enquanto Florença se encontrava cada vez mais enfraquecida. Reafirmar o acordo, assim, seria mais vantajoso para os Senhores do que para o duque.

Mas pensam de outra forma em Florença. Preferem continuar observando, na esperança de que o duque e seus inimigos se despedaçassem reciprocamente. A advertência velada que Maquiavel lhes transmitira não fora captada: insistir na neutralidade poderia fazer com que a parte vencedora, fosse ela qual fosse, não tivesse nenhuma obrigação de reconhecimento para com Florença, ou até mesmo a considerasse uma inimiga. Mas seu aviso é motivo de riso em Florença, como lhe explica o amigo Biagio, em carta de 15 de novembro: "Nicolau, irás beber do branco [desenganar-se] se acreditas poder chegar a um acordo com esse senhor, e és um escroto se pensas que queiramos nos comprometer com o Valentino."

Além de zombar dos pareceres políticos do amigo, Biagio mantinha Nicolau informado sobre tudo o que acontecia de importante em Florença. Lorenzo di Giacomino estava para entregar em breve o vinho encomendado por Nicolau. Tinha se comportado como verdadeiro homem de bem ao pedir cinco ducados: "Agora, sim, é que irás à falência", caçoava. Mexericava: Andrea di Romolo tinha atirado um tamanco em seu amigo Antonio della Valle, machucando-lhe as costas, por causa de uma briga de cartas, e depois disso os dois se olhavam de esguelha; com o tempo, fariam as pazes, mas não antes que Antonio se curasse. Finalmente, dava-lhe conta tanto das cóleras de Marietta quanto do traje novo, longo e de gola alta — o *uchettone* — que Nicolau havia encomendado, provavelmente para fazer boa figura junto ao duque. O traje fora feito segundo as medidas do próprio Biagio, na ausência de Maquiavel, e ele dizia esperar que ficasse bom, caso contrário, "que fique esfregando o cu" (*L*, 129-31). Em suma, um amigo de verdade.

Com o mesmo tom e ainda mandando-o àquele lugar por causa dos contínuos pedidos, Biagio lhe informa não ter encontrado em Florença uma cópia sequer das *Vidas paralelas,* de Plutarco, que Nicolau pedira para lhe ser entregue em Ímola. Era preciso escrever a Veneza, e esperar. O motivo de Maquiavel querer ter em mãos essa obra é bastante claro. Em sua obra-prima, Plutarco descreve e compara os grandes comandantes, legisladores e príncipes gregos e romanos. Nicolau pretende descobrir, naquelas histórias antigas, exemplos ou episódios que lhe permitam compreender o enigmático príncipe que observa todos os dias, do qual estuda atenta e apaixonadamente cada gesto e cada palavra. Em resumo, esperava encontrar entre os grandes da Antigüidade algo que o ajudasse a decifrar aquela face imperscrutável.

Mais de uma vez Maquiavel confessa a dificuldade, sua e de todos, em compreender as intenções do duque. Em 13 de novembro, escreve a Florença: "Vossas Senhoras devem considerar que temos de tratar aqui com um príncipe que se governa por si" (*LC*, 427), e que por isso é muito difícil obter indícios confiáveis sobre seus projetos futuros. Em 26 de dezembro, já no final de sua missão, reafirma seus argumentos: "Como tenho escrito várias vezes a Vossas Senhorias, este senhor é muitíssimo misterioso, nem creio que outro, além dele, saiba de seus planos: e mesmo seus secretários mais íntimos me atestaram diversas vezes que ele não comunica jamais coisa alguma, senão quando a perpetra, e a perpetra quando a necessidade urge, e no momento preciso, e jamais de outra maneira" (*LC*, 503).

Em 26 de dezembro, porém, o duque abre o jogo de forma espetacular, como o grande artífice político que é. Naquela manhã, fez com que o corpo de seu braço direito, Ramiro de Lorqua, fosse encontrado na praça de Cesena, retalhado em dois. Junto ao corpo estavam uma cunha de madeira e uma faca ensangüentada. A cunha era uma ferramenta usada pelos açougueiros para esquartejar os animais. É provável que Ramiro tenha tido a mesma sorte.

Com esse gesto, o duque pretendera punir seu homem de confiança por alguma falta grave a seu respeito e, ao mesmo tempo, tranqüilizar seus súditos, que começavam a odiá-lo por causa da severidade de seu mandatário. Mas, segundo Maquiavel, a macabra cenografia tinha um significado mais geral: "*Messer* Rimirro foi encontrado esta manhã em dois pedaços na praça, onde ainda está e onde todo o povo o pôde ver; não se sabe bem a razão de sua morte, a não ser que assim aprouve ao Príncipe, que mostra saber fazer e desfazer os homens sob seu comando, segundo os seus méritos" (*LC*, 503).

Maquiavel não podia saber, mas aquele gesto era também uma generosa concessão do duque aos seus inimigos, em particular a

Paolo Orsini, que atribuíra aos modos cruéis de Ramiro a responsabilidade pela rebelião de Urbino. Poucos dias antes, o duque fizera outra manobra conciliadora, ao despedir quase todas as tropas francesas, decisão que, segundo Maquiavel, "transtornou a cabeça de todos" (*LC*, 495).

Residia aqui a grandeza do duque: ao mesmo tempo em que ajustava acordos com os chefes rebeldes, em particular com os Vitelli e os Orsini, preparava-lhes uma cilada mortal. Após deixar na praça de Cesena o corpo esquartejado de Ramiro, o duque se dirigiu com todas as tropas rumo a Senigallia, onde Vitellozzo Vitelli, Paolo Orsini, o duque de Gravina e Oliverotto da Fermo o esperavam, prontos a entregar-lhe a cidade.

Mas aqui é preciso dar voz a Maquiavel, que nos deixou, em sua descrição de *O modo de que se valeu o duque Valentino para assassinar Vitellozzo, Oliverotto da Fermo, o senhor Pagolo e o duque de Gravina em Senigaglia,* uma narração exemplarmente eficaz da obra-prima do diabólico duque:

> Vitellozo, Pagolo e o duque de Gravina, em suas mulas, foram ao encontro do duque, acompanhados por alguns cavaleiros; e Vitellozzo, com uma capa forrada de verde, desarmado, todo aflito, como se estivesse ciente de sua futura morte, despertava alguma admiração, conhecendo-se sua excelência e sua passada fortuna. E dizem que, ao deixar sua gente para partir rumo a Sinigaglia ao encontro do duque, ele o fez como se fosse sua última partida. Recomendou a seus chefes, que ali restavam, sua casa e a fortuna de sua gente; e advertiu seus sobrinhos para recordarem não da fortuna de sua família, mas da virtude de seus pais e tios. Enfim, ao chegarem os três diante do duque e tendo-o saudado cortesmente, foram por ele recebidos de bom semblante; e em seguida, foram circundados pelos homens encarregados de mantê-los sob vigilância. O duque percebeu que Oliverotto não se encontrava ali, pois havia permanecido em Sinigaglia com seus soldados, e esperava diante da praça de seu

> alojamento sobre o rio, para mantê-lo em ordem e exercitar-se. Assim, o duque fez um sinal com os olhos a dom Michele, a quem fora confiada a guarda de Liverotto, para proceder de modo que este não escapasse. Daí, dom Michele cavalgou até Liverotto e disse-lhe não ser conveniente manter seus homens reunidos fora do alojamento, que seria ocupado pelo duque; e desse modo fê-lo recolher os soldados e acompanhá-lo até o duque. E tendo Liverotto cumprido tais ordens, inesperadamente chegou o duque, que o chamou; Liverotto, então, após fazer reverência, o acompanhou e uniu-se aos demais. Entrando em Sinigaglia, apearam todos no alojamento do duque, e entraram com ele em um aposento secreto, onde foram aprisionados. *(Opere, 21)*.

Na noite de 31 de dezembro de 1502, o duque mandou estrangular Vitellozzo e Oliverotto da Fermo. No dia 18 de janeiro, coube ao duque de Gravina Orsini e a Paolo Orsini a mesma sorte, em Castel della Pieve. O veneno, tomado há tempos na infeliz reunião de Magione, tinha enfim completado seu efeito. O duque planejava liberar-se desses tiranos desde seu encontro com Maquiavel e Francesco Soderini, em Urbino. Por isso, buscava conquistar a amizade de Florença, e esse fora o motivo de sua decepção quando Soderini lhe dissera que Florença não estava disposta a ajudá-lo: "É isso que quis contar a Monsenhor de Volterra [Francesco Soderini] quando veio a Urbino, mas jamais confiei esse segredo, a não ser quando houve ocasião, da qual eu soube aproveitar-me, prestando assim um grandíssimo prazer e serviço a vossos Senhores" (*LC*, 330).

Ainda na noite da chacina de Senigallia, o duque convocou Maquiavel para renovar sua intenção de estreitar amizade com Florença. "Chamou-me após as duas horas da noite [às sete da noite] e, com o melhor semblante deste mundo, congratulou-se comigo pelos recentes acontecimentos, dizendo tê-los mencionado um dia antes a mim, mas não totalmente às claras, como aliás é verdade" (*LC*, 507-8). Maquiavel confessa aos Senhores seu espanto diante das palavras e das ações do duque. Após listar as requisições do duque, acrescentou que seria de bom grado enviar, como embaixador, um homem que possuísse prestígio e autoridade suficientes para estreitar acordos formais. Iacopo Salviati chega em 20 de janeiro, e Nicolau pôde-se despedir do duque, que naquele momento assediava Siena, após haver conquistado Città di Castello e Perúgia.

Regressava à Florença cheio de admiração pelo duque. Dez anos mais tarde, n'*O príncipe*, explica as razões daquela admiração:

> Após relatar todas as ações do Duque, não saberia censurá-lo: ao contrário, sou de parecer que deve ser considerado, como aliás o fiz, como digno de ser imitado por todos aqueles que, por meio da fortuna e com as armas de outrem, ascenderam ao poder; porque ele, tendo força de ânimo e altivez de intenções, não poderia governar de maneira diferente [...]. Quem, portanto, julgar necessário em seu principado novo assegurar-se contra os inimigos e conquistar amigos; vencer ou pela força ou pela astúcia, fazer-se amado e temido pelos povos, seguido e reverenciado pelos soldados; aniquilar aqueles que o possam ou devam ofender; introduzir novas formas nas antigas leis; ser severo e grato, magnânimo e liberal; destruir a milícia infiel e criar uma nova; manter a amizade dos reis e dos príncipes de forma que o tenham de beneficiar com favores ou temer ofendê-lo; esse não poderá encontrar exemplos mais vivos do que as ações deste homem. *(P,* VII*)*.

Firmeza de ânimo, aspiração à grandeza, rapidez e discrição nas decisões, capacidade militar: Maquiavel havia encontrado no duque tudo aquilo que faltava à República florentina e a tornava tão débil que o mínimo sobressalto poderia arruiná-la. Era preciso fazer com que seus governantes entendessem isso. Apenas apeou de seu cavalo, em 23 de janeiro de 1503, pôs mãos à obra.

VIII

A HISTÓRIA ENSINA A QUEM QUER APRENDER

Com a ajuda do rei da França, da sorte e de muito dinheiro, Florença salvou-se das garras de Valentino. A debilidade política e militar florentina permanecia, entretanto, sem solução, colocando em perigo sua liberdade.

Logo após a rebelião de Arezzo, quando haviam sentido o hálito do duque em sua nuca, os florentinos aprovaram uma importante reforma institucional que corrigia uma das deficiências mais sérias de sua constituição, isto é, a falta de continuidade e de competência no governo da cidade, sobretudo em sua política externa. Os mais importantes cargos da república eram conferidos por meio de sorteio, e os cidadãos escolhidos ocupavam seus cargos por um tempo muito curto. Em conseqüência, era freqüente que tais cargos fossem ocupados por homens totalmente incapazes de tratar os difíceis e perigosos problemas de política interna e externa. Quando começavam a adquirir alguma prática, já era hora de deixar o Palazzo, e os novos eleitos recomeçavam do zero.

Para corrigir essa deficiência, os florentinos criaram, em 10 de setembro de 1502, a instituição do gonfaloneiro perpétuo, e elegeram para o novo cargo Piero Soderini, irmão de Francesco Soderini, que acompanhara Maquiavel em sua primeira visita a César Bórgia, em Urbino. A república ganhava em sabedoria política e melhorava sua capacidade de enfrentar situações de crise. Restava, porém, o problema da carência de forças militares e também uma grave crise financeira, gerada pelas grandes despesas que a cidade fizera para conseguir o auxílio do rei da França.

O novo gonfaloneiro era estimado por Maquiavel por seu caráter, sua inteligência e pela amizade que havia sempre demonstrado à sua família. Em 14 de novembro de 1502, Soderini escrevera a Maquiavel, que estava em Ímola, em tratativa com o duque, dizendo, muito francamente: "Encontramos a cidade muito desprovida em termos de dinheiro, de expectativas e de muitas outras coisas [...] esperamos poder conseguir fazer algo que nos traga alguma vantagem, a nós todos, o mais rápido possível; pois até aqui tem sido justamente o contrário" (*L*, 149).

Era preciso dinheiro, e para consegui-lo o único modo era convencer o Conselho Maior, órgão legislativo máximo da república, a cobrar novos impostos. Com esse objetivo, Nicolau escreve o prefácio do discurso que o gonfaloneiro iria pronunciar aos cidadãos. O texto apresenta um subtítulo mais apropriado a uma nota confidencial do que a uma composição literária: *Palavras que devem ser ditas sobre a provisão do dinheiro, com um pouco de proêmio e justificativas.* Nele, Maquiavel apresenta tudo o que aprendera em suas missões diplomáticas na França e junto ao duque. O discurso é repleto de paixão e lucidez, admirável pela sutileza da análise política, pela força persuasiva e pelo amor à liberdade que perpassa cada linha. Merece ser lido com atenção, desde as primeiras palavras.

Nicolau escreve que todas as cidades, independentemente de sua forma de governo, usaram "suas forças combinadas à prudência" visando à sua defesa. Esses elementos não podem ser separados, pois a prudência sem a força não tem valor nenhum, enquanto a força sem a prudência não é capaz de conduzir os afazeres políticos nem conservar o próprio Estado. Força e prudência são, pois, "o nervo" de todos os Estados que existiram e existirão. Quem estudou as reviravoltas e a derrocada dos reinos e das Repúblicas na história sabe que elas tiveram sempre duas causas: a carência de armas ou a falta de bom senso. Ao instituir o cargo de gonfaloneiro, Florença garantira para si um pouco mais de bom senso; era preciso, agora, tomar providências quanto às suas forças militares, e para isso seriam necessários novos impostos.

O raciocínio era impecável. Maquiavel sabia, porém, que os florentinos, avarentos e pouco argutos, argumentariam que o rei da França estaria ali para protegê-los e que o perigo representado por César Bórgia fora afastado. Não haveria, assim, necessidade alguma de desembolsar mais dinheiro. Maquiavel explica que essa opinião era temerária, "pois toda cidade e Estado deve considerar inimigo qualquer um que julgue poder ocupar o seu Estado e todo aquele contra o qual não seja possível defender-se". Nenhum Estado que viva na dependência de um outro jamais estará em segurança.

Após enunciar esse princípio geral, Maquiavel coloca diante dos olhos de seus concidadãos a real situação na qual Florença se encontrava, para dissipar de vez suas ilusões. Os florentinos estão desarmados, e não são nem amados nem temidos pelos seus súditos. Se olhassem em volta, a começar pela Toscana, veriam que estavam entre Luca, Siena e Pisa, cidades que "desejam mais a morte de Florença que a própria vida". Ao contemplar toda a Itália, veriam que ela girava à volta do rei da França, de Veneza, do papa e de Valentino. Os florentinos deveriam entender que a proteção do rei existiria apenas enquanto a cidade se fizesse respeitar e não fosse submetida por outras potências, na Itália. Os venezianos, além de serem os inimigos de sempre, eram credores de 180 mil ducados, os quais, segundo Maquiavel, seria bem mais vantajoso gastar declarando-lhes guerra, evitando assim que o dinheiro fosse usado para atacar a própria Florença.

Por outro lado, quanto ao papa e ao seu filho, Valentino, era público e notório que eles ambicionavam os territórios de Florença. Os florentinos deveriam lembrar-se de que nenhum acordo ainda havia sido assinado com Valentino. E mesmo que o acordo fosse assinado, era preciso estar ciente de que, se as leis, os pactos e os contratos garantem o cumprimento das promessas feitas entre os cidadãos privados, em contrapartida, quando se trata de príncipes, somente as armas servem de garantia, e Florença não as possuía. Os florentinos não deviam contar para sempre com a espada do rei da França, mesmo porque sua ajuda poderia não chegar a tempo. Essas últimas palavras eram as mesmas que Nicolau ouvira dos emissários do duque em Ímola, e ele as repetia para convencer os florentinos a fornecer à cidade um verdadeiro exército.

Maquiavel é um mestre na arte da retórica: conhece os clássicos e sabe muito bem que um exemplo, uma história ou um relato vale mais que qualquer argumentação, e assim prepara um exemplo magistral, que certamente sensibilizaria os cidadãos reunidos no Grande Conselho. Recorda a queda de Constantinopla nas mãos dos turcos, em 1453, quando o imperador, conta Maquiavel, chamou seus cidadãos para pedir-lhes dinheiro e auxílio para enfrentar o terrível inimigo que se aproximava. Esses "fizeram ouvidos moucos", e quando começou o assédio, mal escutaram o rumor dos canhões que assaltavam os muros e os gritos do exército turco, correram em prantos para o imperador, levando as mãos cheias de dinheiro. Ele os expulsou, dizendo: "Morrei com vosso dinheiro, já que não quisestes viver sem ele" (*Opere*, 15).

Os florentinos poderiam encontrar o mesmo fim, e eles sabiam muito bem que haviam escapado por pouco a esse destino, quando Valentino passara com suas tropas. Maquiavel conclui, dizendo que "a fortuna não muda sua sentença quando não se muda de ordem, nem os céus querem ou podem sustentar algo que busque a própria ruína. Mas eu não posso acreditar que seja esse o caso, vendo a vós, florentinos, livres e tendo em vossas próprias mãos a liberdade. Creio que a essa liberdade demonstrais o apego que tem aquele que nasceu livre e deseja manter para sempre sua liberdade" (*Opere*, 16).

Não sabemos se Soderini chegou a usar o discurso para ser autorizado a criar mais impostos, embora tenha finalmente conseguido instituir uma lei que impunha um dízimo sobre os bens imóveis, inclusive sobre as propriedades do clero. No entanto, o problema político das relações a serem mantidas com os povos e cidades submetidos ao domínio florentino continuava sem solução. Florença oscilava entre a clemência excessiva e a severidade exagerada, mas era sempre lenta em suas decisões. Maquiavel trata dessa questão em seu pequeno escrito *Do modo de tratar os povos da Valdichiana rebelados*, composto entre julho e agosto de 1503. Como no discurso para obter a provisão de dinheiro, Maquiavel destila aqui o fruto de suas reflexões sobre as conseqüências sofridas por Arezzo e outras cidades que haviam se rebelado contra o domínio florentino. Também dessa vez, ele se vale da história como mestra da vida e da sabedoria política e indica aos governantes florentinos o exemplo da antiga Roma republicana.

O ensaio começa com a citação de um longo discurso de Fúrio Camilo, retirado da *História de Roma* de Tito Lívio. Do discurso, Maquiavel extrai o princípio segundo o qual os romanos seguiam duas vias ao tratar com os povos rebelados contra seu domínio: ou buscavam obter a confiança desses povos por meio de benefícios, ou os puniam de forma que eles não pudessem causar mais danos. Qualquer outro "meio-termo" era julgado "nocivo".

"Ora", prossegue Maquiavel, "ouvi dizer que a história é a mestra de nossas ações", sobretudo das ações dos príncipes, e que o mundo sempre foi habitado por homens que sempre estiveram sob o domínio das mesmas paixões. Isso significa que aquilo que era válido na Antigüidade pode sê-lo ainda, e que a melhor forma de tratar com os povos rebeldes é a mesma forma usada pelos antigos romanos: beneficiá-los ou puni-los de modo que não pudessem se rebelar novamente. Florença, no caso de Arezzo, fez exatamente o contrário, ou seja, seguiu um meio-termo. Puniu os aretinos vendendo suas propriedades e destituindo os magistrados da cidade, providências que naturalmente tiveram como efeito agravar o ódio dos aretinos contra os florentinos. Ao mesmo tempo, Florença deixara os muros da cidade intactos e não enviara florentinos para residir em Arezzo, mantendo-a sob controle. Na primeira ocasião propícia, era fácil prever, eles se rebelariam de novo e seriam, como no passado, um perigoso empecilho para Florença.

Maquiavel observa que a ameaça representada por Valentino não havia desaparecido de todo. Era provável que o duque tentasse retomar Arezzo, pois seu propósito sempre fora conquistar os territórios contíguos aos Estados que ele já possuía na Toscana. Para Bórgia, aquele não era um momento oportuno para atacar Florença, mas não se poderia esquecer que uma das características do duque, assim como de seu pai, o papa, era saber aproveitar-se muito bem das ocasiões favoráveis, como o próprio Maquiavel presenciara em Senigallia. Outro fator que deveria ser considerado é que restava pouco tempo ao duque, em vista da "brevidade da vida do pontífice", seu pai, já muito idoso. Por tudo isso, era lógico esperar que Valentino tentasse colocar Florença em dificuldades na primeira oportunidade (*Opere*, 22-6).

Escrevia tais palavras para exortar os florentinos a se precaver e a buscar resolver definitivamente os sérios problemas ligados à segurança de seu domínio. Com isso, acabou fazendo uma profecia involuntária: em 18 de agosto de 1503, o papa Alexandre VI morreu de um ataque de febre terçã. Em 24 de outubro, Maquiavel iniciou uma viagem aos arredores de Roma, que tinha sido adiada anteriormente, para seguir de perto o conclave que iria negociar o alistamento de novas tropas. Assim, poderia observar as complexas manobras diplomáticas que medravam em torno à eleição do novo pontífice e, sobretudo, presenciar o fim daquele mesmo duque a quem tanto admirara.

Encontrou Valentino cheio de vivacidade e de esperanças para "realizar grandes feitos", a despeito das dificuldades em que se encontrava, após a perda de muitas cidades importantes de seu Estado. Os Vitelli haviam reconquistado Città di Castello, Giampaolo Baglioni estava de novo em Perúgia, Piombino retornara às mãos dos Appiani, os Montefeltro tinham retornado a Urbino, Da Varano a Camerino, Giovanni Sforza a Pesaro, e os florentinos agiam para recolocar os Ordelaffi em Forli. Mesmo assim, o duque ainda controlava muitos cardeais espanhóis e contava, portanto, com muitos votos no conclave. Por isso, como nota Maquiavel em uma carta de 30 de outubro, muitos cardeais iriam a Castel Sant'Angelo para encontrá-lo, e era opinião corrente que o futuro papa deveria ter laços de obrigação consideráveis para com Valentino. César Bórgia, no entanto, nutria esperanças mais modestas; desejava que o novo papa o recompensasse, pelo menos, em troca de seus votos espanhóis. Maquiavel, porém, acreditava muito pouco nisso, e no rodapé da mesma carta escreve uma frase significativa: resta ver "se o Duque conseguirá ser favorecido pelo novo pontífice, como ele o crê" (*LC*, 587).

O novo pontífice era o cardeal de San Pietro in Vincoli, Giuliano della Rovere, que tomou o nome de Júlio II. Maquiavel foi um dos primeiros a saber de sua eleição, avisado por um criado do próprio Della Rovere, na noite entre 30 de outubro e 1º de novembro. Escreve subitamente a Florença, em plena madrugada, feliz em poder dar uma notícia tão importante antes que fosse tornada pública. Na manhã seguinte, manda apenas duas linhas para confirmar: "Em nome de Deus, informo a Vossas Senhorias que nesta manhã o cardeal de San Pietro in Vincula foi proclamado o novo pontífice: que Deus faça dele um pastor útil para a Cristandade" (*LC*, 591).

O novo papa devia sua eleição aos votos do cardeal de Ruão e dos cardeais espanhóis controlados pelo duque Valentino. Era um mistério a razão que levava o duque a decidir-se por favorecer a ascensão ao trono pontifício do cardeal de San Pietro in Vincoli, que os Bórgias haviam exilado por dez longos anos.

Ainda mais misteriosa era a questão de justamente o duque, que jamais mantivera a palavra dada, confiar agora nas promessas de um inimigo seu e, principalmente, alçá-lo ao trono da Igreja. A resposta está no fato de que Valentino já estava acabado politicamente e, como escreve Maquiavel, sentia a necessidade de ser ressuscitado. Quando o fim está próximo, muitas vezes a lucidez e a deliberação falham, e tomam-se resoluções desesperadas que acabam levando à ruína. Valentino não fugiria à regra.

Os relatórios que Maquiavel envia a Florença descrevem um duque "irresoluto e suspeitoso, e que não se firma em nenhuma conclusão", justamente ele que havia impressionado amigos e inimigos pela segurança de suas decisões e rapidez na execução de seus planos. Talvez, comenta Maquiavel, essa seja a sua natureza; ou pode ser que os inúmeros golpes infligidos pela má fortuna o tivessem transtornado, e ele, "não acostumado a experimentá-los, agita-se em volta deles" (*LC*, 631). Assim, se num dia cobre Maquiavel de ameaças, dizendo "com palavras cheias de veneno e paixão" que entregará tudo aquilo que Florença ainda possui "nas mãos dos venezianos" (*LC*, 607) e que muito em breve verá o Estado florentino arruinado e rirá disso, num outro, diz a ele que não é caso de desenterrar o passado, mas tempo de pensar no bem comum, o que significava deter os venezianos na Romanha.

Veneza, involuntariamente, era a única aliada que restara a Valentino, e tanto o papa quanto Florença temiam sua expansão na Romanha, sobre as ruínas do Estado de Bórgia. Infelizmente para a Itália, suas duas Repúblicas mais importantes, Florença e Veneza, estavam divididas por um conflito de interesses inconciliável. Na verdade, Florença devia muito ao exemplo de Veneza. Inspirados por ela, os florentinos republicanos haviam instituído, em 1494, o Conselho Maior, e o próprio Savonarola tinha aconselhado, do púlpito, que a Sereníssima República fosse tomada por modelo, à exceção do doge perpétuo. Nem dez anos se passaram após a instituição da república e Florença implementou o gonfaloneiro perpétuo, inteiramente inspirada no exemplo veneziano. Esse débito, porém, não bastava para anular o ressentimento dos florentinos quanto aos projetos expansionistas dos venezianos, que eram por demais evidentes.

Com o intuito de deter Veneza, o rei da França, o papa e Florença planejaram uma estratégia que preteria Valentino. Todos agora desejavam seu fim. Esse era, em primeiro lugar, um desejo dos franceses: Deus, diz o cardeal de Ruão, "jamais deixou até aqui nenhum pecado impune, e não quer deixar também os dele" (*LC*, 607). Era também um anseio de Florença, e coube ao próprio Maquiavel dar ao duque a triste notícia da recusa de um salvo-conduto que lhe permitisse atravessar os territórios florentinos. Perto de Castiglion Fiorentino, os soldados da república desarmaram o que restara dos exércitos do Bórgia, aprisionando dom Michele de Corella, o fiel lugar-tenente do duque. E era, sobretudo, uma aspiração de Júlio II, que não conseguiu conter sua alegria ao saber da captura de dom Michele: "O papa ficou o mais contente possível, e pareceu-lhe que a prisão desse tal era ocasião para se descobrir todas as suas crueldades, como roubos, homicídios, sacrilégios e outros males infindos, que de onze anos para cá foram feitos contra Roma, contra Deus e os homens" (*LC*, 702).

Poucos dias antes, o papa mandara prender o duque em Óstia, por ele ter se recusado a ceder as poucas fortalezas que ainda possuía na Romanha. César Bórgia foi levado a Roma como prisioneiro, para que fosse convencido a ceder pacificamente suas fortalezas ao papa. Não se sabe com certeza, escreve Maquiavel em 2 de dezembro, qual será o fim do duque, mas a opinião geral é que será um triste fim. Após ceder as fortalezas, Valentino tem seus dias contados. O duque, comenta Maquiavel, resvala pouco a pouco rumo à tumba. Em seus últimos dias, escreve no *Primeiro decenal*, o duque procurou nos outros a piedade que ele "jamais conheceu, e lhe coube o fim que merecia um rebelde a Cristo".

IX

UMA IDÉIA TALVEZ GRANDE DEMAIS

Enquanto observa o fim de Valentino, Maquiavel, em Roma, não perde de vista as manobras dos venezianos e procura convencer o papa Júlio II a deter sua expansão na Romanha. As instruções enviadas pelo Conselho dos Dez são muito claras: Maquiavel deveria falar ao papa, ao cardeal de Ruão e a qualquer um que fosse capaz de "despertar" Sua Santidade e fazê-lo compreender que Veneza representava um perigo para todos. Deveria dizer-lhe que os venezianos possuíam muitos soldados, contavam com o apoio das populações da Romanha e que eram mestres na arte de tornar dóceis os súditos de seu domínio. Por todas essas razões, poderiam apoderar-se da Romanha com rapidez e facilidade.

No dia seguinte, 21 de novembro de 1503, o Conselho dos Dez envia-lhe outra carta, que apresentava um quadro diferente da situação política e impunha novos encargos a Maquiavel. Escrevem-lhe que em Florença começavam a suspeitar de que os venezianos estivessem avançando na Romanha com o consentimento do papa. Maquiavel deveria informar-se sobre os acontecimentos e analisar "sutilmente" a questão.

Mesmo antes de receber essas novas instruções, Maquiavel começara a estudar os movimentos dos venezianos em direção ao papa. Em sua carta de 20 de novembro, relatava aos Dez o sutil jogo de simulação e lisonjaria que era representado na corte papal, comentando que a índole do papa iria desempenhar um papel relevante no desenvolvimento do problema veneziano. Naquele outono romano, Maquiavel tivera a chance de perceber que, em política, as paixões e os humores contam muito, bem como a arte de manobrar ambas as disposições de espírito com adulações e cortesias.

Os venezianos, escrevia ao Conselho, sabiam que o papa era de natureza "nobre e colérica", fácil de ser incitado contra qualquer um que pretendesse desonrar a Igreja durante seu pontificado, sempre pronto a se atirar contra os inimigos. Conhecendo-o, tratam de "certificar-se de que podem mitigá-lo" e satisfazer seu apego à honra da Igreja, apresentando-se como "bons filhos" e afirmando-lhe solenemente que o único desejo de Veneza era que não apenas a Romanha, mas todo o vasto domínio veneziano fosse obediente ao papa. Maquiavel diz que eles tinham chegado mesmo a enviar oradores para declarar sua obediência ao papa, coisa que jamais haviam feito no passado. Na corte, enchiam a boca com promessas de obediência e declarações de afeto; proclamavam aos quatro ventos que consideravam o papa seu pai, protetor e defensor. Não se envergonhavam, conclui Nicolau, de se mostrarem servis ao papa para "voltá-lo a favor de seus propósitos" e assim poder "comandar a todos os demais" (*LC*, 655-6).

Sob seus olhos desenrolava-se uma refinada comédia política, na qual atores consumados exercitavam com destreza a arte de simular, adular e seduzir. Maquiavel não apenas a percebeu como sugeriu aos Dez que, para contrapor-se com eficiência aos venezianos, Florença devia afetar submissão e fazer salamaleques ao papa, já que em poderio e riqueza não poderia competir com a República de São Marcos.

Em contrapartida, Maquiavel levou vários dias para cumprir sua outra incumbência, ou seja, procurar saber se o papa era hostil ao expansionismo dos venezianos, ou se, ao contrário, o favorecia secretamente. Em 24 de novembro, relata ao Conselho dos Dez uma longa discussão sua com o amigo Francesco Soderini, cardeal de Volterra. Diz que, na opinião deste, também compartilhada pelo cardeal de Ruão, a última hipótese nem sequer deveria ser considerada. Isto é, o papa demonstrava um grande ressentimento em relação ao expansionismo veneziano na Romanha. Maquiavel profetizava que, para os venezianos, a conquista de Faenza representaria ou a porta de abertura de toda a Itália, ou, mais provavelmente, o início de sua ruína.

Maquiavel apresentava essa previsão como se fosse uma opinião difusa na corte de Roma, mas, na verdade, esse era um velho truque diplomático. A profecia era dele mesmo e nascia, dessa vez, não da observação da disposição do espírito, dos gestos e das palavras dos homens, mas da análise das forças que agiam na cena italiana, na qual Veneza, como resultado de suas evidentes ambições expansionistas, encontrava-se quase que isolada. Mas também era fruto de sua fria desconfiança, típica de homem do povo e muito florentina, em relação à aristocrática república vêneta, avara em conceder direitos de cidadania, que não possuía exército próprio e, no entanto, ansiosa em alargar seu domínio não apenas sobre o mar, para onde sua natureza e sua história a impeliam, mas também sobre a terra firme. A nebulosa profecia de Maquiavel sobre o futuro de Veneza (uma vez que suas palavras demonstram uma clara descrença numa Veneza senhora de toda a Itália) deriva da convicção de que, para expandir-se com segurança sobre a terra firme, eram necessários um exército poderoso, não-mercenário, e a disponibilidade de conceder aos povos submetidos os direitos de cidadania. Veneza não tinha nem uma nem outra coisa. Quando relata a Florença que os venezianos não se envergonham de fingir e representar o papel de bons filhos da Igreja, não exprime uma crítica moral, visto que logo depois aconselha os Dez a comportarem-se da mesma forma; manifesta sobretudo seu desprezo por aquela política vulgar.

Em 4 de dezembro, Biagio Buonaccorsi lhe escreve, contando que Raffaello Girolami e Matteo Strozzi haviam comprado roupas e adereços suntuosos para viajar a Roma na qualidade de embaixadores de Florença e participar, com o devido decoro, das celebrações de coroação de Júlio II. Poucos dias depois, recebe uma carta do Conselho dos Dez ordenando o imediato retorno a Florença. Estranhamente, dessa vez Maquiavel não se apressa a voltar, e não o faz antes de 18 de dezembro. Alega, velhacamente, uma doença: "Vossas Senhorias me recomendaram que eu me pusesse a caminho com Ruano [o cardeal de Ruão] dessa vez, e quando ele partisse, fosse em diligência para me achar aí antes de sua Senhoria. A carta chegou-me ontem, e Ruano já tinha partido, de forma que o conveniente era servir de estafeta, o que me é muito difícil, estando eu infectado por uma moléstia comum nesta cidade, que se manifesta em tosse e catarros, que perturbam sobretudo a cabeça e o peito, de modo que uma agitação violenta, como a cavalgada, muito me faria mal" (*LC*, 724). É mais provável que Nicolau estivesse se divertindo em Roma, como escreveu seu melhor biógrafo, entre belas mulheres e tabernas opulentas. Nos momentos livres, discutia com o cardeal Soderini sobre assuntos de grande importância e que o interessavam muito de perto.

Todavia, em meados de novembro, Maquiavel passou por um grande susto. Acreditava ter tido contato com uma pessoa contaminada pela peste, ou suspeita de tal. Escreveu ao irmão Totto e a outros amigos de Florença, entre os quais Piero Del Nero, e todos o tranqüilizaram. Totto disse que os mercadores florentinos no Levante, em suas travessias freqüentes de Pera a Constantinopla, usavam as mesmas barcas que transportavam os mortos de peste, e eram raros os casos em que alguém era infectado ou morto. Piero contou que já havia falado, comido e dormido com pesteados o suficiente para ter morrido umas vinte vezes. O curioso nessas cartas é que tanto o irmão quanto o cunhado o acusam veladamente de ser um tanto medroso e o incitam a ser "homem".

"Seja homem", escreve Piero; "não desanimes, que estar desmoralizado é coisa de meninos ou de mulheres", escreve-lhe Totto. Estranhas palavras que nos trazem a imagem de um Nicolau propenso ao medo e à depressão, incapaz de manter-se firme em face do perigo, por sinal, bastante remoto. Logo veremos se essa imagem é real. Por enquanto, devemos imaginá-lo desfrutando seus últimos dias na legação romana, dividindo seu tempo entre sutis interpretações do grande teatro da política, belas mulheres, tabernas e graves discussões sobre grandes questões com o cardeal Francesco Soderini.

Grande mesmo, sem dúvida, era a idéia que Maquiavel transmitiu ao cardeal: dar a Florença uma milícia que lhe permitisse defender a própria independência e livrar-se da praga das tropas mercenárias. Era uma fantasia que, provavelmente, vinha tomando forma desde os dias da rebelião dos mercenários no campo junto a Pisa, e depois na França, quando ele pudera ver de perto a qualidade superior de um exército cujo cerne era formado por súditos do rei. Fato é que no *Primeiro decenal* Maquiavel endereça a seus concidadãos uma mensagem muito clara:

> Mesmo que se confie no timoneiro atento,
> nos remos, nas velas e nas sarretas [1];
> ainda assim, seria o caminho fácil e breve,
> se vós o templo reabrísseis a Marte.

Ou seja: Florença havia instituído o gonfaloneiro perpétuo; necessitava agora da milícia, se desejava viver em segurança.

Essa idéia encontrou muitas críticas em Florença. O gonfaloneiro Piero Soderini a aprovava e a defendia, mas os "primeiros cidadãos", isto é, os aristocratas, a viam com frieza, suspeição ou mesmo com franca hostilidade. Francesco Guicciardini resumia

1. Cada uma das tábuas estreitas colocadas no sentido de popa a proa, no fundo de uma embarcação, para proteger o tabuado do fundo. (N.T.)

a perplexidade dos grandes dizendo que o plano de Maquiavel era julgado algo "novo e insólito", acrescentando que mesmo o povo de Florença não via o plano com bons olhos.

Florença tivera outrora uma milícia própria, composta por cidadãos e súditos de seu condado, mas duzentos anos já haviam passado desde aqueles tempos gloriosos. Os florentinos, povo de artesãos, comerciantes e banqueiros, haviam esquecido completamente as artes militares e perdido qualquer espírito bélico. Além disso, os aristocratas temiam, ou usavam esse temor como pretexto, que Piero Soderini, com a ajuda de Maquiavel, quisesse instituir a milícia para tornar-se um tirano. A preocupação de todos aumentou quando se soube, mais tarde, que o capitão da nova milícia seria o crudelíssimo dom Michele de Corella, antigo braço direito de Valentino. Durante a estada de Maquiavel em Roma, correram boatos de sua pretensamente exagerada simpatia por Valentino, que era profundamente odiado em Florença. Alguns tinham até mesmo insinuado que Maquiavel havia procurado granjear alguns favores junto ao duque. Pode-se imaginar a comoção em Florença com os rumores de que a milícia proposta por Maquiavel seria confiada a dom Michele, mais conhecido como o "estrangulador" de Valentino.

Tais dificuldades não desencorajavam Maquiavel. O cardeal Soderini também o estimulava a prosseguir, com palavras afetuosas. O cardeal escreve-lhe de Roma em 29 de maio de 1504, dizendo-lhe que as críticas ao projeto de uma ordenança para instituir a milícia eram injustas, pois essa era uma providência necessária e sábia. Não era possível suspeitar de uma força militar que seria instituída não para o bem particular, mas para o bem público. Incita Maquiavel a não desistir, pois um dia "havereis mercê e glória por tal idéia".

Piero Soderini o ajudou a sair do impasse aconselhando Maquiavel a não comparecer diante do Conselho dos Oitenta e do Grande Conselho para obter a aprovação formal da ordenança naquele momento, mas aguardar e começar, nesse meio tempo, a organizar as milícias no condado florentino. Ao ver as novas tropas, os florentinos seriam convencidos de que não havia motivo de temor e começariam, talvez, a compreender a excelência de um projeto tão novo e extraordinário.

Assim, Maquiavel montou seu cavalo e foi recrutar soldados de infantaria no Mugello e no Casentino. Explica o fato de ter escolhido esses dois locais em seu escrito *A razão da ordenança, onde formá-la e o que é preciso ser feito*, que resume suas idéias nessa matéria. O Estado de Florença, explica, é dividido em três partes: a cidade, o distrito — composto pelos territórios das cidades submetidas (Arezzo, Borgo Sansepolcro, Cortona, Volterra e Pistóia) — e o condado. Introduzir a milícia em todas elas poderia trazer perigo e confusão, porque as "coisas grandes" devem ser geridas e preparadas com cuidado. Numa província que perdera há tanto tempo o costume das armas, era necessário começar "da parte mais fácil", isto é, com a instituição da infantaria.

Armar uma infantaria no próprio distrito seria muito arriscado, como observa Maquiavel. O motivo é que os súditos do distrito raramente se mostravam bem-intencionados em relação à Florença. Se eles estivessem armados (e a cidade não), poderiam concentrar-se em torno dos grandes centros e iniciar rebeliões muito difíceis de aplacar. Para ele, é óbvio que os soldados a cavalo e os comandantes devem ser recrutados na cidade. Mas, sendo essa uma tarefa mais longa e difícil do que a instituição da infantaria, era melhor adiá-la. Restavam, assim, locais como o Mugello e o Casentino, "ricos em homens" mas sem postos fortificados que pudessem se tornar centros de possíveis revoltas.

O texto de Maquiavel deixa claro o seu projeto de construir uma milícia eficaz, forte e numerosa e, ao mesmo tempo, disciplinada e fiel à república e às suas leis. Tendo em vista esse objetivo, Maquiavel insistia para que todas as companhias usassem a mesma insígnia, o Marzocco, de modo que todos os homens criassem um vínculo de afeto com o símbolo e tivessem sempre diante de si o brasão de armas público, transformando-se assim em seus apaixonados defensores. O mesmo motivo o faz insistir em que a nova milícia fosse instituída dentro da mais estrita obediência às normas constitucionais republicanas. Em outras palavras, deveria ser instituída por meio de uma lei votada pelos Conselhos soberanos e governada por uma magistratura criada para esse fim, dotada da faculdade de punir ou premiar segundo a lei.

Uma milícia poderia ser prejudicial à cidade apenas em dois casos: rebelando-se e unindo-se a tropas estrangeiras, ou se tornando instrumento de algum magistrado ou cidadão poderoso. O primeiro perigo, não havia porque temê-lo, visto que, como viviam dispersos nos campos, os soldados não tinham o poder de reunir-se por iniciativa própria. O segundo risco poderia ser evitado fazendo com que os soldados dependessem, de alguma forma, de diversas autoridades públicas: uma delas, encarregada de organizá-los e adestrá-los; a outra incumbida de comandá-los em guerra; e ainda uma terceira que deveria premiá-los ou puni-los.

Na concepção de Maquiavel, essa milícia não deveria se reunir mais do que dez ou dezesseis vezes ao ano. No tempo restante, os soldados poderiam "ir aonde quisessem e cuidar de seus afazeres". Ao reunir os homens para os exercícios militares, paradas e guerra, os magistrados deveriam agir de modo a não "retirar de sua casa" aqueles que tivessem boas razões para ali permanecer. Os capitães das diversas companhias ou "bandeiras" deveriam ser recrutados em locais diferentes daqueles de onde provinham os soldados: "Gente do Casentino para o Mugiello, e para o Casentino gente do Mugiello". Tal precaução visava impedir que, entre capitães e soldados, se formassem laços de lealdade baseados em interesses particulares. Em suma, Maquiavel planejava uma milícia que fosse fiel somente à república.

Uma vez consolidada no condado, a milícia poderia ser formada também na cidade. Esse era o âmago do grande projeto de Nicolau: reviver em Florença a antiga milícia formada por cidadãos, como aquelas sobre as quais havia lido nas histórias antigas e, principalmente, na história da República romana, que na sua opinião possuía um valor exemplar. Ao tratar da milícia, sua prosa se torna solene e evocativa. Os cidadãos florentinos perceberiam que havia uma grande diferença entre ter os próprios cidadãos como soldados, por sua livre escolha, em vez de homens recrutados por interesse ou por corrupção. Hoje, diz Maquiavel, existem jovens soldados de maus costumes que se alistam para fugir à autoridade dos pais, tendo crescido nos bordéis. Mas amanhã os soldados serão jovens saídos de "escolas honestas e de boa educação", capazes de "honrar a si mesmos e à sua pátria".

Ao pôr em prática o projeto da milícia, Maquiavel levou em consideração o estado de espírito de Florença e as características peculiares à sua história. Mas também se inspirou, como já havia feito ao escrever as *Palavras que devem ser ditas sobre a provisão do dinheiro,* num princípio geral que era fruto de seus estudos e reflexões durante suas viagens. Segundo esse princípio, a justiça e as armas eram o alicerce de toda e qualquer forma de governo. Porém, Florença não exercia a justiça de forma satisfatória, sobretudo em relação a seus súditos, além de não possuir um exército próprio. Para alcançá-los, escreve Maquiavel, era preciso "organizar e manter as armas, por deliberação pública, em boa ordem" (*Opere*, 26-7).

Muitos historiadores apontaram inúmeros defeitos na milícia de Maquiavel, cada qual usando os critérios de seu próprio tempo. Uma das críticas é que a forma como as companhias deveriam ser organizadas e armadas não seria clara o bastante. A infantaria não reunia mais do que trezentos soldados, o que tornava inviável o exercício militar na formação da frente, que exige um número bem maior de homens. Os capitães das companhias eram substituídos com demasiada freqüência, tornando impossível a formação de vínculos de lealdade com seus soldados.

Todos esses defeitos decorriam de um mesmo fato: os florentinos não confiavam nos soldados que tinham recrutado. Eram conscientes de que a república sobrecarregava os habitantes do condado de impostos, sem lhes dar em troca nem o direito de cidadania de que gozavam os florentinos, nem uma proteção real contra o abuso dos senhores locais ou contra as incursões dos exércitos inimigos. Em uma só palavra, Florença era injusta com seus súditos do condado, como escrevera Maquiavel no início de sua *Ordenança*. Esse era o verdadeiro nó a ser desatado para que Florença pudesse ter uma milícia segura e forte. Maquiavel era consciente desse ponto crítico, mas não era capaz de solucioná-lo.

Francesco Vettori, amigo de Maquiavel, deixou-nos um interessante testemunho sobre a opinião dos florentinos a respeito da nova milícia ou "Ordenança", como a chamavam. Vettori conta que, voltando da Alemanha, alojara-se numa estalagem nos arredores de Barberino, administrada por um tal Anselmo di Ser Bartolo, cidadão florentino. Após fazer sua refeição, Francesco ouviu um rufar de tambores; perguntou sua origem ao estalajadeiro, que lhe respondeu serem os batalhões da Ordenança. Para matar o tempo e esquecer o forte calor, Vettori procurou saber a opinião do estalajadeiro sobre a nova milícia de Florença — ela iria trazer bem ou mal à cidade?

Ele responde com as seguintes palavras: "Não duvido que esses batalhões, depois de armados e exercitados, possam ser considerados boas infantarias. O que não sei é se, quando isso acontecer, nós, florentinos, estaremos seguros; nem sei se homens armados e exercitados aceitarão obedecer a outros, desarmados e inexperientes. E duvido que não pensem, tendo sido um dia súditos, sobre a possibilidade de se tornarem senhores. E creia-me, pois converso sempre com eles, que não nos apreciam nem têm motivos para tal, pois nós não os dominamos, e sim os tiranizamos. E apesar de temermos os perigos externos, acho que é mais fácil precaver-se contra aqueles que vêm nos atacar a cada quatro ou seis anos, do que contra estes aqui que podem nos atacar todos os dias. E, da mesma forma como nós podemos recrutá-los rapidamente, eles podem recrutar-se entre si para nos prejudicar. E, se eles nos servem para amedrontar nossos vizinhos, a nós mesmos podem causar temor e dano."

Apesar de opiniões como essa, em 15 de fevereiro de 1506, quando Maquiavel fez desfilar em ordem quatrocentos camponeses do Mugello, vestidos de "túnica branca, calças brancas e vermelhas com sua divisa, barrete branco, botins e peitoral de ferro", armados com lanças ou escopetas (pequenas armas de fogo portáteis), as pessoas do povo os saudaram como "a coisa mais bela que jamais fora vista na cidade de Florença".

Enquanto Maquiavel se alegrava duplamente, como artífice da obra e como homem do povo, os poderosos em seus palácios olhavam turvamente aquelas tropas que marchavam em ordem por detrás dos estandartes da república.

X

A INVEJA DOS FLORENTINOS E UM PAPA GUERREIRO

A vida de cada homem é feita de infinitos momentos, estados de espírito, pensamentos e sonhos que desaparecem no poço sem fundo e sem luz do tempo. Tudo o que podemos fazer é tentar reencontrar, com a ajuda das cartas, dos escritos, dos documentos e dos testemunhos que possuímos, alguns fragmentos da vida daquele a quem desejamos livrar do esquecimento. Pouco importa que não seja possível delinear uma história com um sentido preciso que se funde segundo um ritmo claro e perceptível. Mesmo um pequeno momento da vida roubado ao tempo possui um valor inestimável.

Neste ponto do relato da vida de Nicolau, talvez sejamos capazes de isolar um estado de ânimo, algum pensamento e observá-los mais de perto. Enquanto trabalhou no seu projeto de constituição da milícia, Maquiavel foi um homem feliz. No Casentino, cavalgava de um burgo a outro recrutando soldados para a infantaria, e escrevia "cartas agradabilíssimas". No Mugello, tinha sempre um gracejo a dizer sobre o grande frio trazido pelas tramontanas.[1]

Maquiavel tentava fazer com que o Conselho dos Dez entendesse que a desconfiança dos camponeses em relação à república era o obstáculo mais difícil a ser superado. Contava que os jovens

1. Ventos do norte. (N.T.)

vinham se inscrever com muito boa vontade, mas alguns temiam que ele estivesse fazendo um recenseamento para criar mais impostos, enquanto outros receavam algum embuste. Se essas pessoas estivessem tranqüilas, correriam a arrolar-se nas tropas. Sentia-se capaz de levar a cabo sua tarefa, dizendo que todos o ajudavam e que ele acreditava mais do que nunca que era possível criar a milícia, desde que se usasse o zelo e a prudência necessários a uma obra tão grande e importante como essa de "reformar uma província" (*LC*, 927). Pois era disso que se tratava, não de uma mera providência político-militar, mas da mudança da imagem de um povo.

Maquiavel sabe que tem em suas mãos algo verdadeiramente grande. Está inteiramente absorvido pela empreitada que o ocupa, o excita e multiplica por cem as energias de seu corpo e de sua mente. Salta de uma aldeia a outra e irrita-se quando as armas demoram a ser enviadas e ele "perde tempo". É muito severo na escolha dos soldados, não aceita compromissos e recusa-se a recrutar os soldados que exigem que o bando[2] da república, que condenou à pena de morte alguns de seus conterrâneos, seja revogado. Responde-lhes que Florença não força ninguém a lutar sob sua bandeira, e que essa bandeira deve ser toda de uma mesma cor. Maquiavel vive a experiência da construção da milícia como uma oportunidade única de obter aplausos e glória, como havia dito o cardeal Francesco Soderini. Mas, ao mesmo tempo, sente que tem nas mãos um projeto que poderia servir para liberar a Itália do triste destino que as estrelas lhe haviam preparado.

No *Decenal,* datado de novembro de 1504, podemos perceber que Maquiavel preocupava-se, nessa fase de sua vida, com uma Itália vítima de um cruel desígnio do destino. Na dedicatória oferecida a Alamanno Salviati, o aristocrata que havia sabiamente guiado Florença durante a crise do Valentino, escreve, de fato, que as desventuras da Itália durante os dez anos que vão

2. Pregão público; proclamação. (N.T.)

de 1494 a 1504 tinham sido causadas pela necessidade do Destino, a cuja força não se pode resistir. Ainda mais significativo é o fato de ele iniciar o poema falando das estrelas inimigas do bem da Itália e encerrá-lo exortando os florentinos a instituir a milícia.

Para Maquiavel, a milícia era a instituição capaz de assinalar o início do renascimento militar italiano e, por conseguinte, o fim do domínio bárbaro iniciado sob a influência das estrelas malignas. Queria desafiar o poder das estrelas, e chegou a consultar Bartolomeo Vespucci, um astrólogo de Pádua, sobre a possibilidade de os homens poderem escapar ao influxo dos céus. Ele lhe responde que sua opinião era "muitíssimo exata", no sentido de que o homem pode transformar a si mesmo, aproveitando as diversas experiências às quais se submete no decurso da vida e, sobretudo, adaptando-se às novas circunstâncias. Nessa perspectiva, como não interpretar a instituição da milícia senão como a tentativa de Florença e da Itália em se transformarem para melhor se adaptar e sobreviver à nova situação política e militar motivada pela chegada de Carlos VIII, em 1494, à Itália?

Até os amigos de Maquiavel julgavam que a criação da milícia poderia transformar o destino da Itália. Essa idéia é patente na carta de Francesco Soderini, datada do início de março de 1506. O cardeal escreveu-lhe que se sentia "felicíssimo" em saber que a organização da milícia estava andando a contento, pois esse era um projeto que correspondia plenamente às suas esperanças em relação à dignidade e à segurança da pátria. Soderini diz ainda que não crê que as infantarias estrangeiras fossem superiores às de Florença naquele momento, a não ser pelo fato de que as tropas florentinas há muito careciam de uma disciplina adequada. E diz algumas palavras que tornam quase palpável a satisfação de Maquiavel: "Vosso contentamento não deve ser pouco, pois por vossas mãos foi dado princípio a algo tão digno: perseverai e conduzi-lo ao desejado fim."

Na mesma carta, ele nos dá a entender que Maquiavel insiste com seu irmão, o gonfaloneiro Soderini, para que a república esteja mais atenta à questão da justiça, não apenas no que se refere à cidade, mas principalmente em relação ao condado. Ele sabe que a justiça é o ponto crucial para o sucesso da milícia e procura convencer disso as principais autoridades da república. Diz o cardeal: "Sabiamente escrevestes que, para que seja possível instituir a milícia, sobretudo, é necessária a justiça, assim na cidade como no condado." O cardeal reafirma compartilhar da opinião de Maquiavel, isto é, acredita que a questão da justiça é fundamental para o sucesso da obra.

Maquiavel não ignorava as resistências que seu projeto encontrava, e isso o preocupava ainda mais quando era preciso ausentar-se de Florença, não podendo controlar tudo pessoalmente. Tão logo chega a Roma para uma nova missão, da qual falaremos a seguir, escreve a Florença para saber como vão as medidas relacionadas à Ordenança. Biagio está ciente de ter boas novas para Nicolau: o comandante encarregado de alistar soldados no Vale do Arno, Bastiano da Castiglione, havia despertado a admiração geral quando afirmou ser capaz de recrutar "em quatro horas, setecentos homens" prontos para a luta. Boas notícias como essa e o apoio de tantos e tão importantes amigos faziam com que Maquiavel acreditasse ser capaz, com muita paciência, de persuadir a todos. Exprime essa esperança em carta, datada de 23 de setembro, a Antonio Giacomini Tebalducci, um dos maiores capitães da república, que Maquiavel admirava profundamente. São tão raras as ocasiões nas quais Maquiavel usa palavras que exprimem esperança e otimismo, que é necessário entesourá-las.

Entretanto, no final do verão, Nicolau teve de abandonar seu caríssimo projeto para tornar a seguir as intrincadas, e certamente menos grandiosas, intrigas da política italiana. O Conselho dos Dez o envia à corte de Júlio II com o dever de contemporizar; tarefa que ele, certamente, já domina a essa altura, embora de forma alguma o agrade. Júlio II, fortalecido pelo apoio francês e decidido a retomar o pleno comando dos territórios do Estado pontifício, tomara o caminho de Perúgia, a fim de expulsar

Giampaolo Baglioni. Pensava em fazer, depois, o mesmo em Bolonha, com Giovanni Bentivoglio. O papa exigia de Florença tropas sob o comando do *condottiero* Marcantonio Colonna, que combatiam sob o soldo da república, para atacar os Bentivoglio ainda mais vigorosamente.

Os florentinos hesitavam em atendê-lo por várias razões, a primeira delas porque tanto o comandante quanto as tropas eram necessários contra Pisa. Ao mesmo tempo, temiam opor-se diretamente ao impetuoso papa, pois corriam o risco de jogá-lo nos braços dos venezianos, que se dispunham a ajudá-lo a retomar Bolonha em troca do reconhecimento da soberania de Veneza sobre Faenza e Rímini. Ou seja, era preciso tentar adoçar o papa com belas palavras e muitas promessas, e esperar para ver que rumo tomariam os acontecimentos.

Maquiavel partiu a cavalo na noite entre 25 e 26 de agosto de 1506 a fim de cumprir essa tarefa. Chegou a Nepi no dia 27, mas não teve acesso ao papa, que se encontrava "afastado de seus afazeres", os quais, provavelmente, referiam-se mais a divertimentos do que a assuntos espirituais. No dia seguinte, conseguiu uma audiência em Civita Castellana, onde recitou ao papa um pequeno discurso bastante engenhoso, redigido segundo as diretrizes do Conselho dos Dez.

Em valores puramente políticos, aquela legação não valia grande coisa. Por outro lado, não era de pouca monta poder seguir um papa que cavalgava pessoalmente no comando de seu exército, em vez de carregado numa liteira. Era uma ocasião única para estudar as ações de um príncipe singular, que tinha numa das mãos a espada, e na outra o cetro de Pedro. Maquiavel não a deixou escapar; aguçou mais uma vez o olhar e conseguiu obter dessa sua missão outras peças importantes para o mosaico político que ele lentamente estava construindo, impelido por uma paixão insaciável de conhecer e apreender tudo que há de grandioso e de significativo mesmo nas coisas menos elevadas.

A primeira preciosidade que resultou dessa missão junto ao papa guerreiro refere-se a um tema caro a Maquiavel, isto é, a causa e o significado das ações dos homens que atuam no teatro da política. O fato que engendra suas reflexões é relativamente simples, e Maquiavel o relata ao Conselho dos Dez em sua carta de 13 de setembro. Fortalecido pelo acordo firmado com Giampaolo Baglioni, o pontífice entrou "solenemente aqui em Perúgia". Os olhos atentos de Nicolau não deixaram escapar o fato de o papa ter deixado suas tropas junto às portas da cidade, colocando-se assim "à discrição de Giampaulo", em vez de garantir que Giampaolo estivesse sob seu domínio. Mas se era assim, por que Giampaolo Baglioni não tirou proveito desse erro estratégico?

Maquiavel não sabia como esses eventos iriam terminar, já que escreve no mesmo dia em que esses fatos ocorreram. Segundo ele, Baglioni não se aproveitou desse erro "por sua boa natureza e humanidade" (*LC*, 979-80). Mais tarde, escreveu que Baglioni decidira renunciar a defender seu Estado pela força e, seguindo o conselho do duque de Urbino, teria escolhido a via da humildade. Tomar sua atitude como humildade, que se pode facilmente simular, é compreensível; mas atribuir a Giampaolo Baglioni "boa natureza e humanidade" parece um pouco demais. Seria possível que Maquiavel não soubesse com quem estava lidando? É duvidoso, ainda mais porque haviam se conhecido pessoalmente no mês de abril do ano anterior, ocasião em que conversaram longamente.

Esse episódio ficou gravado na memória de Maquiavel. Anos depois, nos *Discursos*, voltou a tecer reflexões sobre o evento, dando-lhe uma interpretação bem diferente, baseada na análise das paixões que dominavam o espírito dos dois atores de então, o papa e Baglioni. Escreveu que o pontífice entrara desarmado em Perúgia, colocando-se assim nas mãos de seu inimigo, impelido por aquele "furor" que freqüentemente dominava suas ações. Baglioni por sua vez não se aproveitara do erro do papa justamente porque era vil, e não porque fosse bom e humano.

Maquiavel afirma claramente que, à época em que ocorreram tais fatos, os homens mais inteligentes que cercavam o papa negavam, categoricamente, que Baglioni tivesse renunciado a esmagar seu inimigo, refreado por sua consciência. Era inverossímil que um homem daquela estirpe, que havia assassinado o pai e que tinha como amante a própria irmã, experimentasse o sentimento da piedade. Enfim, Baglioni deixou de aproveitar uma ocasião extraordinária para atrair para si admiração perpétua e "memória eterna", como o primeiro comandante a ousar demonstrar ao clero a repulsa que eles provocavam pelo seu modo de vida e pela forma pouco sensata com a qual eles governavam seus Estados. Ou seja, Baglioni perdera, em suma, a chance de cumprir uma ação que decerto não era má, mas que tinha em si alguma "grandeza" e mesmo um certo grau de "generosidade". Mas, na verdade, a maldade de Baglioni não era daquele tipo capaz de grandeza ou de generosidade, e sim de caráter mesquinho (*D*, I, 27). Desse primeiro esboço feito em Perúgia, naquele domingo de 1506, nasce um quadro refinado e inquietante das paixões de um príncipe, por meio do contato vivo e próximo aos feitos humanos.

Talvez naquele mesmo dia Maquiavel tenha começado a delinear uma outra idéia, igualmente importante, que encontraria n'*O príncipe* sua posterior sistematização. Ao tratar dos "principados eclesiásticos", isto é, dos Estados regidos pelo papa ou por outros prelados, Maquiavel reflete sobre o fato de que esses domínios eram sustentados pelas antigas ordens religiosas, as quais usavam de todo o poder para manter seus Estados, não importando quem os governava e de que modo o fazia. Assim, com o apoio da religião, os príncipes do clero davam-se ao luxo de não governar e de não defender os próprios súditos, duas atitudes que custariam a qualquer outro príncipe a perda de seu Estado (*P*, XI). Em Perúgia, Maquiavel pôde observar algo semelhante. Giampaolo Baglioni, capaz de matar o pai e de cometer outras abominações, não havia tido a coragem de ordenar aos soldados que reduzissem a pedaços o papa e os cardeais que o acompanhavam. Refletindo sobre esse episódio, Maquiavel concluiu que Júlio II tinha se salvado não apenas pela vilania de seu inimigo, mas talvez pela proteção especial que lhe era concedida pela religião.

Os eventos de Perúgia semearam o espírito de Maquiavel, e algumas dessas sementes só iriam germinar tempos depois, enquanto outras deram seus frutos quase que imediatamente. As ações do papa confirmavam suas suposições, a respeito das quais ele havia por longo tempo meditado, sobre as formas de proceder dos homens no que se refere às coisas mundanas. E, sobretudo, no fato de que comportamentos diversos, e até mesmo opostos, podem chegar a obter um mesmo resultado.

Maquiavel desenvolveu essas reflexões em uma longa carta que escreveu a Giovan Battista Soderini, sobrinho do gonfaloneiro. Ele iniciou a carta reconhecendo que "as ações e os efeitos desse pontífice" tinham esclarecido algumas dúvidas suas (*L*, 241), e ilustra seu raciocínio com um exemplo da história antiga. Como explicar o fato de Aníbal ter sido admirado pelos povos da Itália por meio da perfídia, crueldade e desprezo pela religião, enquanto Cipião, na Espanha, obteve o mesmo resultado demonstrando piedade, fidelidade e devoção? Outros exemplos: Lorenzo de' Medici manteve seu poder desarmando o povo florentino, mas Giovanni Bentivoglio conseguiu a mesma coisa armando os cidadãos de Bolonha. O mesmo ocorreu com Francesco Sforza e o duque de Urbino, que mantiveram o domínio de seus Estados, respectivamente, edificando fortalezas ou destruindo as que já existiam. A resposta é que o bom ou mau sucesso de uma empreitada depende de que a engenhosidade e a imaginação desses homens, isto é, seu modo de agir, se adapte à natureza dos tempos e das coisas. É por isso que formas diferentes de ação geram, em lugares e tempos diversos, resultados semelhantes.

O problema é que o tempo e a natureza mudam, enquanto os homens mantêm as mesmas fantasias e os mesmos modos de proceder. Por isso, uma mesma pessoa pode ser abençoada pela boa sorte por algum tempo e depois ser atingida pelo infortúnio. Se os homens pudessem compreender a natureza do tempo e dos eventos, mudando, por conseguinte, seu modo de agir, um sábio poderia verdadeiramente comandar as estrelas e os fados. Entretanto, quando os homens têm a vista curta e não são capazes de mudar sua natureza e seu comportamento, acontece quase sempre o contrário: "A fortuna varia e comanda os homens, e os tem sob seu jugo." Ou seja, o oposto do que havia escrito dois anos antes o astrólogo Bartolomeo Vespucci.

Depois de Perúgia, Maquiavel acompanhou o papa em sua marcha rumo a Bolonha, principal meta de sua expedição. Mas seus pensamentos estavam sempre voltados para a milícia florentina. Assim, aproveitou a ocasião do desfile das tropas a serviço do papa, que assistiu em 5 de setembro, em Cesena, para mais uma vez apresentar a recém-nascida milícia, sob uma luz favorável, ao Conselho dos Dez. Se os membros do Conselho pudessem assistir à parada dos soldados do papa, escreveu, "não se envergonhariam de suas próprias ordenanças, nem as estimariam menos" (*LC*, 1012). Um pouco de autopromoção nunca é demais. Afinal, a milícia atraía um consenso quase universal, a ponto de, em 6 de dezembro de 1509, serem instituídos os "Nove oficiais da ordenança e milícia florentina", uma nova magistratura, encarregada exclusivamente do governo da milícia e de outros afazeres militares. Era o reconhecimento formal de que a milícia era parte integrante das instituições da República de Florença. O chanceler da nova magistratura era, obviamente, Nicolau Maquiavel.

Em meio a tanta consideração e tantos louvores, havia, porém, quem olhasse Maquiavel e seu protetor Soderini com tamanha aversão a ponto de não conseguir conter suas palavras. Não se tratava de pessoas pouco importantes, mas de ninguém menos do que Alamanno Salviatti, que se fazia às vezes de chefe da facção dos "grandes". Maquiavel foi informado desses fatos por uma carta de Biagio, datada de 6 de outubro. Durante uma ceia, na presença de muitos jovens, Alamanno, que pertencia ao Conselho dos Dez, teria chamado Nicolau de "tratante" e dado a entender que usaria de sua influência para fazer com que ele perdesse seu cargo de secretário. Logo mais, veremos quais seriam os motivos de tanto rancor por parte dos poderosos florentinos em relação a Maquiavel e veremos também que a hostilidade de Alamanno Salviati, a quem Maquiavel havia dedicado o *Primeiro decenal*, não iria produzir conseqüências graves, a curto prazo. Eram ainda bons tempos; havia outra glória a ser alcançada, ainda que no horizonte começassem a surgir as primeiras nuvens de uma terrível tempestade.

XI

A MISSÃO JUNTO AO IMPERADOR E A CONQUISTA DE PISA

Na verdade, a hostilidade de Alamanno Salviati e de outros poderosos chegou a causar um certo dano a Nicolau. Na primavera de 1507, corria o boato de que o imperador Maximiliano de Habsburgo viria à Itália com o objetivo de expulsar os franceses da Lombardia e ser coroado pelo papa. Florença corria o risco de colocar-se entre esses dois fogos: a França de um lado e o imperador Maximiliano de outro. Para complicar a situação na cidade, havia ainda as rivalidades entre o partido favorável ao gonfaloneiro e o dos aristocratas, contrários a ele e a seu governo de base popular. Os primeiros defendiam a continuidade da tradicional política de orientação pró-francesa, apesar da grave derrota, perto de Garigliano, infligida pelas tropas espanholas sob o comando de Gonzalo de Córdoba. De sua parte, os aristocratas preferiam estreitar uma aliança efetiva com o imperador.

Antes de tomar uma decisão, Florença precisava rapidamente compreender quais os planos imediatos de Maximiliano em relação à travessia dos Alpes e quais, e de que qualidade, eram suas forças. Tratava-se de uma missão sob medida para Maquiavel, que partiu em 19 de junho rumo à corte imperial em terras alemãs, ou *Todescheria,* como se dizia em Florença. O partido dos aristocratas insurgiu-se em peso contra a escolha de Maquiavel. Havia tantos "jovens bem-nascidos" em Florença que necessitavam se exercitar nas questões de Estado, e para junto do Imperador mandavam justamente aquele plebeu demasiado empreendedor que era Nicolau. Tanto disseram que, em 27 de junho, Francesco Vettori substituiu Maquiavel no ambicionado encargo.

Essa exclusão foi inspirada pela hostilidade política contra Soderini, mas tinha motivação particularmente arrogante. Era preciso um jovem "bem-nascido", isto é, oriundo das grandes famílias florentinas, que desde sempre se arrogavam o privilégio de controlar a política citadina, especialmente a política internacional. Para eles, não importava que Maquiavel já houvesse demonstrado, da forma mais ampla, sua absoluta dedicação ao bem da república, nem que ele tivesse provado sua extraordinária capacidade de interpretação política. Ele não era "bem-nascido", por isso devia ser descartado. É difícil imaginar um motivo mais humilhante e ofensivo.

Maquiavel decerto se sentiu humilhado e sofreu por isso. Seu esforço, tantos sacrifícios, esplêndidos relatórios que deixavam todos boquiabertos, tudo passava para segundo plano em relação aos privilégios de nascimento. Sentiu-se traído; descobriu que alguns supostos amigos eram, na verdade, seus mais inflamados inimigos. Toda essa amargura foi confiada aos amigos, os verdadeiros, muito embora ele não fosse chorar em seus ombros. Um desses, Filippo Casavecchia, em uma longa carta datada de 30 de julho, usou vários exemplos para recordar-lhe que a história estava repleta de exemplos de amizades que depois se transformaram em inimizades ferozes: Mário e Sila, César e Pompeu, e, em Florença, Giuliano de' Medici e Francesco dei Pazzi. Despediu-se tentando consolá-lo com o pensamento de que a vitória de quem o impedira de ir à Alemanha seria um triunfo muito breve.

No mesmo dia, Alessandro Nasi, outro amigo, iniciava sua carta com as palavras "Maquiavel, gentil e não infeliz". Nasi também o encorajava a não se deprimir porque, no fundo, era melhor permanecer em Florença do que cavalgar para a *Todescheria*. O encerramento da carta vai ao centro do problema: um homem, não importa se nobre ou plebeu, deveria merecer confiança em razão de sua boa índole, temor a Deus e devoção ao bem comum. Mas não era assim em Florença, e esse fora apenas um pequeno aviso de tudo o que Maquiavel iria sofrer pelo fato de ter uma grande alma e a mente livre, sem ser rico nem aristocrata.

No entanto, no final das contas, Maquiavel partiu rumo à *Todescheria*. Soderini não confiava nas cartas enviadas por Vettori, o qual, seja por ignorância ou cálculo político, julgava iminente a partida de Maximiliano e exagerava em muito o número e a eficiência das tropas imperiais. Tomando como pretexto a necessidade de alguém que pudesse fazer relatórios de viva voz, caso as cartas se perdessem, Soderini enviou seu fiel Nicolau para a corte. Formalmente, o papel de Nicolau era pouco mais do que um mensageiro, mas, de fato, ele deveria fiscalizar para que as cartas enviadas a Florença não fossem demasiado favoráveis aos interesses dos inimigos do gonfaloneiro.

Maquiavel partiu em 17 de dezembro, atravessando a Lombardia, a Savóia, Genebra, Bolzano e Constança. Na Lombardia, foi revistado meticulosamente pelos franceses e teve de destruir a carta que provava a intenção de Florença em ajudar com dinheiro o imperador em sua expedição à Itália, decisão tomada entre muitas hesitações. Em Genebra, procurou descobrir para que lado pendiam as comunidades suíças e concluiu que elas demonstravam má vontade em se aliar ao imperador contra os franceses. Em Constança, num período de menos de meio dia, procurou falar com o máximo de pessoas para informar-se sobre o estado real da empreitada italiana. Encontrou-se com dois milaneses na catedral, depois visitou um músico, Heinrich Isaac e, enfim, jantou com o embaixador do duque de Savóia, importunando-o com tantas perguntas que o fez perder a calma: "Queres saber em duas horas o que eu, em muitos meses, não pude compreender" (*LC*, 1065-6).

Não que Maquiavel acreditasse piamente em tudo aquilo que ouvia de seus interlocutores. Procurava avaliar atentamente e comparar cada informação com o que podia constatar com seus próprios olhos. Ou pelo menos é o que disse em sua carta de 17 de janeiro, escrita em Bolzano. Após observar que o barão de Viry, homem "assaz prudente", julgava que a campanha do imperador poderia produzir grandes conseqüências "de paz ou de guerra", afirma: "eu, por muitas milhas de estrada, não cheguei a encontrar nenhum soldado de infantaria ou um cavalo", acrescentando que, entre uma e outra negociação com os cantões suíços, o tempo passava, e o dinheiro se esvaía.

Em Bolzano, tornou-se amigo de Francesco Vettori, embora as circunstâncias de seu encontro fossem mais propícias a gerar hostilidades e ressentimentos. Se Vettori ocupava o posto que deveria ser de Maquiavel, era pela vontade dos aristocratas florentinos. Por sua vez, Maquiavel ali se encontrava pela decisão de Soderini, e com o encargo de vigiar o primeiro. Mesmo assim, os dois florentinos colaboraram entre si amigavelmente. Discutiam os problemas e escreviam as cartas de comum acordo, ou melhor, Maquiavel escrevia e Vettori assinava. A falência de sua nomeação como orador o deixara amargurado, mas Maquiavel não era homem de guardar rancores. Tinha muito mais a fazer, como compreender a organização política e militar de povos totalmente desconhecidos e decifrar as intenções de um imperador indeciso e cheio de segredos. Assim, no final, Maquiavel e Vettori entenderam-se, estimaram-se e respeitaram-se.

Os textos escritos por Maquiavel logo após seu retorno a Florença, em 16 de junho de 1508, foram os melhores frutos de sua visita às terras alemãs. Deixando Insbrück em 10 de junho, já no dia 14 se encontra em Bolonha, o que significava que ele estava farto de alemães e suíços e precisava respirar o ar límpido de Florença. Tão logo descarregou seus sacos de viagem do cavalo, começou imediatamente a escrever um *Relato das coisas da Alemanha,* possivelmente dirigido ao Conselho dos Dez, no qual se encontram suas reflexões sobre o imperador e aqueles povos.

Para Maquiavel, como sabemos, a política é feita pelos homens, com suas paixões, seu temperamento e suas fantasias. Para ele, era necessário, pois, compreender o espírito dos príncipes que encontrava, sondando profundamente suas almas, examinando por detrás de suas máscaras e simulações. Escreveu que "a natureza fácil e boa" fazia com que ele fosse facilmente enganado por qualquer um daqueles que o rodeavam. Um cortesão dissera a Maquiavel, entretanto, que qualquer homem poderia enganar o imperador, mas apenas uma vez. Nicolau retrucou dizendo que os homens e os problemas são tão inúmeros que, dessa maneira, o imperador poderia ser enganado a cada dia por um homem diferente. Não sabemos que efeito tal resposta causou ao cortesão, embora muitos soubessem que Maquiavel era um grande zombador.

Continuando o seu *Relato*, observa que o imperador "possui infinitas virtudes". Se fosse capaz de reprimir sua natureza fácil e boa, seria "um homem mui perfeito", visto ser um comandante irrepreensível, um governante justo que concedia audiências com facilidade e também um homem grato. Em suma, se pudesse mudar sua natureza, seria um grande príncipe, com sucesso em suas empreitadas.

Infelizmente, é muito difícil que os homens mudem a própria natureza, e Maximiliano não era uma exceção. Por esse motivo, nunca deixou de ser um príncipe medíocre, embora com grandes possibilidades. Sua missão era dificultada pelo fato de tratar-se de um imperador, por certo, mas um imperador de povos "livres e ricos". As comunidades alemãs desfrutavam de grande autonomia. Quando Maximiliano precisava recrutar soldados, era obrigado a obter o consentimento das autoridades locais e pagá-los bem e sem atraso. Se no prazo de trinta dias o soldo não fosse pago, os soldados desertavam e não podiam ser detidos nem com súplicas nem com ameaças. Além disso, as comunidades enviavam os soldados a seu bel-prazer e por períodos determinados. Muitas vezes, a chegada de soldados de uma dada comunidade coincidia com o momento da partida dos soldados de outra. Isso significava que os soldados eram inúmeros, na teoria, mas poucos, na realidade dos fatos. Com suas escassas forças, Maximiliano tentara subjugar os venezianos, que tinham sido seus aliados e lhe tinham virado as costas, mas sofrera uma brutal derrota que lhe custara o domínio de toda a região do Friuli.

No entanto, são a ótima organização militar e a riqueza das comunidades e das cidades livres alemãs o que mais atrai a atenção de Maquiavel. Melhor dizendo, ficou impressionado com o fato de que tais cidades eram ricas justamente porque seus cidadãos viviam como pobres. Os povos da Alemanha "vivem como pobres"; não gastam nem com suas casas, nem com suas roupas, nem sequer mantêm provisões em casa, escreveu no *Relato das coisas da Alemanha*. Contentavam-se com um pouco de pão, carne e "um fogão para se proteger do frio". Gastavam no máximo "dois florins em dez anos" com suas roupas. Ninguém se preocupava com aquilo que lhe faltava, mas somente com o necessário para viver, "e suas necessidades são assaz menores que as nossas". Tudo isso fazia com que o dinheiro não saísse das aldeias, indo refluir às caixas da comunidade.

Certamente Maquiavel não considerava sedutora aquela vida "rústica" que satisfazia os alemães. Admirava sua liberdade, principalmente a "livre liberdade" dos suíços, que não reconheciam nenhuma distinção de classe, excetuando aquela entre os cidadãos e os magistrados eletivos, mas não sua rudeza (*Opere*, 79-81). Aprovava o princípio segundo o qual a frugalidade era estimulada para que as caixas do Estado se mantivessem cheias. Mas os alemães e os suíços exageravam: só pão, carne e um fogão era muito pouco. Na vida, era preciso desfrutar também de um bom vinho e roupas de veludo, como as que mandara fazer havia pouco, cujo tecido apenas lhe custara quatro ducados.

Ainda assim, alemães e suíços tinham muito a ensinar aos florentinos e aos italianos quanto à sua organização militar. Suas ordenações eram excelentes, escreve; mantinham os soldados sempre "armados e exercitados", justamente como ele pretendia fazer com a nova milícia florentina. Cada cidade possuía grandes depósitos de armas e munições, perfeitamente organizados e eficientes, e isso provavelmente deve ter trazido à sua memória a ocasião em que fora obrigado a andar a torto e a direito para conseguir pólvora para o assédio a Pisa. E, por fim, mantinham reservas de suprimentos e lenha suficientes para um ano, caso fossem assediados por algum inimigo. A vida deles podia até ser "rústica", mas não corriam o risco de serem reduzidos à condição de servos, como os refinados e altivos florentinos, que viviam como príncipes enquanto a sua república regateava com seus emissários até o dinheiro para postar os despachos.

Mais tarde, Maquiavel voltaria a fazer considerações sobre o imperador Maximiliano e sobre os hábitos dos suíços e das cidades livres alemãs. No momento, sentia-se pressionado por questões mais urgentes. Enfraquecida pelo longo assédio, Pisa começava a dar sinais de rendição. Os protestos do rei da França e de Fernando de Aragão, frouxos e pouco convincentes, tinham sido aplacados com dinheiro, e os florentinos podiam entrever o fim da longa guerra e a tão desejada reconquista da cidade.

A milícia foi empregada pela primeira vez nas operações do assédio. Aos olhos dos florentinos, estava em jogo não apenas a credibilidade das novas tropas, mas também o prestígio de Maquiavel, que tanto havia feito para constituí-las. Como de costume, ele se lançara de corpo e alma à empreitada. Para acompanhar diretamente as operações militares e a sua milícia, ia incessantemente de um exército a outro. Tamanho era o seu zelo e tão grande a autoridade que ele havia conquistado, que parecia ser o único chefe das operações bélicas em nome da república. Biagio Buonaccorsi chama-o de "magnífico capitão geral", em sua carta de fevereiro de 1509. Essa óbvia brincadeira, no entanto, nos chama a atenção para o papel de primeiro plano que Maquiavel desempenhara na direção das manobras militares.

Tal fama iria gerar, mais uma vez, ciúmes e ressentimentos. Era preciso escrever cartas, apaziguar, aquietar ânimos, suplicava dramaticamente Biagio, em 21 de fevereiro. Mas Nicolau não tinha tempo nem vontade de aquietar ou apaziguar ninguém: queria estar no centro das ações. Quando ouviu o boato de que o Conselho dos Dez poderia deslocá-lo para um acampamento mais tranqüilo perto de Cascina, comandado por Niccolò Capponi, respondeu de forma a deixar clara a paixão com que ele vivenciava a tomada de Pisa: "Sei que o alojamento seria menos perigoso e menos cansativo, mas se eu não quisesse perigo ou fadiga, não teria saído de Florença. De modo que me deixai Vossas Senhorias que nestes campos eu me ocupe, entre estes comissários [Alamanno Salviati e Antonio da Filicaia], das coisas que correm, onde poderei servir para alguma coisa: assim não me tornarei um inútil que ali [em Cascina] morreria desesperado" (*Ridolfi*, 169).

Maquiavel quer estar onde precisam dele, onde sua inteligência e sua paixão podem fazer a diferença. Um mês antes, em meados de março, dirigira-se a Piombino para negociar com uma delegação pisana a possibilidade da rendição. Os pisanos se mostraram reticentes e manifestaram abertamente seu descontentamento com a presença de "um secretário" enviado pela Senhoria, em vez de dois ou três cidadãos ilustres. Entretanto, Maquiavel deixou que eles percebessem de imediato que, mesmo não tendo um nome ilustre, sabia muito bem conduzir uma negociação.

Num primeiro momento, os pisanos se mostraram evasivos, mas depois pediram garantias quanto à segurança das pessoas e dos bens dos habitantes da cidade e do condado. Propuseram ceder a Florença a jurisdição do condado, conservando para si a soberania sobre a cidade. Maquiavel os tranqüilizou a respeito da segurança dos habitantes, pois a Senhoria de Florença não se interessava pela sua vida, bens ou honra, embora fizesse questão de "sua obediência". Considerou a proposta de satisfazer-se com a jurisdição sobre o condado como uma piada, dizendo que Florença queria "Pisa em suas mãos, livre e com todo o domínio".

Ao mesmo tempo, Maquiavel quer deixar claro aos pisanos que eles não tinham outra escolha a não ser a rendição e a submissão a Florença. Mas queria também persuadi-los a confiar na palavra dada pela Senhoria quanto à segurança de seus cidadãos. No início foi áspero, depois tentou convencê-los com palavras mais eficazes: "Dirigi-me, pois, aos *contadini* [habitantes do condado], e disse que me aborrecia a sua simplicidade, por jogarem um jogo que não podiam vencer, pois, se os pisanos vencessem a disputa, não os tratariam como companheiros, e sim como servos, e voltariam a arar a terra. Por outro lado, se Pisa fosse derrotada, que é algo que poderia acontecer, eles perderiam suas posses e a vida, e todas suas coisas" (*LC*, 1166-7). Essa óbvia tentativa de dividir os representantes da cidade e aqueles do condado foi bem-sucedida. Os primeiros se enfureceram, enquanto os *contadini* apreciaram muito as palavras de Maquiavel: "Queremos a paz, queremos a paz, embaixador", responderam.

A paz chegou em 4 de junho de 1509. O ato de rendição foi assinado pelo primeiro-secretário, Marcello Adriani, e por Nicolau Maquiavel, que tinha comandado a empreitada tanto no plano militar quanto no diplomático. Maquiavel chegou mesmo a consultar um astrólogo sobre o dia e a hora mais propícios à entrada dos comissários florentinos em Pisa. O astrólogo recomendou que eles, "de nenhum modo", entrassem antes das 12h30 de quinta-feira, se possível pouco depois das 13 horas, que "será uma hora felicíssima para nós".

Os comissários entraram em Pisa na sexta-feira 8 de junho de 1509. Em Florença, a satisfação e o entusiasmo foram imensos. Agostino Vespucci contou a Maquiavel que todos estavam cheios de alegria, e que havia fogos por toda a cidade. Acrescentou que, não fosse o receio de torná-lo presunçoso, ousaria dizer que Maquiavel, com "seus batalhões", tornara possível essa conquista. "Juro por Deus, tamanho é o nosso júbilo, que te escreverei uma oração digna de Cícero." Alguns dias depois, recebeu uma carta de Filippo Casavecchia, que o convidava a passar alguns dias com ele, comendo trutas e bebendo um vinho excelente, além de cumprimentá-lo pelo "triunfo pisano". De suas palavras podemos deduzir que, em Florença, sabia-se que grande parte do mérito devia ser atribuída a Maquiavel: "Mil bons proveitos te façam a grandíssima conquista desta nobre cidade." De fato, podia-se dizer que "sua pessoa" fora a causa da vitória, sem diminuir a participação dos outros "nobilíssimos comissários". Acrescentava, porém, que era o momento de ser muito prudente, porque suas idéias agradavam somente aos sábios, que eram minoria.

Casavecchia tinha razão. Maquiavel tinha feito algo realmente grande por sua cidade, e suas idéias demonstraram ser quase proféticas, como escrevera o amigo. Mas, justamente por esse motivo, devia precaver-se contra a hostilidade daqueles inúmeros cidadãos que não eram sábios e sim mal-intencionados, ambiciosos e ingratos. É bem provável que Nicolau já tivesse percebido isso, e certamente refletira sobre as palavras do amigo. Era necessário mudar um pouco sua natureza e lisonjear os poderosos, como Biagio implorava que fizesse. Era necessário também se colocar prudentemente à margem e renunciar aos grandes feitos. Mas como ele próprio afirmara, os homens dificilmente podem mudar sua natureza, e por isso tornam-se escravos da fortuna que gira a roda ao seu bel-prazer, ora para o alto, ora para baixo. A roda da fortuna de Maquiavel havia já tocado seu ponto mais elevado.

XII

A TEMPESTADE SE APROXIMA

Uma pessoa que faz o bem, que serve ao interesse público com absoluta dedicação e honestidade, que se esforça para compreender as causas dos males que afligem sua pátria e para indicar as soluções necessárias para eles, deveria ser estimada e admirada pelos seus concidadãos. Mas, uma vez que os homens são, em sua maioria, invejosos e mesquinhos, acontece quase sempre o contrário: quanto mais alguém trabalha para o bem comum com retidão e inteligência, mais os outros o vêem com suspeita e rancor e se esforçam para prejudicá-lo e impedi-lo de continuar sua obra. Por outro lado, as honras e o sucesso são destinados a quem sabe adular, bajular e servir os poderosos.

Passados apenas seis meses da reconquista de Pisa e após os aplausos e os elogios, a hostilidade contra Maquiavel começou a aflorar de forma cada vez mais nítida. Mais uma vez, Biagio Buonaccorsi procurou alertar o amigo. Em uma carta de 28 de dezembro de 1509, escreve que, oito dias antes, um homem com o rosto coberto apresentara-se aos magistrados para denunciar que “por seres nascido de pai etc., não poderias de modo algum exercitar o ofício que ocupas”.

É provável que o acusador anônimo se referisse ao fato de Bernardo, pai de Nicolau, ser considerado devedor insolvente do município, o que vetava a seus filhos o exercício de cargos públicos. Mas, como o próprio Biagio se apressou a enfatizar, as leis e os precedentes estavam do lado de Maquiavel. Mesmo assim, o caso era preocupante, pois muitos atacavam e difamavam Maquiavel por toda a cidade, inclusive nos bordéis, onde, evidentemente, Nicolau era bastante conhecido.

Biagio aconselhava a Maquiavel que permanecesse longe de Florença até as coisas se acalmarem, e mais uma vez se oferecia para cuidar de tudo. As coisas deviam ser feitas desse modo porque sabia que, se Maquiavel estivesse presente, não teria podido fazer o que era preciso em tal caso, isto é, lisonjear e bajular. Prejudicaria a própria causa: "Todos os homens querem ser reconhecidos e receber honras e súplicas, e é conveniente que se agradeça uma vez e depois se repita o agradecimento àqueles que nos prestam favores; e sabemos muito bem que não estás apto a proceder desse modo" (*L*, 325-7).

Biagio tinha tendência a exagerar os perigos, mas suas palavras mostram o quanto Maquiavel era incapaz de suplicar e agradecer para adquirir aquilo que era seu por mérito e por direito. E nos mostra também que em Florença havia muitos que lhe desejavam mal e "muito poucos" dispostos a ajudá-lo. Essa era a recompensa para quem havia se esforçado tanto para dotar Florença de uma milícia, além de restituir-lhe Pisa.

Na época em que Biagio escreveu essa carta assustada, Nicolau retornava de uma missão a Mântua e a Verona. Fora enviado pelo Conselho dos Dez para entregar ao imperador Maximiliano a segunda parcela do dinheiro que Florença havia prometido durante a conquista de Pisa, e deveria também acompanhar o desdobramento da guerra que o imperador e o rei da França moviam contra Veneza. Maquiavel encontrava-se de bom humor e muito pouco preocupado com as intrigas florentinas. Pretendia economizar algum dinheiro, coisa muito difícil para ele, e "começar um pequeno negócio", de volta a Florença. Pensava em abrir um aviário e pedira a Luigi Guicciardini para propor a um tal Piero di Martino tomar conta de suas galinhas.

Enquanto pensava nos frangos, não perdia chance de se meter em situações no mínimo pouco dignas, se é que podemos crer em suas próprias palavras. Luigi Guicciardini havia relatado uma aventura amorosa que o deixara com um imenso desejo de rever a "bela senhora". À guisa de resposta, Maquiavel relatou ao amigo uma história semelhante, embora invertida. Pois, enquanto Guicciardini tivera um encontro galante que o fazia desejar ter outros iguais, Nicolau vivera uma aventura que havia apagado por um bom tempo qualquer disposição amorosa de sua parte. Se Guicciardini saíra glorioso de sua aventura, Maquiavel se apresenta como um simplório, ou para usar suas próprias palavras, sob a figura de um "grande tolo".

Mas vamos aos fatos. Torturado pela "carestia conjugal", Nicolau aceita o convite de uma "velha tratante" que lhe servia de lavadeira para "ver uma certa mercadoria que queria que ele provasse". Tratava-se de uma mulher que estava em um canto escuro da casa e que, à chegada do cliente, escondeu o rosto com uma toalha. Aqui deixo falar Nicolau, embora deva prevenir que o relato é um tanto quanto mordaz.

> Eu, tímido como sou, senti-me bastante amedrontado; porém, ficando a sós com a tal e no escuro (já que a velha logo saiu de casa, fechando a porta), para encurtar, comecei a fodê-la de um só golpe; e apesar de sentir as suas coxas flácidas, a boceta úmida e o hálito fedido, mesmo assim, tanta era a desesperada vontade que eu tinha, que a coisa chegou a seu termo. E depois que acabei de possuí-la, querendo ver a tal mercadoria, peguei um tição das brasas de um fogão que ali havia e acendi uma lanterna lá dependurada; mal a chama se acendeu, quase deixei cair a lanterna das mãos. Homessa! Quase caí morto no chão, tão medonha era aquela mulher. A primeira coisa que se via nela era um tufo de cabelos nem brancos nem pretos, ou seja, grisalhos, e por ter o cocuruto da cabeça calvo, viam-se passear ali alguns piolhos, além de uns raros fios de cabelo que

> lhe escorriam até as sobrancelhas. E no meio da testa pequena e enrugada tinha uma cicatriz de queimadura que se parecia com a marca feita nos animais nos dias de feira do Mercado. Em cada ponta dos cílios superiores tinha um chumaço de pêlos cheios de lêndeas; quanto aos olhos, um ficava em cima e o outro em baixo, sendo um maior do que o outro, remelentos e com os cantos das pálpebras esfolados. O nariz, cravado sob a testa, era revirado para cima na ponta, e tinha uma das narinas cortadas, cheia de catarro. A boca se parecia com a de Lorenzo de' Medici, mas era torta do mesmo lado pelo qual escapava um fio de baba, pois, não tendo dentes, não podia reter a saliva. No lábio superior mostrava um respeitável bigode, embora ralo. Do queixo, que era pontudo e curvado para cima, pendia um papo que lhe chegava até a garganta.
>
> (*L*, 321-2).

O jogo de Nicolau era um tanto quanto sutil. O amigo lhe descrevera com palavras extasiadas a beleza da mulher que havia possuído; ele responde descrevendo a hediondez da sua. Por outro lado, que o encontro fosse real e as coisas tenham acontecido da forma como ele as conta, já são outros quinhentos. A essência da história é que Nicolau se diverte, ri do amigo que se vangloriava e de si mesmo, imaginando estar de verdade, e não só por pilhéria, numa situação tão assustadora.

Aventuras eróticas, por assim dizer, à parte, Maquiavel se esforçava em compreender o intrincado desenrolar da guerra que o rei da França e o imperador sustentavam, entre mil incertezas, contra Veneza. Chegara a Mântua em 15 de novembro, mas não havia obtido muitas informações. A marquesa Isabella d'Este, regente na ausência de seu marido Francesco Gonzaga, aprisionado pelos venezianos, recebera-o apenas no dia 18 de novembro. Não o fizera por má vontade ou arrogância, e sim por ter o hábito de levantar-se tarde da cama, e não dar audiências antes do almoço. Era a segunda vez que ele se encontrava diante de uma soberana, após a missão em Forli junto a Caterina Sforza. Em suas palavras, fora acolhido pela marquesa "com muitíssima humanidade", mas recebera apenas informações incertas sobre o andamento das operações militares. Ainda mais imprecisas eram as notícias obtidas por outras fontes próximas à soberana, pois aquela corte era um lugar "onde nascem, ou antes, chovem as mentiras" (*LC*, 1187).

Para ter informações mais exatas, dirigiu-se a Verona, onde chegou em 21 de novembro. Ali, percebeu de imediato que a nobreza tomara o partido do imperador, enquanto o povo e a "ínfima plebe" apoiavam os venezianos. Em 26 de novembro, descreveu os roubos e saques desenfreados que os soldados do imperador praticavam, sobretudo nos campos. Por causa deles, os camponeses reduzidos à miséria ansiavam por morte ou vingança. Nutriam contra os inimigos dos venezianos um ódio mais forte "do que o dos judeus contra os romanos, e preferem morrer a ter de renegar o nome veneziano". Um deles fora preso e conduzido à presença do bispo de Trento, ministro do imperador, perante o qual afirmara ser fiel a São Marcos e que assim pretendia morrer. Não foi demovido nem pela promessa de ter a vida salva ou outra recompensa; o bispo mandou enforcá-lo.

Observando esses fatos, Maquiavel extrai, como de costume, importantes previsões e observações políticas que se apressou em transmitir a Florença. No que diz respeito ao desdobramento da guerra, observou que o imperador e o rei da França deveriam concluir rapidamente as operações militares, tendo em vista a imensa e apaixonada hostilidade por parte daquelas populações. Porém, no comando dos exércitos, encontravam-se dois reis que não agiam de comum acordo, ao contrário, "estão à espreita um do outro". Enquanto o rei da França "tem o poder de fazer a guerra e não o quer", o imperador "gostaria de fazê-la, mas não o pode". Sendo esse o estado das coisas, era lícito prever que as terras tomadas aos venezianos logo retornariam aos seus antigos soberanos (*LC*, 1195-9).

A lealdade dos camponeses talvez não fosse causada apenas pela prepotência dos exércitos de ocupação. Poderia ser ligada ao fato de que o domínio veneziano era pelo menos tolerável, isto é, mais tolerável do que o domínio florentino sobre o próprio condado. Maquiavel, porém, não levantava esse problema; buscava refletir apenas sobre a questão mais geral de como os Estados e os domínios devem ser conservados. A esse respeito, observou que os venezianos pintavam, em todos os domínios reconquistados, o emblema de São Marcos. Mas, em vez de portar um livro, como na efígie tradicional, o santo empunhava uma espada; para Nicolau, isso significava que os venezianos aprenderam que, para conservar um Estado, "não bastavam os estudos e os livros" (*LC*, 1202).

Com essas palavras, que encerram sua carta de 7 de dezembro, Maquiavel repisava aquele refrão que já vinha repetindo havia muitos anos, segundo o qual para conservar os Estados não basta a sutileza das manobras diplomáticas; é necessário poder contar com forças militares adequadas. Mas suas palavras agora continham outra advertência: o livro que São Marcos conduzia, na efígie tradicional, era o Evangelho. Para Maquiavel, ao substituírem o Evangelho pela espada, os venezianos mostravam ter compreendido que, para manter o domínio de um Estado, sobretudo na guerra, era preciso abandonar os princípios morais cristãos.

Com tais pensamentos, logo após o Natal, tomou o caminho de volta, chegando a Florença em 2 de janeiro de 1510. Nesse meio tempo, a denúncia movida contra ele por um anônimo, da qual soubera por meio da carta de Biagio Buonaccorsi, não dera em nada, mesmo porque Maquiavel podia contar com o apoio incondicional do gonfaloneiro. Os primeiros meses do novo ano se passaram entre o cuidado dos assuntos familiares, algumas missões de menor importância e novas expedições para o recrutamento de soldados de infantaria para a milícia.

Enquanto isso, o barômetro da política italiana anunciava uma tempestade perigosíssima para Florença. O maior desejo de

Júlio II era expulsar os franceses da Itália a qualquer custo e, com esse objetivo, preparava-se para a guerra. Uma possível vitória do papa significaria o fim da liberdade florentina. Por um lado, Florença encontrar-se-ia cercada de todos os lados por possessões papais; por outro, os Medici eram aliados do pontífice e jamais renunciariam ao seu projeto de expulsar Soderini, derrubar o governo popular e retomar seu poderio sobre a cidade. Essa ameaça se tornava ainda mais grave pelo fato de o cardeal Giovanni de' Medici, então chefe da família, ter conquistado na corte papal a simpatia de muitos florentinos, inclusive os que tinham sido inimigos de seu irmão Piero. Essa simpatia fora conquistada com a ostentação de uma grande humanidade e benevolência, por parte do cardeal. Em contrapartida, Florença não podia aliar-se abertamente aos franceses, como desejavam o rei e, sobretudo, Carlos d'Amboise, lugar-tenente do rei em Milão, que exigiam dos florentinos o envio de tropas para auxiliar o exército real. Concordar com tais exigências significaria tornar-se presa fácil das tropas papais, as quais, ao contrário das francesas, encontravam-se perigosamente próximas.

Para Florença, o único recurso era tentar impedir a guerra e favorecer o ajuste de um acordo qualquer entre o rei da França e o papa. Era preciso persuadir Luís XII de que não era vantajoso nem provocar a guerra a qualquer preço, nem exigir que Florença desguarnecesse as próprias defesas. A aposta era alta e a tarefa, difícil. Era preciso alguém que conhecesse bem a corte do rei e soubesse como agir.

O escolhido só poderia ser Maquiavel. Ele chega a Lyon em 7 de julho, levando, além das costumeiras instruções do Conselho dos Dez, uma carta pessoal de Piero Soderini, que nos esclarece sobre as linhas de fundo da política externa florentina naquela situação particularmente delicada. Em primeiro lugar, Maquiavel deveria convencer o rei de que Soderini nada mais desejava além de três coisas: "Venerar a Deus, buscar o bem da minha pátria e o bem e a honra da Majestade do rei da França" (*LC*, 1227).

Deveria persuadi-lo de que a melhor forma de conservar seu poder na Itália seria debilitar o poder dos venezianos e manter o imperador tranqüilo. E o mais importante: era preciso convencer o rei da necessidade de tentar "de tudo para não romper com o papa, pois um papa amigo pode não valer muito, mas um pontífice inimigo pode causar muitos danos, por representar a reputação da Igreja", daí não ser possível declarar-lhe guerra aberta sem tornar-se inimigo do mundo inteiro (*LC*, 1228).

Não temos aqui nenhum suposto desejo de unidade italiana contra os estrangeiros, muito pelo contrário. Júlio II, que se autodenominava defensor da liberdade italiana, proclamava aos quatro ventos seu desejo de expulsar os bárbaros franceses da Itália com o auxílio dos venezianos, dos espanhóis, então senhores do reino de Nápoles, e dos suíços. Seu projeto tinha simpatizantes em toda a Itália, particularmente em Florença. Mas aqueles que conheciam de perto a realidade política, como Francesco Guicciardini, não deixavam "que os olhos fossem ofuscados pelo esplendor do nome" e temiam que a iniciativa do fogoso papa pudesse tornar ainda mais completo e implacável o domínio estrangeiro sobre a Itália.

Nem o papa nem Veneza possuíam, sozinhos, as forças suficientes para derrotar os franceses e os espanhóis. Era mais provável que uma dessas potências se tornasse a senhora absoluta da Itália, submetendo ao seu domínio até aqueles poucos Estados italianos que conservavam a duras penas sua liberdade. À espera de tempos mais brandos, a melhor política a seguir era deixar as coisas como estavam, com a Espanha dominando o reino de Nápoles e a França senhora de Milão, e apoiar-se ora numa ora noutra potência.

Maquiavel compartilhava dessa opinião, e na corte francesa outros pensavam como ele: "Não apraz a ninguém esta atitude do papa, pois lhes parece que ele procura arruinar a cristandade e contribui para consumir a Itália", escreve a Florença em 26 de julho. Até o enviado do papa, o bispo Camillo Leonini, concordava. Maquiavel o descreve como "um senhor realmente de bem e muito prudente e prático nas coisas de Estado", disposto a fazer o possível para alcançar a paz e afastar uma guerra que prometia ser horrenda, sobretudo para "os pobres povos" e para os menores principados italianos. Ao discutir com o bispo Leonini, Maquiavel entrevê a possibilidade de uma iniciativa diplomática com o objetivo de pacificar o rei e o papa, apresentando-se como porta-voz dessa iniciativa: "Uma pessoa boa e de grande autoridade solicitou-me que implorasse a Vossas Senhorias que não desistam de conduzir esse passo e queiram com sua autoridade dar a entender ao papa todas aquelas coisas que sabiamente possam ser-lhe ditas, pois, assim, ele poderia confiar na possibilidade de se chegar a um bom acordo" (*LC*, 1258).

As boas possibilidades de sucesso dessa intervenção, explica Maquiavel, resultavam do fato de que o papa, fracassando em sua tentativa de tomar Gênova dos franceses, encontrar-se-ia num estado de ânimo mais humilde e temeroso. Por outro lado, o rei, mesmo se sentindo gravemente ofendido, sabia que, ao atacar frontalmente o papa, atrairia para si a ira do "mundo inteiro". Desse modo, Maquiavel aconselha o rei a considerar Florença como "mediadora", desculpando-se por extrapolar seus deveres formais de orador: "Desejei relatar esta última parte as Vossas Senhorias, pois me parece que não me desvio do meu ofício, escrevendo aquilo que eu percebo e ouço nesta Corte" (*LC*, 1258).

Maquiavel compreendia que a ocasião era propícia para se livrar de um perigo fatal e buscava convencer os Senhores florentinos a se aproveitar dela, em vez de protelar permanentemente uma decisão, como era seu hábito, sempre na esperança de que o tempo trabalhasse a seu favor. Em 3 de agosto, reafirmou a necessidade de uma mediação diplomática, pois Florença tinha tudo a perder, com uma guerra aberta entre o rei da França e o papa, e tudo a ganhar, se agisse de forma a pacificar os contendores. Até os cegos e os surdos já sabiam disso. Se conseguisse que os dois adversários estreitassem um acordo, Florença afastaria uma guerra que já se anunciava desastrosa, além de conquistar para si um enorme crédito com ambos os lados. E, enfim, mesmo que o acordo não fosse levado adiante por culpa da obstinação do papa, o rei se mostraria agradecido pelos esforços e, além do mais, poderia denunciar a responsabilidade de Júlio II perante todo o mundo. Por outro lado, o papa não teria razões suficientes para ressentir-se caso Florença, após tentar persuadi-lo à paz, se aliasse ao rei da França numa provável guerra. Mais uma vez, Nicolau se desculpou por exceder suas obrigações formais: "Todas essas razões fizeram com que eu me envolvesse de boa vontade em tais manobras. Caso Vossas Senhorias me aprovem, eu me sentirei gratificado; se não for o caso, desculpar-me-ão, pois do modo como vão as coisas, eu não poderia agir de outra maneira" (*LC*, 1273).

A tentativa de mediação fracassou no decorrer de poucas semanas. Júlio II nem sequer deu atenção aos embaixadores florentinos que foram ao seu encontro para lhe falar de paz. Ao contrário, ameaçou-os encolerizado, como se tivesse sido ofendido. Os infelizes emissários não conseguiram sequer acalmá-lo, e muito menos convencê-lo a considerar seriamente sua proposta de paz. Tiveram de ouvir do papa no último encontro que, enquanto ele lutava para libertar a Itália das garras francesas, os florentinos procuravam de todas as maneiras atrapalhar seus planos, e que eles iriam pagar muito caro por isso. No final das contas, os embaixadores florentinos nada mais fizeram do que exacerbar o já colérico ânimo do pontífice. Podiam se considerar afortunados, se comparados com o infeliz emissário do duque de Savóia, que, embora em missão de paz, fora torturado e aprisionado pelo papa, sob a acusação de espionagem.

O insucesso da tentativa de pacificação foi desastroso para Florença. Roberto Acciaiuoli, recém-nomeado embaixador permanente na corte francesa, foi incumbido de informar o rei do fracasso. Tratava-se também de uma grande derrota pessoal para Maquiavel, pois fora ele quem recomendara a iniciativa com tanta convicção. Mesmo assim, ele achava melhor uma tentativa malograda de negociar a paz do que a neutralidade, ou pior, do que a protelação indefinida de uma decisão concreta, que fazia com que os florentinos um dia se mostrassem amigos do rei e, no outro, favoráveis a seus inimigos.

Maquiavel precisou usar toda a inteligência e paixão de que era capaz para explicar tudo isso aos governantes florentinos. Em 9 de agosto escreveu, de Blois, contando suas longas conversas com o rei sobre os assuntos italianos. Ele percebera que o rei não confiava em Florença, e só passaria a confiar nela quando seus governantes manifestassem um apoio concreto, "com suas armas em punho, e junto a ele". E acrescentava: "Vossas Senhorias podem acreditar, assim como crêem no Evangelho, que, caso haja entre o papa e sua Majestade uma guerra, eles não a farão sem se declarar favoráveis a uma parte, considerando como inimigos, sob todos os aspectos, aqueles que se colocarem da outra." Usando um velho truque diplomático para encobrir e ao mesmo tempo enfatizar suas próprias opiniões, escreveu: "quem vos ama" julga ser necessário que "Vossas Senhorias ponderem sobre todos os eventos presentes e discutam sobre os caminhos que possam ser trilhados, tomando uma resolução sobre tais acontecimentos, sem esperar que as coisas se precipitem e que a necessidade urja" (*LC*, 1282-3).

Caso um acordo de paz não fosse alcançado, se o rei da Inglaterra e o imperador não resolvessem colocar mais obstáculos, o rei iria marchar até a Itália com um exército tão numeroso que sua incursão seria tranqüila como "um passeio" até Roma. Maquiavel desafoga seus sentimentos. Diz esperar que Deus esconjurasse do corpo do papa aquele "espírito diabólico" que parece dominá-lo, impedindo-o de destruir Florença e a si próprio, mesmo desejando, no fundo, que "esses padres pudessem pagar aqui mesmo" pelos seus atos (*LC*, 1298). Maquiavel já não é capaz de refrear a língua e ocultar sua repugnância por aqueles prelados corruptos até os ossos, que viviam como príncipes e se serviam da religião para aumentar seu próprio poder e riqueza.

E ainda maior era seu ódio por Júlio II, o qual, sob o pretexto de libertar a Itália, tramava sórdidas manobras para fazer de Florença uma serva dos Medici e a Itália, escrava dos espanhóis.

Era preciso, pois, contar com as próprias forças, tomar rapidamente uma decisão e mantê-la com firmeza — decidindo-se pela paz ou pela guerra, ao lado do rei. Para Maquiavel, não existia um caminho do meio. Das duas possibilidades, a paz era a melhor. Mas, para alcançá-la, era preciso persuadir os orgulhosos franceses de que declarar guerra ao papa e a seus aliados não era a atitude mais sábia a ser tomada, e que seria ainda menos sábio exigir que Florença enviasse tropas a Milão, pois, dessa forma, ela ficaria vulnerável a um ataque pelas tropas do papa, que poderia ocorrer a qualquer momento.

Maquiavel tentou alertar o tesoureiro real, Robertet, sobre os perigos de uma declaração de guerra aberta contra o papa. Os franceses dificilmente poderiam vencê-lo sozinhos e, caso recorressem à ajuda de um aliado poderoso, teriam de dividir a Itália com ele, podendo surgir daí uma guerra ainda mais perigosa. Expôs as mesmas idéias diante do Conselho da Coroa, enfatizando que os exércitos do papa circundavam o domínio florentino, tornando a cidade vulnerável no caso do envio de tropas para além de seus limites.

No início, os dignitários franceses tremeram de indignação diante de seu discurso, mas pouco a pouco essa má recepção foi suplantada. No dia 29 de agosto, Maquiavel solicitou uma audiência com o rei, mas ele não o recebeu por encontrar-se enfermo, "recluso com a rainha" (*LC*, 1328). Nicolau, sensível mais do que ninguém às exigências dos sentidos e do coração, deixou em paz o casal real e se dirigiu à casa do chanceler, onde o Conselho da Coroa tinha-se reunido. Diante dos ilustres dignitários, explicou que, permanecendo na Toscana, as tropas florentinas poderiam atuar como "um freio maior" ao avanço do papa, servindo à causa do rei de forma muito mais eficaz do que se fossem deslocadas para fora de seus confins. Foi escutado por "todos atentamente" e, no final, reconheceram que ele havia falado com grande prudência. Assim, em 5 de setembro, escreve a Florença para relatar a decisão real: as tropas florentinas permaneceriam na Toscana, e o rei enviaria seus próprios soldados para defender a república.

Era o máximo que Maquiavel podia fazer, e no momento nada mais havia a ser feito. É a hora de voltar a Florença a cavalo, graças a um empréstimo feito pelo mercador Bartolomeu Panciatichi, de Pistóia. Sem esse dinheiro, escreveu ao Conselho dos Dez, precisaria vender seus cavalos e voltar a pé para casa.

XIII

COMO MORRE UMA REPÚBLICA

Visto de longe, um acontecimento histórico grave e dramático como a morte de uma república e o fim da liberdade de um povo, com as infinitas aflições e sofrimentos individuais que acarreta, parece significar uma conclusão inevitável, determinada pelo tempo inexorável. Os personagens parecem atuar entre as tramas de uma urdidura tecida por algo maior do que eles: Acaso, Destino ou Providência, o mesmo ente que depois estenderá um véu compassivo sobre todos os atores, grandes e pequenos, nobres e plebeus, tolos e sábios, corajosos e vis.

Visto de perto, parece muito mais ser o resultado de inúmeros episódios imprevistos, de ocasiões aproveitadas por um partido enquanto o outro as deixa escapar, de eventos inteiramente casuais. O drama grandioso se dissolve em histórias individuais, na insensatez de um ou outro governante, na coragem de uns e no medo de outros, nas contradições interiores de uma mesma pessoa, dividida entre paixões opostas. O curso da história parece a qualquer momento poder fluir ora por uma direção, ora por outra. Os atores nos parecem vivos, podemos imaginar seus vultos como se seu drama estivesse sendo representado num teatro. Participamos de suas histórias, ouvimos seus discursos, apaixonamo-nos por uns e passamos a odiar outros. No final, cada um de nós dará forma a seu próprio julgamento. Seja qual for o veredicto, teremos aprendido um pouco mais sobre um problema que a história teima em nos propor, como se quisesse obrigar-nos a reconhecer uma verdade que obstinamos em não admitir, ou da qual já nos esquecemos: os motivos por que um povo perde sua liberdade e torna-se servil.

Já era quase o final de outubro, quando Maquiavel chegou a Florença, vindo da França. O campo e a cidade deviam oferecer aquela visão encantadora que só o outono toscano é capaz. É uma pena que Maquiavel não nos tenha deixado nem uma linha que retratasse seus pensamentos e sensações perante os espetáculos da natureza. No entanto, o senso poético da vida era fortíssimo nele, assim como era intensa sua sensibilidade diante da beleza. Mas talvez jamais tivesse tido tempo para esse lado seu, sempre a cavalo, sempre apressado, sempre a perseguir eventos políticos mais velozes do que ele próprio. A velocidade dos acontecimentos era desproporcional à sua força e à da república, e eles marchavam rumo a um epílogo que nada anunciava de bom. Ou, então, pode ser que seus olhos e sua mente estivessem sempre voltados para o mundo dos homens, com suas inúmeras misérias e suas poucas grandezas.

Certamente se sentia feliz por reencontrar sua mulher *monna* Marietta e os filhos. Ainda na França, pedira insistentemente notícias deles à Chancelaria e se irritara com o silêncio dos amigos e colegas. Marcello Adriani por fim lhe escreveu, caçoando um pouco de sua ansiedade: "Sua mulherzinha está sã e salva, seus filhos vão bem das pernas, sua casa continua em pé e a vindima será magra no Percussino" (*L*, 339). Não se pode dizer que tenha se sentido totalmente solitário na França, onde é possível que uma tal Jeanne tenha sido uma companhia bem mais agradável que a horrível velha de Verona. Mas nem por isso se esquecera da mulher e dos filhos, pois seu coração era grande e tinha lugar para muitos afetos e paixões.

Encontrou Florença ainda mais dividida do que antes. Os simpatizantes dos Medici cresciam e tornavam-se cada vez mais decididos a se livrar de Piero Soderini, seduzidos pelos favores que o cardeal Giovanni de' Medici distribuía profusamente em Roma. Crescia também a hostilidade dos aristocratas florentinos contra o gonfaloneiro. Eles o acusavam de não estar suficientemente atento à sua opinião, negando-lhes o papel de primeiro plano no governo dos negócios públicos que eles acreditavam fosse devido aos nobres de nascimento. Consciente da iminência de uma guerra aberta entre o papa e o rei da França, Maquiavel logo percebeu que tais divisões e contrastes soavam como um toque de finados para a república. Se mesmo uma república unida teria dificuldades para enfrentar com sucesso a hostilidade aberta do papa e de seus aliados, era desastroso pensar numa república dividida, na qual os homens mais influentes tratavam apenas de sua riqueza e prestígio e ansiavam pela queda do governo popular como uma libertação.

Era preciso soldar o mais rápido possível as fraturas existentes e construir novos diques, em vista da inundação que estava por se abater sobre a cidade. A regra básica da política florentina, seguida desde tempos imemoriais e que consistia em aguardar os benefícios do tempo, equivalia agora a um autêntico suicídio. Maquiavel era um dos poucos a compreender a situação, mas, infelizmente, ele se encontrava fora do círculo de poder, e as decisões importantes eram tomadas por outros. O que estava a seu alcance, e ele o fazia com sua energia incansável, era tratar dos assuntos militares, das fortalezas e dos soldados. Inspecionou as fortalezas de Pisa, Arezzo e Poggio Imperiale, ao longo das linhas que poderiam ser o alvo das tropas do papa, e entregou-se de corpo e alma à tarefa de constituir uma cavalaria ligeira. Mesmo considerando a infantaria a parte central de um exército, Maquiavel acreditava que sem a cavalaria as vitórias seriam incompletas. Recrutou homens na região Valdichiana e um domingo depois promoveu um desfile da nova cavalaria pelas ruas de Florença. A cidade contava agora com infantaria e cavalaria próprias, mas seus soldados eram totalmente inexperientes. Haviam participado de algumas paradas e de pouquíssimos exercícios militares; não sabiam o que era uma guerra. Faltavam capitães experientes que soubessem disciplinar, encorajar e comandar seus homens com perícia.

Os governantes florentinos contavam com o tempo para remediar tanto a falta de experiência quanto a carência de comandantes. Mas os inimigos da república não iriam esperar. A disputa entre o papa e o rei da França entrava numa nova e decisiva fase, e os dois adversários combatiam tanto com armas espirituais quanto materiais. O rei da França convencera alguns cardeais franceses e espanhóis a convocar um Concílio Universal da Igreja, que deveria se realizar em Pisa, em setembro, com o objetivo de condenar as ações do papa e reformar a Igreja. Júlio II respondeu com a excomunhão dos cardeais rebeldes e a convocação de um novo Concílio para maio de 1512, em Roma, esvaziando de significado a iniciativa pisana.

Como era fácil prever, o papa venceu essa guerra espiritual. As proclamações enfáticas reclamando a reforma da Igreja, feitas em altos brados pelos cardeais dissidentes, não chegaram a seduzir ninguém. Era evidente que sob o nobre pretexto de reforma da Igreja, os cardeais promotores da iniciativa seguiam os projetos políticos do rei da França e eram impelidos pelas suas visíveis ambições pessoais. E estava também patente, como escreve Guicciardini, que "qualquer um deles [os cardeais rebeldes] que porventura chegasse ao pontificado não teria menor necessidade de ser reformado do que aqueles aos quais se tratava de reformar" (*Storia d'Italia*, x, 7).

O Concílio pisano prejudicou muito mais Florença do que o próprio papa. O papa lançou contra Pisa um interdito, isto é, a pena eclesiástica que proíbe, numa região ou cidade, a celebração dos serviços divinos, sepulturas religiosas e outros sacramentos — isso porque Pisa estava submetida ao domínio de Florença. Não era a primeira vez que Florença vivia essa experiência, mas um interdito criava uma série de problemas para quem governasse a cidade. A verdadeira questão, no entanto, era de caráter político. Com a decisão de realizar o Concílio em Pisa, o rei da França colocara Florença mais uma vez entre a cruz e a espada. Recusar seu pedido significava irritar o único aliado que lhe restava; atendê-lo significava agravar ainda mais, se isso era possível, o ódio do pontífice.

Era preciso convencer o rei da França e os cardeais a renunciar ao Concílio, ou realizá-lo fora do território pisano, ou ainda adiá-lo por alguns meses, à espera de que algum milagre, se possível a própria morte do papa, viesse ajudar a pobre Florença. Para desfazer o embaraço, o Conselho dos Dez enviou Nicolau ao encontro dos religiosos cardeal Bernardino Carvajal, da ordem de Santa Cruz em Jerusalém, Guillaume Briçonnet, bispo de Narbonne, e Francisco Bórgia, bispo de Cosenza, que viajavam de Milão em direção a Pisa. Maquiavel deveria, depois, seguir para a França e falar diretamente com o rei, que se encontrava nos arredores de Piacenza, em companhia do cardeal Federico Sanseverino. É bem possível que Maquiavel não se mostrasse muito satisfeito em tratar com aqueles senhores, que ele de bom grado veria aprofundar-se nos infernos com o papa. Para piorar seu humor, eles o fizeram mofar por horas à espera de uma audiência, antes de se dignarem a responder às suas propostas. Podemos imaginar a expressão de Maquiavel ao ouvir o pomposo palavreado com o qual eles buscavam justificar o Concílio como uma obra deleitável a Deus e a todos os cristãos, procurando convencê-lo de que, por amor a Cristo e pelo bem da Igreja, Florença deveria assumir com toda a boa vontade a carga de abrigar o Concílio de Pisa.

De qualquer modo, chegou-se a um acordo. Ou por temerem a hostilidade do povo e do clero de Pisa, ou por terem percebido a frieza dos florentinos, ou por terem sido convencidos pelas palavras de Maquiavel, que lhes demonstrou que era do interesse deles mesmos adiar o conciliábulo, o fato é que em novembro todos se dirigiram de armas e bagagens a Milão, onde realizaram, entre a indiferença geral, um concílio inexpressivo.

Mas isso não passava de uma solução temporária. Tendo derrotado o rei da França na disputa espiritual, o diabólico papa preparou-se para finalizar o jogo no plano político e militar. No início de outubro, assinou a Liga Santa, tendo Veneza como parceiros, o duque de Ferrara e Fernando, o Católico, rei de Aragão. A Liga alegava que seu objetivo era defender a unidade da Igreja, restaurar a autoridade papal sobre Bolonha e expulsar da Itália qualquer um que se opusesse a tais projetos, ou seja, o rei da França. Raimondo di Cardona, vice-rei de Nápoles, foi nomeado chefe do exército. A Liga passou a contar com a adesão de Henrique VIII, rei da Inglaterra, a partir de 17 de novembro, e mais tarde também com o imperador Maximiliano. A França encontrava-se só e cercada; Florença sozinha, sitiada e indefesa.

Entretanto, os franceses levaram vantagem no plano militar, pelo menos no início do confronto. As tropas reais conquistaram e saquearam Bréscia, sob o comando de Gaston de Foix, capitão excelente pela habilidade, coragem e capacidade de inflamar os soldados com as palavras e com seu exemplo. Em 1º de abril de 1512, nos arredores de Ravena, infligiram uma árdua derrota aos soldados espanhóis e pontificais. Mas foi uma vitória inútil, pois nessa batalha Gaston de Foix perdeu a vida, enquanto combatia a cavalo para expulsar os soldados de infantaria espanhóis que se retiravam ordenadamente. Sem o seu capitão, o exército do rei não conseguiu se recobrar e, em vez de prosseguir para Roma, iniciou uma longa retirada.

Foi o próprio rei Luís XII quem os chamou de volta, preocupado com a marcha dos terríveis infantes suíços que haviam aceitado aliar-se ao papa. Vinham, como sempre, movidos pela cobiça, pela sede de dinheiro e despojos de guerra, mas impelidos também por seu ódio profundo ao rei da França, que os havia preterido, recorrendo aos mercenários alemães. O equilíbrio das forças voltou-se definitivamente a favor do papa quando o imperador Maximiliano deu ordem à infantaria alemã, que combatia ao lado da França, de retirar-se e voltar à Alemanha.

Aos franceses só restava abandonar a luta. Milão caiu nas mãos dos suíços, embora tenha sido formalmente posta sob o domínio da Liga. Bolonha, Piacenza e Parma se renderam ao pontífice, enquanto Gênova conseguiu expulsar a guarnição francesa. Júlio II era o senhor inconteste e em 3 de maio iniciou triunfalmente o Concílio de Latrão, em Roma. Houve "cerimônias belíssimas e mui santas", relata Guicciardini, "a ponto de penetrar até as vísceras dos corações dos homens, se fosse possível crer que os pensamentos e as intenções de seus autores estivessem de acordo com o que suas palavras demonstravam" (*Storia d'Italia*, X, 14).

Restava apenas acertar as contas com Florença. Em junho selou-se o destino da cidade, num encontro secreto entre os chefes da Liga Santa, realizado em Mântua. A Liga decidiu destituir Piero Soderini do cargo de gonfaloneiro, dissolver o governo popular e restaurar o regime dos Medici. As mesmas tropas espanholas que haviam escapado milagrosamente à derrota de Ravena marcharam rumo a Florença, sob o comando de Raimondo de Cardona, atravessaram os Apeninos e acamparam em Barberino del Mugello.

A carta que Biagio Buonaccorsi escreveu em 27 de agosto a Maquiavel, que se encontrava no alojamento das tropas da Ordenança nos arredores de Prato, nos dá uma idéia do estado de espírito em Florença, com a presença das tropas espanholas a poucos quilômetros de seus muros. Biagio transmite uma mensagem de Piero Soderini: ele "pede que tentes tomar alguma providência, pois a presença do inimigo em Campi o preocupa e em muito o assombrou. Adeus. Faze o que te seja possível, e procures não te perder em práticas vãs" (*LC*, 353).

A autoridade máxima da república se espantava com o fato de os espanhóis estarem acampados em Campi, como se não soubesse o que os membros da Liga Santa haviam decidido sobre o futuro de Florença! É o cúmulo que pedisse a Maquiavel para fazer algo, como se ele, contando apenas com a infantaria da Ordenança, que não passava de um bando de camponeses que jamais haviam combatido, sem capitães e artilheiros, pudesse fazer o milagre de salvar a república. Ao aconselhar Maquiavel a fazer apenas o possível, Biagio mostrava estar consciente da situação. O "adeus" que encerra a carta pressagia o fim da república e a tragédia que irá obrigar os dois amigos a deixar para sempre as salas do Palazzo Vecchio, onde por tantos anos haviam trabalhado, vivido, sofrido e se divertido juntos.

Nesse ínterim, o vice-rei Cardona, avaliando a debilidade de suas tropas, ofereceu um acordo que, segundo ele, não pretendia privar Florença de sua liberdade nem modificar sua forma de governo. Bastava que Piero Soderini deixasse a cidade e que os Medici fossem recebidos novamente em Florença como cidadãos comuns, submetidos como todos os outros às leis e aos magistrados da república.

Essa proposta dividiu os florentinos. Os cidadãos favoráveis a ela justificavam sua posição afirmando que não era justo que, para defender um só cidadão, toda a cidade afrontasse perigos gravíssimos. Se os Medici pretendiam voltar como cidadãos comuns, não poderiam ameaçar a liberdade pública, e, além do mais, Florença havia sido abandonada pelo rei da França e não tinha forças para resistir à Liga Santa. Os que eram contrários a um acordo replicavam que era ilusório pensar que o exército espanhol marcharia até ali apenas para depor Soderini e fazer com que os Medici retornassem como cidadãos iguais aos outros. Com a destituição de Soderini, Florença se tornaria um rebanho sem pastor, e seria então muito fácil aos Medici, com o auxílio do exército espanhol, chefiar os inimigos da república, dissolver o Grande Conselho e destruir a liberdade florentina. O exército espanhol não possuía artilharias e carecia de víveres. Se a cidade resistisse ao primeiro assalto, o vice-rei seria obrigado a oferecer um acordo mais vantajoso. A atitude mais prudente seria refutar o ultimato e preparar-se para a defesa de Florença.

Soderini convocou o Grande Conselho e pronunciou o discurso memorável que Francesco Guicciardini relatou em sua *Storia d'Italia* (XI, 3).

Se eu pudesse crer que as exigências do vice-rei dizem respeito apenas ao meu interesse privado, teria eu mesmo proposto uma tal deliberação, conforme o meu propósito que sempre foi o de dedicar a minha vida ao benefício de todos. Assim, para vos libertar dos danos e perigos da guerra, decidiria renunciar ao cargo que de vossas próprias mãos recebi, no exercício do qual por longos anos tenho exaurido o corpo e o espírito com tantas moléstias e fadigas. Mas por acreditar que tal exigência vá além do meu interesse particular, eu, com meus honoráveis amigos, chegamos à conclusão de que o consenso público é fundamental para que se delibere em que consiste o interesse de cada um. Sendo um assunto tão grave e universal, pensamos não dever deliberar junto aos cidadãos ordinários, com os quais é costume tratar dos assuntos habituais, mas convosco, que sois os príncipes desta cidade e aos quais pertence, por direito, uma decisão tão relevante. Não é meu desejo influir em tal decisão; vosso é o conselho, o julgamento e a deliberação. Seja qual for a decisão tomada, eu a acatarei e a louvarei, colocando ao vosso dispor não só o meu cargo, que é já vosso, como também a minha pessoa e a minha vida. E, se pudesse crer que esse é o meio da vossa salvação, isso seria para mim uma fonte de extraordinária felicidade. Examinai o melhor possível as exigências do vice-rei no que respeita à vossa liberdade, e Deus vos dê a graça de iluminar e inspirar as vossas mentes em tão grave deliberação. Se o propósito dos Medici é retornar à cidade para nela habitar como cidadãos particulares, submetidos como os outros à autoridade dos magistrados e às leis da cidade, é louvável restituir o seu direito de cidadania, pois o objetivo alcançado seria a união da pátria em um corpo comum. Porém, se outra é sua intenção, cuidado com o perigo que vos ameaça, e que nenhum dispêndio ou dificuldade vos pareça excessivo para conservar a vossa liberdade, pois somente havereis de saber o quanto tal liberdade seja preciosa, quando não podereis tirar proveito (me horroriza dizê-lo) — quando ela vos for tomada. E que ninguém se iluda ao pensar que o governo dos Medici seria o mesmo de antes de sua expulsão, pois as coisas mudaram muito tanto em sua forma quanto em seus fundamentos desde então. Naquele tempo, vivendo entre nós quase como cidadãos especiais, riquíssimos em privilégios de acordo com sua posição social, sem terem sido jamais ofendidos por ninguém, fundamentavam seu poder sobre a benevolência dos cidadãos e aconselhavam-se com os principais deles sobre os assuntos públicos e eram engenhosos em cobrir-se com o manto da civilidade que mais ocultava do que exibia sua grandeza. Mas agora, tendo vivido por muitos anos fora de Florença e habituados aos costumes estrangeiros, eles desconhecem os negócios públicos. Têm sempre em mente o exílio e as severidades que lhes foram impostos, os recursos de que foram despojados e a ofensa de que foram objeto por parte de tantas famílias. Conscientes de que a maior parte, ou talvez toda a cidade teme sua tirania, são incapazes de confiar em qualquer cidadão florentino. Forçados pela necessidade e pela suspeita, apropriar-se-ão de todas as prerrogativas para si, e a força e as armas passarão a ter primazia, em lugar do amor e da benevolência, de tal modo que muito em breve esta cidade tornar-se-á semelhante a Bolonha no tempo dos Bentivoglios, a Siena e a Perúgia. Dirijo estas minhas palavras àqueles que apregoam o tempo e o governo de Lorenzo de Medici, os quais, apesar das duras condições e da tirania (embora branda, comparada com outras), são comparados a uma Idade do Ouro. O vosso dever é deliberar com prudência e segundo o interesse de vossa pátria, o meu é renunciar com espírito imutável e ledo a esta magistratura, ou, francamente, se vós deliberardes de outro modo, dedicar-me-ei à conservação e à defesa de vossa liberdade.

Em sua deliberação, o Conselho decidiu permitir o retorno dos Medici como cidadãos especiais, mas recusou-se a destituir Piero Soderini do cargo de gonfaloneiro e declarou que iria defender a liberdade e a pátria comum com todas suas forças e até com a vida, se necessário. Era o último suspiro de dignidade civil da república agonizante.

Tais intenções magnânimas não foram, porém, contrabalançadas por uma sabedoria política igualmente intensa. Soderini decidiu concentrar em Florença o grosso das tropas, formadas por 350 cavaleiros com armamento pesado, quinhentos cavaleiros armados com bestas e carabinas (alistados por Maquiavel) e catorze mil infantes da milícia. Decidiu também enviar cerca de três mil infantes da Ordenança e cem homens de armas sob o comando de Luca Savello para custodiar Prato, localizada justamente no meio do caminho da marcha dos soldados espanhóis. Além disso, para prevenir-se de possíveis sedições internas, mandou aprisionar no Palazzo Vecchio cerca de trinta partidários dos Medici.

Em 29 de agosto, as tropas espanholas, compostas por duzentos homens de armas, cinco mil soldados de infantaria e dois canhões, já se encontravam sob os muros de Prato. Mas, em vez de atacá-la prontamente, o vice-rei, preocupado com a falta de víveres e consciente da dificuldade de expugnar uma cidade fortificada tendo apenas dois canhões, propôs um novo acordo a Florença. Ele não exigia mais a destituição de Soderini, apenas solicitava que os Medici fossem recebidos de volta na condição de cidadãos especiais, além de um pagamento de trinta mil ducados para si. À espera de uma decisão, pedia também que fosse enviado pão para suas tropas esfomeadas. Era uma ocasião rara, senão única: a república ainda poderia ser salva. Soderini, porém, não quis assinar um acordo, e prolongou as tratativas o máximo possível; também não enviou o pão, convencido de que os espanhóis partiriam de um modo ou de outro.

Foi um erro gravíssimo. Em 30 de agosto, reduzidos à fome mais extrema, os espanhóis começaram a bombardear os muros de Prato com a pouca artilharia que possuíam. Após horas de ataque, conseguiram abrir uma brecha de mais ou menos seis metros e partiram para o assalto, cheios de ódio e desprezo pelos camponeses travestidos de soldados que defendiam a cidade. Onde a fenda tinha sido aberta, eram esperados por um esquadrão de infantes armados de pequenos arcabuzes e de lanças que poderiam tê-los impedido de descer os muros. Mas não foi assim. Apavorados pela visão dos inimigos sobre os muros, os soldados florentinos abandonaram as armas e fugiram em debandada. Os espanhóis irromperam e literalmente despedaçaram os soldados florentinos que imploravam piedade. Entraram nas casas, violentaram, torturaram, trucidaram, roubaram, incendiaram.

No saque de Prato foram massacradas mais de quatro mil pessoas. Um cronista da época relata que a crueldade dos espanhóis foi tanta e tão desumana que "o sol claro cobriu a lúcida face" para não assisti-la. O próprio Maquiavel, escrevendo em 16 de setembro a uma dama, conta: "Vi morrer mais de quatro mil homens, os outros foram mantidos reféns e obrigados a pagar resgate; não pouparam nem as virgens reclusas nos lugares sagrados, que se encheram de estupros e de sacrilégios."

O saque de Prato assinalou o fim da república. Florença foi tomada pelo pânico, quando os primeiros sobreviventes ao massacre ali chegaram e contaram os horrores que tinham presenciado. As mesmas pessoas que haviam prometido a Soderini apoio, bens e a própria vida para defender a liberdade de Florença, agora o acusavam de ser o motivo de todos os males por ter, primeiro, deixado Prato indefesa e, depois, recusado um acordo.

Soderini encontrava-se sozinho, paralisado pelo medo e pelo sentimento de culpa. Seus inimigos perceberam a situação e passaram à ofensiva. Alguns jovens partidários dos Medici entraram no Palazzo Vecchio e, sem encontrar resistência, chegaram aos aposentos do gonfaloneiro. Ordenaram-lhe que deixasse o palácio, prometendo conservar sua vida. Piero Soderini se dirigiu então pela última vez a Maquiavel, solicitando-lhe que fosse ao encontro de Francesco Vettori, para pedir-lhe que servisse de garantia. Vettori se dirigiu imediatamente ao Palazzo, onde encontrou o gonfaloneiro "só e amedrontado". Levou-o para casa e naquela mesma noite fez com que ele deixasse Florença rumo a Siena. Sem o chefe, a república estava pronta para voltar ao domínio de seus velhos senhores.

XIV

A TRAGÉDIA E O RISO

O acaso às vezes provoca feridas que não se cicatrizam mais. A história de uma vida passa a se dividir em antes e depois. Aquele que foi ferido percebe, após algum tempo, que não é mais o mesmo. Sofre angústias jamais padecidas e descobre dentro de si recursos que não acreditava possuir, passa a ver o mundo e os homens sob uma luz mais fria. Pode-se descobrir mais forte ou mais vulnerável, mas, de qualquer modo, encontra-se diverso.

Como o vento, as grandes dores arrastam as pequenas coisas e deixam o espírito livre para acolher as maiores, capaz até de dissecar inteiramente as raízes da vida. Alguns conseguem voltar a rir, mesmo tendo perdido o que possuíam de mais essencial. É um sorriso desafiador, que morre nos lábios sem conseguir aplacar as mágoas escondidas no coração.

É esse o sorriso de Maquiavel, após o triste dia 7 de novembro de 1512, em que recebeu um aviso lacônico da Senhoria, informando que ele deixara de ser o chanceler da Segunda Chancelaria e o secretário do Conselho dos Dez da Liberdade. A Biagio Buonaccorsi coube a mesma sorte. Terminava para ambos uma época, e com ela acabava também a amizade. Biagio continuaria a fazer o bem a seu querido Nicolau, copiando-lhe *O príncipe* e depois *Da arte da guerra,* e defendendo-o sempre das acusações malévolas. Nicolau, porém, não voltaria mais a falar dele. Gostaria de acreditar que, enquanto a porta do Palazzo Vecchio se fechava as suas costas, Nicolau tenha dito uma palavra qualquer de reconhecimento e de consolo ao amigo que tantas vezes o havia ajudado, tanto nos assuntos da Chancelaria quanto nas questões familiares.

A decisão de destituir Maquiavel do cargo de secretário foi uma das várias providências do novo regime político instaurado em Florença após a expulsão de Piero Soderini. O Grande Conselho elegeu Giambattista Ridolfi para o cargo de gonfaloneiro, agora não mais vitalício, mas vigente por catorze meses. Ridolfi era um homem de grande autoridade e partidário, em seu tempo, de Savonarola, a ponto de ter sido considerado pelos historiadores florentinos da época chefe da seita do frade.

Porém, não eram os partidários de Savonarola que comandavam a política florentina e sim os Medici, de volta à pátria após um exílio de 18 anos, apesar de terem retornado na condição de cidadãos especiais. Certamente eles não pretendiam permanecer em tal condição, como previra Piero Soderini em seu último discurso ao Grande Conselho. No dia 16 de setembro, a praça se encheu de partidários dos Medici e de soldados que exigiam aos brados o "parlamento", ou seja, a assembléia geral do povo.

Após a reunião do parlamento, foi aprovada a criação de uma assembléia de cerca de cinqüenta cidadãos com plenos poderes para reformar as instituições da cidade. Os cidadãos eleitos, todos simpatizantes dos Medici ou *palleschi*, como eram chamados, conseguiram em poucos dias desmantelar os fundamentos da liberdade florentina. Em 18 de setembro extinguiram a magistratura dos Nove da Milícia e dissolveram a Ordenança construída com tanto esforço por Maquiavel. Depois, condenaram Piero Soderini ao desterro e declararam a extinção do Grande Conselho.

Não é difícil imaginar o que Maquiavel experimentou naqueles dias de setembro, antes de ser expulso do Palazzo Vecchio. Sentado à sua mesa, sem ter mais nada a fazer, já que os novos chefes não lhe confiavam nenhum trabalho, refletia sobre os acontecimentos que levaram à queda da república e sobre as responsabilidades de quem a chefiava, isto é, o gonfaloneiro deposto Piero Soderini. Seu julgamento é rigoroso. O golpe de Estado dos Medici foi perpetrado em 15 de setembro. No dia seguinte, na mesma carta escrita à dama que citamos no fim do capítulo anterior, criticava Soderini por não ter aceitado a proposta de paz do vice-rei Raimondo di Cardona, no momento em que este teria se contentado com uma soma de dinheiro. Maquiavel enfatiza que Soderini tomara aquela decisão infeliz para atender às disposições da "multidão", em vez de seguir o conselho dos homens "sábios".

Nem o passar dos anos atenuou a severidade de seu julgamento. Soderini não soubera tomar as medidas extraordinárias que a gravidade da situação exigia. Fora impedido pelo seu espírito bondoso e pela sua profunda honestidade. Como homem, era merecedor de respeito e admiração, mas como político devia ser condenado sem remissão, porque suas decisões levaram à derrocada da república. Maquiavel expôs seu julgamento numa página extraordinária dos *Discursos*, impregnada de amargura pelo fim da república.

Piero Soderini, escreveu Maquiavel, "acreditava superar com sua paciência e bondade o anseio dos filhos de Bruto [os sectários dos Medici], de retornar sob um outro governo, e enganou-se. Pela sua prudência, conhecia essa situação, e apesar disso, mesmo que a sorte e a ambição daqueles que o contestavam lhe dessem chance de atacá-los, não se dispôs a fazê-lo. Pois, além de acreditar poder extinguir os maus desígnios com paciência e bondade, e extinguir qualquer inimizade sua por meio de prêmios dirigidos a alguns deles, julgava (e muitas vezes o confidenciou a alguns amigos seus) que, para enfrentar abertamente a oposição e vencer seus adversários, era preciso que a ele fosse arrogada uma autoridade extraordinária, desobedecendo assim às leis sobre a eqüidade civil. Foi enganado, porém, pela sua primeira opinião, pois não sabia que a maldade não pode ser domada pelo tempo nem aplacada de nenhuma forma" (*D*, III, 3).

Maquiavel censurava Soderini pela sua candura, ou melhor, sua incapacidade de fazer o mal necessário para salvar a república. Criticou-o novamente quando ele morreu, em 13 de junho de 1522, em versos que se tornaram célebres:

> Na noite em que morreu Piero Soderini
> Seu espírito alcançou do Inferno a porta;
> gritou Platão: — Qual inferno? Alma idiota,
> vá para o Limbo entre os outros meninos. (*SL*, 438).

Apenas um jogo, uma burla que, entretanto, nos faz compreender como a queda da república cavou entre os dois homens um fosso que jamais seria ultrapassado. Informa-nos também que o lugar para onde devem ir os verdadeiros políticos, após a morte, é o inferno; não como punição, mas sim como recompensa, pois Maquiavel acreditava, ou pelo menos se divertia em repeti-lo, que o inferno era bem mais interessante do que o paraíso.

Naquele outono de 1512, porém, é improvável que sentisse vontade de gracejar sobre o céu e o inferno. Sabia muito bem que todos, a começar pelos aristocratas, o consideravam o *mannenino*, isto é, o instrumento, o intermediário de Soderini, e planejavam expulsá-lo do Palácio. Sua única esperança era cair nas graças dos Medici, para que pudesse ser defendido das garras dos aristocratas. Devia convencê-los de que eles também seriam beneficiados pela sua experiência nos assuntos políticos, e Maquiavel ofereceu-lhes a única coisa que possuía, isto é, sua sabedoria como conselheiro. Em 29 de setembro, escreveu ao cardeal Giovanni aconselhando-o a adotar uma política moderada e clemente nas tratativas para a recuperação das terras dos Medici confiscadas pela república em 1494. Não recebeu nenhum indício de gratidão. Nos primeiros dias de novembro, voltou a tentar aproximar-se, escrevendo um texto mais amplo, que os editores modernos intitularam *Ai palleschi* [Aos palacianos], no qual explica aos Medici que não era do interesse deles execrar a obra e o nome de Piero Soderini, pois uma estratégia semelhante apenas reforçaria o poder dos "grandes", debilitando o poder deles próprios.

Dessa vez recebeu uma resposta. Em 7 de novembro, uma deliberação o destituiu de seu cargo de secretário; no dia 10 foi intimado a permanecer confinado por um ano dentro do domínio florentino e pagar um penhor de mil florins; e no dia 17 foi proibido de entrar no Palazzo por um ano. Não sabemos se a dosagem das penas fora intencional, mas decerto não podia ser mais cruel. O trabalho como secretário era sua vida, e o tomam; adorava viajar e conhecer novos horizontes, e foi condenado à reclusão no domínio; o Palazzo Vecchio era sua verdadeira casa, e fecham-lhe as portas na cara.

Devia retornar, porém, ao Palazzo Vecchio para prestar contas sobre a administração das grandes somas de dinheiro destinadas aos soldos para a milícia. Seus velhos ajudantes da Chancelaria, aqueles mesmos que tinham morrido de rir com suas cartas e suas piadas por tantas vezes, encontravam-se agora diante dele no Palazzo a exigir contas sobre cada florim gasto. Com eles achava-se seu sucessor, Niccolò Michelozzi, eterno servo dos Medici, que observava tudo atentamente para transmitir o relato aos novos senhores da cidade. A investigação se prolongou até 10 de dezembro, mas não encontraram nenhum indício contra Nicolau. Muito embora tivesse manejado grandes somas de dinheiro, ele havia servido a república com honestidade impecável. Como recompensa, encontrou-se, após catorze anos, mais pobre do que antes. E o pior ainda estava por vir.

Numa Florença cheia de mau humor e de suspeitas, foi descoberta uma conspiração contra os Medici. Seus principais fomentadores eram Pietro Paolo Boscoli, Agostino Capponi, Niccolò Valori e Giovanni Folchi. Com uma leviandade que nos mostra a inconsistência dos conjurados, um deles, provavelmente Boscoli, perdera uma cédula com cerca de vinte nomes inscritos, todos eles oponentes dos Medici, tendo entre eles o nome de Maquiavel. O Conselho dos Oito enviou guardas a sua casa para prendê-lo, mas, ou por ter sido informado por alguém ou por pura coincidência, não o encontraram. Assim, editaram um pregão: qualquer um que soubesse de seu paradeiro estava intimidado a denunciá-lo no prazo de uma hora, sob pena de acusação de rebeldia e confisco dos bens.

Nicolau apresentou-se aos Oito e foi mandado ao cárcere. A prisão significava escuridão, umidade e frio; fedor de excrementos humanos, de feridas e de chagas; piolhos, ratazanas e ruídos de correntes; cadeias nos pulsos e cepos nos pés e gritos dos torturados. Tinha a vida literalmente suspensa por um fio. Bastava uma só palavra de qualquer um dos outros prisioneiros e o deixariam apodrecer no cárcere, ou o enviariam para o cutelo do carrasco. Giovanni Folchi declarou ter conversado várias vezes com Maquiavel a respeito do gonfaloneiro Piero Soderini, porém, haviam falado mais sobre a guerra do que sobre os problemas da cidade. Acrescentou que, segundo Maquiavel, o novo regime teria grande dificuldade para se sustentar, porque "faltava quem estivesse ao leme", e que a Liga Santa, que havia trazido os Medici de volta a Florença, "um dia, com facilidade, será dissolvida".

Tais afirmações não eram suficientes para comprovar um envolvimento direto de Maquiavel na conspiração. Tentaram, então, arrancar-lhe uma confissão sob tortura. Amarraram suas mãos atrás das costas, suspenderam-no com uma roldana fixada ao teto e depois o deixaram subitamente cair até quase o chão. Era a chamada "tortura da amarra" ou "dos puxões de corda", que provocava o deslocamento das articulações. Deram seis puxões em Maquiavel, mas ele não disse nada que pudesse comprometê-lo. Nos procedimentos penais da época, a confissão era considerada a rainha das provas, mesmo quando obtida sob tortura. Sem uma confissão, os juízes não podiam ter certeza da culpabilidade.

Maquiavel sabia melhor do que ninguém que os novos regimes não procuram ser sutis quando se trata de punir conspiradores, sejam eles reais ou presumidos. Compreendeu que o governo dos Medici não era uma exceção pouco antes do amanhecer de 23 de fevereiro, quando ouviu de sua cela os cantos fúnebres que acompanharam Pietro Paolo Boscoli e Agostino Capponi ao patíbulo.

Pietro Paolo Boscoli passara a noite em orações, assistido por Luca della Robbia e pelo frade Cipriano di Pontassieve. Quis morrer de forma cristã, eliminando de sua alma as idéias sobre a beleza do tiranicídio que o haviam inspirado a maquinar a conspiração. Agostino Capponi encomendou a alma a Deus, protestando até o último momento sua inocência. Foram depois conduzidos ao verdugo, acompanhados pelos cantos fúnebres da Companhia dos Negros. O carrasco decapitou Pietro Paolo Boscoli de um só golpe, mas foram necessários dois para executar Agostino Capponi.

Os cantos e a imagem dos dois jovens que caminhavam para a morte não inspiraram em Maquiavel idéias piedosas. Ao contrário, talvez naquela mesma noite ou pouco depois, escreveu palavras duras: "... dormindo, perto da aurora, / ouvi dizer num canto: 'É chegada a vossa hora'. / Ide, pois, em boa hora" (*SL*, 424).

Qual a razão de palavras tão cínicas, que causaram horror aos biógrafos? Quando as escreveu, Maquiavel era um homem que, no breve espaço de poucos meses, passara dos aposentos do governo no Palazzo Vecchio a uma cela no Bargello. Tinha as mãos e os pés presos a correntes e os ossos deslocados pela tortura. Ainda não sabia se teria o mesmo fim de Boscoli e de Capponi, ou se seria aprisionado em uma torre qualquer do domínio florentino, como os outros envolvidos na conjura. E tudo isso fora causado pela leviandade de alguns jovens que queriam libertar Florença da tirania e tinham sido tão ingênuos a ponto de escrever numa lista os nomes de seus possíveis simpatizantes. Em sua opinião, as ações deles não mereciam nenhum respeito. Seus ideais e sentimentos pouco lhe importavam, e muito menos o destino de suas almas; que se ocupassem delas os frades e os membros da Companhia dos Negros.

É preciso não se esquecer de que aquelas gélidas palavras, "ide, pois, em boa hora", são as mesmas que ele escreveu num soneto enviado a Giuliano de' Medici para implorar sua clemência e induzi-lo a intervir em seu auxílio. Como poderia, ao mesmo tempo, invocar piedade para si e dirigir palavras compassivas àqueles que pretendiam assassinar Giuliano? De fato, após tais palavras, escrevera: "Desde que vossa piedade para mim se volte." O significado de suas palavras é: se for o caso, que morram Boscoli e Capponi, desde que a vossa piedade se volte para mim. É um homem que vê a morte face a face e tenta um gesto desesperado para salvar-se.

Porém, tão surpreendente como essas palavras é o fato de ele escrever dois sonetos com o intuito de pedir ajuda. Quando alguém escreve no cárcere, geralmente o faz ou para buscar o sentido e as causas dos sofrimentos, ou para reencontrar a si mesmo e procurar no fundo do próprio espírito os recursos para resistir. Mas, principalmente, e este é o caso de Maquiavel, escreve-se para pedir a alguém que intervenha. Nesses casos, porém, quem escreve busca estimular a compaixão com uma carta séria, não com um soneto no qual ri de si mesmo, das próprias misérias, do cárcere e da tortura.

Entretanto, Maquiavel escreve contando que leva nas pernas um par de "ligas" ou grilhetas e "seis marcas de cordas nas costas", sem falar sobre "minhas outras misérias"; concluindo, não era assim que os poetas deveriam ser tratados! Contava que nas paredes de sua cela existiam piolhos grandes como libélulas, e que fedia mais do que o campo de batalha de Roncesvalles coberto de cadáveres, ou as margens do rio Arno, onde as carcaças dos animais eram lançadas para apodrecer. Completando a ironia, descreve sua cela como um "albergue delicado", onde era possível escutar o tétrico estridor das chaves e ferrolhos e os urros dos torturados.

Clamava por piedade, sim, mas com um sorriso nos lábios, não com os olhos úmidos de pranto. Sentia medo, sofria, estava repleto de angústias, tinha o coração intumescido pelo rancor, e mesmo assim sorria. Ria em primeiro lugar de si mesmo e de sua condição; o que mais poderia fazer? Mas ria também dos poderosos que se encolerizavam contra ele. Não ria abertamente nem para zombar deles, porque não tinha condições de fazê-lo, mas para mostrar que nem o cárcere, nem a tortura, nem as outras aflições o obrigariam a se curvar ou a se tornar humilde, submisso, respeitoso, enfim, a se transformar num outro homem. Com seu soneto queria dizer que ainda era o mesmo de antes, que não mudara em nada. Era ainda o "Machia", gozador, irreverente e desdenhoso que todos conheciam. Não era o "Dazzo", ou seja, Andrea Dazzi, escritor medíocre que afligia Florença, "mas sou eu", escreveu num segundo soneto também endereçado a Giuliano de' Medici. Sou Nicolau Maquiavel e por isso mereço ser libertado. Se prestarmos atenção, esses sonetos são menos uma invocação de piedade do que uma súplica, feita com um sorriso nos lábios, de um homem que quer a todo custo continuar sendo ele mesmo.

O fim do pesadelo chegou graças a uma sorte inesperada. Com a morte do terrível Júlio II, o cardeal Giovanni de' Medici foi eleito papa em 11 de março de 1513, com o nome de Leão X. Os florentinos ficaram ensandecidos de alegria, pensando, sobretudo, nos ricos negócios que poderiam manter com Roma e nos benefícios que o papa iria distribuir generosamente a seus compatriotas. Em um só dia, todos se tornaram simpatizantes dos Medici. Desde já seguros de seu próprio poder, os Medici realizaram um ato de clemência e anistiaram os condenados pela conjura, com exceção de Niccolò Valori e Giovanni Foichi, que permaneceram encerrados na torre de Volterra.

Nicolau é libertado no dia 11 ou 12 de março. Numa carta de 18 de março a Francesco Vettori, ele confessa sua surpresa por ter suportado tantos sofrimentos com espírito franco e corajoso.

Sem falsa modéstia, fazia uma avaliação de si próprio: "Quanto a arrostar a Fortuna, quero que tenhais destes meus afãs esta satisfação, que eu os enfrentei de forma tão franca, que eu mesmo me admirei, e me vi ser um homem melhor do que eu acreditava ser."

O homem que sai da prisão é o mesmo Maquiavel de antes, mas fortalecido pela terrível provação. É provável que tenha mostrado aos amigos que o esperavam seu costumeiro sorriso sarcástico, para assegurar-lhes de que não havia mudado. Isso, caso algum amigo estivesse ali a esperá-lo, em vez de estarem adulando os Medici, como todos os outros.

XV

PARECER VIVO

Ao sair da prisão, Maquiavel se sentia, antes de tudo, um homem que fora um dia o secretário da república: "*quondam segretario*", como assina numa carta de abril de 1513. Sentia que sua nova condição de ex-secretário o cobria como uma segunda pele. Sofreu profundamente por isso e queria reencontrar a intensidade de viver e o prazer de realizar grandes feitos que os negócios de Estado lhe ofereciam. Pelo menos em parte, reencontrou as duas coisas ao escrever páginas de infinita beleza. Antes de escrever essas páginas, e enquanto as escrevia, a dor, mais forte que a repulsa em revelar-se, o obrigou a narrar de tempos em tempos seus afetos, suas angústias e seus amores. Podemos assim conhecer mais de perto o homem que se escondia por detrás da máscara do secretário e temos a oportunidade, com sua ajuda, de decifrar melhor o enigma daquele seu sorriso.

Tão logo saiu do cárcere, já manifestava o desejo de voltar o mais rápido possível ao Palazzo Vecchio. Afirmou-o claramente ao amigo Francesco Vettori, esperando que este pudesse convencer o papa Leão X a confiar ao ex-secretário da república de Soderini um cargo político qualquer. Mas fez o pedido à sua maneira, como um reconhecimento das suas capacidades, não como um favor: caso os novos senhores, escreveu a Vettori em 18 de março, se decidissem a reerguê-lo, afirmava que ficaria muito grato e se comportaria de forma com que eles tirassem vantagem desse auxílio. Caso contrário, se nada oferecessem, "continuarei a viver como vim ao mundo, pois nasci pobre e aprendi antes a padecer do que a gozar".

Mesmo assim, procurava aproveitar a vida, tomando parte no clima geral de euforia que dominava Florença. Junto com os amigos, freqüentava todos os dias a casa "de alguma rapariga para reaver as forças", dizia. Depois dos horrores do cárcere, os prazeres da vida parecem tão belos que ele pensa estar sonhando. Os amigos, porém, estão mudados. Como escrevera a Vettori em 16 de abril, a "quadrilha parece ter se desmantelado", não tinham mais um lugar para se encontrar, e nenhum deles demonstrava mais o mesmo espírito e o mesmo humor de antes. Tommaso del Bene, por exemplo, tornara-se "esquisito, grosseiro, tedioso, mesquinho", de tal modo que Vettori não seria capaz de reconhecê-lo ao voltar de Roma. Maquiavel conta que ele se tornara tão avarento que, para reaver o dinheiro gasto na compra de sete libras de vitela, implorou aos amigos que fossem jantar com ele. Penalizado, Maquiavel aceitou o convite, se é que se pode chamá-lo assim, e foi cear na casa de Tommaso com mais dois amigos. No momento de dividir as despesas, feitas as contas, cada um devia catorze tostões, mas Nicolau tinha consigo apenas dez. Por esses míseros trocados, Tommaso passou a atormentá-lo dia e noite, e na noite anterior à carta que escrevia a Vettori, tinham quase chegado às vias de fato na Ponte Vecchio.

Falou depois dos outros amigos. Um deles perdera a mulher, e se antes parecia um peixe fora d'água, tornara-se depois muito soberbo e pretendia casar-se novamente. Donato del Corno, outro amigo, abrira um novo negócio e passava o dia inteiro indo de um a outro — "está como um tonto". Outro ainda, Filippo Casavecchia, estava furioso com outro membro da "quadrilha", Giuliano Brancacci, por este ter criado empecilhos a sabe-se lá que planos seus em Roma. Relata tudo isso com um sorriso, porque a comédia humana, com seu emaranhado de paixões e de humores, o divertira desde sempre, e agora que havia perdido tudo, constituía seu único refúgio.

Mas é um sorriso que esconde as lágrimas. Ele mesmo o confessa, logo depois de contar a rivalidade mesquinha entre os dois amigos, citando estes versos de Petrarca:

> Porém, se porventura eu rio ou canto,
> É porque não tenho senão esta única
> Via para desafogar o meu amargo pranto.

Sorri, mas sente o coração apertado pelo tormento, pela raiva, pela esperança e pelo medo. Mais do que o sorriso, é o pranto que pode ajudá-lo a mitigar as penas, como dizem os seus versos cuja data de composição ignoramos, mas que parecem integrar-se naturalmente aos de Petrarca.

> Espero, e o esperar acresce o meu tormento;
> choro, e o pranto nutre o lasso cor;
> rio, e o meu sorrir não alcança o imo;
> ardo, e não vem de fora esse ardor;
> por isso temo o que escuto e vejo:
> tudo me traz uma nova dor;
> assim espero, choro, rio e ardo
> e temo tudo aquilo de que sou espectador (*SL*, 422).

Um sorriso que esconde o pranto, sem tocar o coração. É esse o sorriso de Maquiavel, nem de escárnio nem de zombaria, mas, sobretudo, uma máscara que esconde o pranto, uma defesa que protege dos olhares, sem consolo e resignado diante da mesquinhez e da maldade do mundo. É só uma pausa, mas serve para que um dia possa ser vivido até o fim.

Quando o sorriso só não basta, é preciso sufocar as paixões e os desejos. Nicolau aprende essa arte nos primeiros meses após sua prisão. Fez essa revelação a Vettori, numa carta de 9 de abril, em que se diz acostumado, escreve, "a não desejar mais coisa alguma apaixonadamente" e que, no futuro, se não conseguisse as coisas que almejava, "não me envolverei mais com paixão alguma". Era salutar que se habituasse a não desejar as coisas com paixão. Francesco Vettori, embaixador junto ao papa, não estava em condições de ajudar nem a si mesmo nem aos outros, tanto por causa de sua pouca habilidade e escassa iniciativa, quanto pelas condições obviamente difíceis nas quais se encontrava.

O único auxílio, involuntário, que Vettori pôde dar a Nicolau foi estimulá-lo a manter viva sua mente extraordinária e a continuar a refletir sobre os assuntos de Estado. Vettori fez isso pela primeira vez numa carta de 30 de março, na qual confessa estar entediado de "discorrer racionalmente", isto é, de fazer previsões e conjecturas racionais sobre fatos políticos, porque na maioria das vezes o mundo tinha depois tomado o rumo oposto, zombando assim de suas teorias. Nicolau respondeu com estas palavras:

> Tens razão de te sentires enfadado ao refletir sobre as coisas, vendo muitas vezes sucederem casos que se colocam para além dos discursos e dos conceitos que se podem meditar, pois o mesmo aconteceu comigo. Mesmo assim, se fosse possível que eu te falasse, nada mais poderia fazer a não ser encher-te a cabeça de conjecturas, pois o Acaso fez com que eu, não sabendo discorrer nem sobre a arte da seda nem sobre a arte da lã, nem de lucros ou de perdas, achasse conveniente raciocinar sobre o Estado, e assim sendo é necessário que eu ou raciocine sobre tais coisas, ou então nada faça. *(L, 367)*

Nicolau exprimia ao amigo toda sua tristeza por ter sido excluído do mundo da política, revelando que os assuntos de Estado são sua paixão mais profunda. Mesmo assim, resiste e não responde às reflexões do amigo sobre a recente eleição do novo pontífice. Procurava conter-se, porque se sente magoado ao falar de política sem nada poder fazer, ou pela ação ou pelo conselho. Cede, porém, na segunda vez, quando Vettori pede explicações para entender por que o rei da Espanha concordara, em 1º de abril de 1513, em negociar uma trégua com o rei da França, pois o acordo não parecia trazer nenhuma vantagem palpável. Maquiavel aceitou voltar a falar de política, porque não suportava mais ficar calado. Compreendia agora que não iria voltar à política tão cedo. Não suportava mais viver em Florença nessas condições e decidiu se mudar para a propriedade que seu pai Bernardo lhe deixara no campo, em Sant'Andrea in Percussina, para fugir "de qualquer rosto humano". Apesar disso, esforçou-se para responder ao amigo, "para parecer vivo e obedecer-te".

Nicolau está bem vivo nessas cartas em que examina os fins e as conseqüências das ações dos príncipes, imperadores, reis, papas e povos. Escreve, uma após a outra, frases cheias de força, raiva e veemência, ricas de ensinamentos exemplares que nos instruem sobre o modo como trabalha sua mente. Jamais confia nas aparências, e muito menos aceita a autoridade de quem quer que seja. Crê somente naquilo que pode ver e só se serve de opiniões que lhe pareçam estar fundamentadas no bom senso e na racionalidade. Vettori, tentando convencer Maquiavel de que o poderio suíço na Itália, conquistado quando se apoderaram do Ducado de Milão, não era fato a ser temido, cita a *Política*, de Aristóteles, o texto fundamental da ciência política. Nicolau retruca, dizendo não saber se Aristóteles jamais tenha-se referido às repúblicas federadas, e que lhe interessa apenas "o que racionalmente pode vir a ser, o que é e o que foi" (*L*, 417).

"O que foi" é, pois, do domínio da história. A história ensina, explica a Vettori, que mesmo as repúblicas federadas são capazes de grandes expansões territoriais, como demonstra o exemplo dos antigos etruscos, que se tornaram senhores de toda a Itália, até os Alpes. Ensina também que somente as repúblicas e os soberanos que dotaram seu povo de armas foram capazes de realizar grandes feitos. E pelo fato de os suíços possuírem exércitos formados pelo povo, era de esperar que se tornassem mais fortes que os espanhóis e os italianos.

Mesmo convencido de ter a seu lado o amparo da história e da experiência, Maquiavel não se sente dogmaticamente seguro de possuir a verdade. O próprio Vettori, no meio de sua discussão sobre possíveis acordos de paz entre as potências européias, admitia jamais tê-lo visto persistir em alguma teimosia, mas ceder sempre à razão. Mais do que o fruto de seu caráter, esse comportamento de Maquiavel dependia de sua convicção de que os fatos políticos são sempre movidos ou condicionados por paixões particulares. Isso quer dizer que, em política, os julgamentos e as previsões não representam verdades irrefutáveis, apenas conjecturas mais ou menos prováveis. A pretensão de ser o dono da verdade é própria de quem, ao contrário de Nicolau, estudou a política apenas nos livros.

As discussões políticas com Vettori lhe deram por um breve tempo a ilusão de estar ainda próximo ao mundo dos grandes feitos, e por esse motivo o ajudaram a sentir-se vivo. Por outro lado, acentuaram sua percepção de encontrar-se irremediavelmente distante, enclausurado no campo de Sant'Andrea, e isso o fazia sofrer. "Estou bem do corpo, mas em todas as outras coisas me sinto mal", escreveu ao sobrinho Giovanni Vernacci, mercador nas terras do Levante. Marietta dá à luz uma menina naquele mês de agosto, mas o bebê morre três dias depois. A sorte não está do seu lado.

Nas cartas que trocam no curso daquele terrível ano de 1513, Nicolau e Vettori, além de discutir política, falam de si mesmos e contam como transcorrem seus dias, um em Roma e o outro em Sant'Andrea in Percussina. Vettori é um homem entediado, cético, desiludido, resignado. Na política, vê apenas "cerimônias, mentiras e bazófias", e muita, muita mesquinharia. Na corte papal troca, no máximo, vinte palavras com o papa, dez com o cardeal

Giulio de' Medici, seis com Giuliano de' Medici ou com Pietro Ardinghelli, o secretário particular de Leão X. Se por acaso encontra um dos embaixadores, comenta com eles sobre qualquer notícia de pouca monta. Escreve a Florença a cada quatro dias para contar as últimas novidades. Trata-se, porém, de algo muito diverso dos despachos que Maquiavel enviava ao Conselho dos Dez quando cumpria suas missões.

Vettori era um homem religioso. Nos dias festivos, escreve a Maquiavel em 23 de novembro: "assisto à missa, e não faço como tu, que algumas vezes a deixa para trás". Deleitava-se lendo os historiadores antigos que narram a história de Roma, principalmente aqueles que descrevem os horrores cometidos pelos imperadores. Tais leituras o levam a refletir sobre as infinitas misérias que Roma, cidade que "fez tremer o mundo", suportou em sua história. Mas não lhe causam indignação nem suscitam nele o desejo de promover o renascimento da grandeza romana.

Além das leituras, suas distrações, para fugir do tédio da política, são as cavalgadas fora de Roma, um pouco de conversação divertida com Giuliano Brancacci e Giovanbattista Nasi, e a companhia de alguma cortesã, em particular uma "de beleza bastante razoável e de agradável conversação". Era seu costume, conta a Maquiavel, freqüentar mais de uma delas, porém, amedrontado pelo clima insalubre do verão romano, "tive de me conter". Para convencer o amigo a visitá-lo em Roma como seu hóspede, diz ter "uma vizinha que não te desagradaria; e apesar de sua nobre parentela, faz qualquer negócio".

É possível que os negócios da bela vizinha de Vettori tenham instigado Nicolau, mas ele logo deixou a tentação de lado por ser muito arriscado. Em Roma viviam também Francesco e Piero Soderini, o qual nesse ínterim tinha sido completamente absolvido e reabilitado. Não poderia ir a Roma sem visitá-los e temia que, uma vez de volta a Florença, tivesse de apear não em sua casa, e sim na prisão de Bargello, sua velha conhecida. O regime dos Medici se fortalecera, é verdade, mas não deixava de ser um governo novo e, portanto, suspeitoso. Depois de tudo o que passara, estava bem atento para não cometer novos erros.

Por tudo isso, não aceita o convite para ir a Roma. Aceita, porém, a sugestão, implícita na carta de Vettori, de fazer um relato sobre seu cotidiano campestre, em Sant'Andrea in Percussina. Escreve, em parte, para que o amigo entendesse que sua condição era muito mais triste: "Se quisesses permutar a minha sorte com a tua, eu ficaria contente em trocá-la." Mas escreve também para se desafogar contra a fortuna e para que o amigo soubesse que sua mente estava agora totalmente mergulhada nos assuntos de Estado. Queria mostrar estar pronto para retomar seu posto no grande teatro da política.

Relata, assim, seu dia-a-dia, tornando visível o contraste com a narração de Vettori. Os dias de Vettori tinham como cenário um ambiente de bem-estar e de prestígio, mas estavam repletos de tédio, de mediocridade e de formalidade. Os dias de Nicolau transcorrem num cenário de pobreza rural, de solidão, de derrota e, no entanto, estão plenos de sentimentos fortes, de grandes pensamentos, de vontade de fazer e de desafiar os lugares-comuns e a mesquinhez reinante. O relato de Vettori é uma cantilena monótona composta com tons esmorecidos. A narrativa de Maquiavel começa lentamente, narrando o iniciar do dia entre os bosques, tornando-se depois mais ruidoso ao descrever os jogos na taberna, atenuando-se de novo quando faz alusão à modesta ceia familiar e terminando solenemente com a evocação das noites passadas a tratar de assuntos importantes com os grandes homens da Antigüidade, os únicos com quem pode realmente conversar, os únicos que de fato o compreendem.

"Estou vivendo no campo", é assim que Nicolau inicia seu relato. Para os outros florentinos de sua época, e dos tempos passados, viver "no campo" significava distanciar-se dos afazeres e do tumulto da vida urbana para encontrar a paz nos estudos, na meditação e nas ocupações campestres. Para Nicolau, significava uma renúncia forçada à vida que ama. Os ócios literários, a meditação filosófica e religiosa e a paz agreste não o interessavam. Amava a cidade, com suas ruas, as praças, os pórticos e as bancas; divertia-se quando encontrava os amigos para rir dos casos cotidianos e para tomar parte dos grandes assuntos do Estado.

Para deixar claro ao amigo que aquela vida no campo não era a sua, conta ter tentado se distrair, por algum tempo, indo "passarinhar", isto é, caçar tordos com o método da visgueira, que consiste em untar de visgo ramos finíssimos de olmo nos quais os pássaros ficam grudados, e quanto mais se debatem para se libertar, mais ficam enredados: "Passava assim dias inteiros, preparando o visgo, carregando um monte de armadilhas nas costas, que até parecia o Geta quando voltava do porto com os livros de Anfitrião." Maquiavel, que fora até poucos meses antes secretário da república, agora saía de casa antes do amanhecer para apanhar tordos, tão carregado de armadilhas a ponto de se comparar com Geta, o criado de Anfitrião numa novela do século XV: é difícil imaginar algo mais absurdo, ridículo e doloroso ao mesmo tempo. O próprio Maquiavel descreve seu passatempo como "despeitoso e insólito", isto é, motivado pelo desgosto e pela raiva, e que ele sentia ser inatural, bizarro, uma ocupação que não era a sua. E, no entanto, apesar dessa atividade ser "despeitosa e insólita", confessa a Vettori que se sente triste todas as vezes que acaba a temporada dos tordos. Ou seja, mesmo uma diversão tão insignificante e tão pouco adequada ao seu caráter passava a ter seu valor na vida diária de Maquiavel. Esse era o melhor modo de dar a entender, não apenas ao amigo, mas a ele próprio e a nós também, que seus dias eram feitos de nada.

Esse nada se somava à mesquinharia humana. A mesma baixeza que o atormentara quando era secretário vinha afligi-lo até no campo. Agora que não podia mais passarinhar, conta Nicolau: "De manhã me levanto com o sol e vou a um bosque que mandei derrubar." Lá fiscalizava o trabalho dos lenhadores no dia anterior e se ocupava com as rixas e discussões que os operários entabulavam todos os dias entre si ou com os outros lenhadores que trabalhavam nos bosques vizinhos. Nicolau mandava cortar a lenha para seu uso doméstico, e sobretudo para vendê-la, e isso dá origem a aborrecimentos e importunações ainda piores.

Frosino da Panzano, conta Nicolau, manda buscar "uma porção de lenha sem nada me dizer, e no acerto me pagou dez liras a menos, pois disse que eu lhas devia há mais de quatro anos, depois de um jogo em casa de Antonio Guicciardini". Tommaso del Bene se mostrara ainda mais sovina. Quando a tramontana ainda soprava em Florença, mandou trazer uma braçada de lenha, rachou-a para ocupar menos espaço e depois utilizou esse pretexto para pagar menos da metade do que Nicolau esperava receber. Nicolau conta que Tommaso obrigara "a mulher, os criados e os filhos" a rachar a lenha. Eles trabalhavam com tal fúria que "pareciam o Gabburra", um açougueiro famoso em Florença, "que na quinta-feira, em companhia de seus aprendizes, abate um boi a bordoadas". Tendo em vista que a venda da lenha lhe trazia mais prejuízos do que ganhos, Nicolau decide abandonar o negócio, dizendo a todos que não tinha mais lenha para vender.

Ao deixar o bosque, continua a carta, "vou para uma fonte", dirigindo-se depois ao lugar preparado para a caça aos tordos. Cansado de discutir com os lenhadores e com os amigos que queriam lenha, refugiava-se assim num lugar isolado, para ler o livro que trazia consigo de casa: Dante, Petrarca ou poetas latinos, como Tibulo, Ovídio e outros. "Leio sobre suas paixões amorosas e seus amores, lembro-me das minhas e desfruto por algum tempo dessas recordações." Obtinha consolo e prazer em ler poesias de amor e ao pensar em seus amores, mas em quais deles? Sabemos algo sobre a senhora que vivia junto à Ponte das Graças, sobre uma tal Jeanne ou Gianna que conhecera em Lyon, e sobre Lucrécia, conhecida como Riccia (de cabelos anelados), mas nenhuma delas parece ter significado um amor verdadeiro, genuíno. É possível que tenham existido outros amores dos quais se perderam os rastros, mas isso é pouco provável; ou talvez o tempo tenha tornado mais intensas as recordações de amores que tinham sido menos envolventes quando aconteceram. Mas havia também um novo amor que nascera no exílio do Albergaccio e do qual logo falaremos.

É preciso voltar ao resto da carta, sem esquecer que Nicolau nos revela aqui um aspecto fundamental de seu espírito; para ele, o amor, vivido como paixão que arrebata e domina o coração, e não como mera imaginação literária, é um de seus antídotos contra a tristeza da vida e a maldade humana. Maquiavel já foi descrito como um homem de índole insensível, selada por uma expressão impenetrável; ao contrário, era um homem que encontrava prazer nos dias mais sombrios de sua vida, ao recordar seus amores e ler sobre os amores contados pelos poetas.

A próxima cena descrita na carta transcorre na taberna, para onde o impele sua curiosidade insaciável: "Percorro, pois, a estrada até a taberna, falo com os que passam, indago sobre as novidades de suas aldeias, ouço várias coisas e noto os gostos variados e as diferentes fantasias dos homens." Essa cena nos é familiar, pois ao viajar pelo mundo ele fazia a mesma coisa, com o objetivo de saber, compreender, e para se divertir observando o quanto o mundo era variado e bizarro.

Voltava depois a casa para jantar com a mulher e os filhos, a "minha brigada", como os chama, e é interessante notar que usa o mesmo termo, "brigada", para falar da antiga "quadrilha" dos amigos: "a brigada, que tu sabes qual é, parece algo perdido", escrevera em 16 de abril. Parece insinuar que sua família é mais uma pequena sociedade de amigos, que a pobreza e as dificuldades tornaram unida e solidária, do que um grupo organizado segundo uma ordem hierárquica. É pena que de suas refeições nos conte apenas que sobre a mesa eram servidos somente os pratos que sua "pobre vila" e o patrimônio paupérrimo permitiam. É preciso esperar ainda alguns anos para termos acesso a um pequeno trecho sobre sua maneira de ser pai.

Após o jantar, vai de novo à taberna, dessa vez para jogar *triche-tach*, uma espécie de gamão, em companhia do taverneiro, do açougueiro, do moleiro e de dois fornalheiros. A cena é saborosa: Maquiavel à mesa de jogo, capturado pelo visgo de "mil contendas e infinitos despeitos em palavras injuriosas" entre os jogadores. Jogam por poucos vinténs, e no entanto seus gritos podem ser ouvidos, nas silenciosas tardes de inverno, até em San Casciano, a duas milhas de distância de Sant'Andrea. A cena é mais interessante para nós, que a imaginamos, do que para ele, que a vivia. É verdade que ao jogar e brigar ele limpava "o cérebro do mofo" e esquecia suas reflexões; mas tratava-se de uma diversão que o embrutecia e o rebaixava. Para tentar descrever como se sentia, inventou um verbo — *m'ingaglioffo* —, que significa "acanalhar-se, afundar-se na vulgaridade, aturdir-se". Entrega-se a essas atividades para desafogar a raiva que sente por dentro, pela sua condição atual. Quer espicaçar a fortuna, esperando que ela, satisfeita por tê-lo rebaixado tanto, finalmente se envergonhe e se decida a girar a sua roda uma vez mais para o alto.

A noite desce em volta da taberna; é tempo de voltar para casa. Nicolau retoma a palavra:

> Ao chegar a noite, torno a casa e entro em meu gabinete. Ainda na entrada dispo-me de minhas roupas cotidianas, cheias de barro e de lodo, e cubro-me com vestes reais e curiais. Trajado de modo decente, penetro nas antigas cortes dos homens de antigamente, onde, recebido por eles amorosamente, delicio-me com esse alimento que é o único para o qual realmente nasci. Ali não me envergonho de falar com eles, de perguntar-lhes a razão de suas ações, e eles, pela sua grande humanidade, me respondem. E por mais de quatro horas não sinto nenhum tédio, esqueço-me de todas as fainas, não temo a pobreza, não me amedronta a morte: entrego-me totalmente a eles.

Nessas linhas de extraordinária beleza Maquiavel revela seu espírito, mostra toda sua grandeza interior. Ao se despojar das roupas que usara para freqüentar o bosque e a taberna, antes de entrar em seu estúdio, Nicolau despia também a máscara que ele costumava usar no dia-a-dia, quando era obrigado a representar o papel de homem mísero e vulgar que a Fortuna lhe atribuíra, na esperança de que a extravagante deusa se cansasse de seu jogo cruel. Ao entrar em seu escritório, vestido com trajes "reais e curiais", os mesmos que usava quando freqüentava as cortes e encontrava reis, príncipes, papas e imperadores, sente-se um outro homem: é o verdadeiro Nicolau que pode finalmente praticar seu mister, que é a arte de fundar, conservar e redimir Estados.

Sentado à sua mesa, a discorrer com os grandes homens de Estado da Antigüidade, em outras palavras, a meditar sobre aquilo que os historiadores tinham escrito sobre as escolhas e as ações daqueles grandes homens, Maquiavel finalmente encontra a si mesmo. Afasta-se do mundo e penetra, com o auxílio da fantasia e da imaginação, na esfera da poesia. O tédio, os percalços, a pobreza e a morte tornam-se insignificantes perante a grandeza dos homens com os quais dialoga, e ao se tornarem pequenos e longínquos deixam de atormentá-lo, perdem o poder de magoar. Nicolau relata em sua carta a magia e o poder da imaginação, que é própria dos que são grandes. Graças a essa magia, Nicolau pode desfrutar de quatro horas da verdadeira paz, a paz interior, no silêncio da noite no campo invernal, com o fogo que crepita na lareira a suas costas. Deixemo-lo tranqüilo. Essa paz lhe é necessária.

XVI

O PRÍNCIPE E OS AMORES

Muitos acreditam que as grandes obras que tratam da política são o fruto de uma atitude de distanciamento, da fria luz de uma razão imperturbável diante das paixões. Essa é uma tolice inventada pelos acadêmicos. As obras verdadeiramente grandes, que são muito raras, nascem do sofrimento que se converte em páginas repletas de força e de vida, páginas capazes de romper as convenções e os limites fixados pelos medíocres. São grandes porque o autor deposita nelas a intensidade da vida que ele sente escapar-lhe por entre os dedos. A razão está presente, e como. Mas é uma razão que as paixões tornam pungente, que faz com que as análises se tornem mais sutis e as páginas mais ricas, repletas de imagens, metáforas e apelos que seduzem o coração e a mente de quem as lê, que penetram profundamente a alma para não mais abandoná-la.

Assim é *O príncipe,* mas talvez fosse melhor denominá-la *Dos principados* (*De Principatibus*), como o próprio Maquiavel designa o opúsculo escrito na solidão de Albergaccio. Esse escrito é o resultado de seus estudos sobre história antiga e de sua aprendizagem e experiência nos anos em que foi secretário, quando podia encarar a política bem de perto. O leitor dessa obra, escreveu a Vettori no desfecho de sua carta de 10 de dezembro, "verá que durante os quinze anos em que estudei a arte do

Estado não estive dormindo nem brincando; e deveria considerar os proveitos de servir-se de alguém que, à custa de outrem, estivesse repleto de experiência".

Seu maior desejo era que o ensaio fosse lido pelos Medici, que eram então os senhores de Roma e de Florença, respectivamente nas figuras do papa Leão X e de Lorenzo e, em particular, Giuliano de' Medici, a quem pensava dedicar a obra e que se encontrava junto ao papa. Maquiavel esperava que, ao lê-lo, percebessem que ele sabia melhor do que ninguém o que um príncipe deveria fazer, sobretudo um príncipe "novo", como eram os Medici em 1513, para consolidar seu poder. Esperava, enfim, que eles lhe confiassem um cargo qualquer, mesmo que de pouca importância; nem que fosse para "revolver as pedras".

Todavia, hesita quanto a ir a Roma apresentar o livro diretamente a Giuliano ou enviar-lhe a obra por intermédio de Vettori. Mais uma vez, aconselha-se com o amigo, que se encontrava próximo ao papa e a Giuliano de' Medici, em Roma. Custava-lhe muito pedir um favor, mas sentia-se coagido pela necessidade. O ócio forçado o consumia por dentro, e Nicolau temia que a pobreza o transformasse num ser desprezível aos seus próprios olhos e aos dos outros, e um peso em vez de um arrimo para sua família.

Como de costume, Vettori se manteve indefinido. Não por maldade, mas porque era incapaz de correr atrás dos poderosos, era inábil em vencer sua resistência, e também porque tinha medo de comprometer sua reputação ao prestar um favor ao amigo. Envia uma resposta a Maquiavel apenas no dia 24 de dezembro: "Disseste-me [...] ter composto certa obra sobre os Estados. Muito estimarei se puderes enviá-la a mim"; promete tentar julgá-la, mesmo não se sentindo competente para tal mister. Quanto a apresentá-la a Giuliano, bem, isso era algo para ser visto depois, se fosse possível. Sua resposta chega na carta de 18 de janeiro de 1514: "Li os capítulos de tua obra, que me agradaram sobremaneira; mas como não li o todo, não quero julgá-la afoitamente."

Com essas palavras parcas, frias e formais, Francesco Vettori comentava uma das maiores obras-primas jamais escritas sobre política. Naturalmente, eximiu-se de mandá-la a Giuliano ou ao papa; e nunca mais tocaria nesse assunto. Quando percebeu que seu esforço tinha sido inútil e que nenhuma porta jamais se abriria para ele, nem em Roma, nem em Florença, nem em qualquer outro lugar, Nicolau entregou-se, numa carta de 10 de junho de 1514, a um desabafo consternado e cheio de amargura, que não visava despertar compaixão, mas sepultar qualquer esperança:

> Encontro-me assim entregue aos meus piolhos, sem encontrar um homem que se recorde dos serviços que prestei, ou que creia que eu possa servir para algo proveitoso. Mas é impossível que eu suporte tal condição por longo tempo, pois eu me consumo, e percebo, caso Deus não se decida a me favorecer um pouco mais, que serei um dia forçado a sair de minha casa e oferecer-me como preceptor ou guarda-selos de algum condestável [capitão, comandante], se eu não conseguir outra coisa. Ou então deverei encafuar-me em qualquer terra deserta a ensinar pirralhos a ler, deixando aqui a minha brigada, que fará de conta que morri. E para eles seria melhor que ficassem sem mim, porque eu lhes custo muito, estou habituado a fazer gastos e não consigo viver de outra forma. Escrevo-te tudo isso apenas para desabafar-me, e não por querer que tu sejas, por minha causa, alvo de qualquer incômodo ou embaraço; e para nunca mais te escrever sobre tal assunto, que me é odioso.

Assim que começou a circular em cópias manuscritas, e mesmo depois de impresso, *O príncipe* encontrou pouquíssimos leitores inteligentes que fossem capazes de compreender seu valor. Por outro lado, aliciou muitos inimigos que o consideravam uma obra maligna, inspirada pelo diabo em pessoa, na qual um escritor busca ensinar ao príncipe como conquistar e conservar o poder por meio da avareza, da crueldade e da simulação, servindo-se cinicamente da religião como instrumento para manter a docilidade dos povos. Outros reputaram à obra uma sátira, na qual o autor, fingindo ensinar o príncipe como manter seu Estado, em vez disso, revelava aos povos que o poder do príncipe é baseado na força, na crueldade e no embuste, ensinando-os assim a odiá-lo. De qualquer forma, eram poucos; a maioria julgava *O príncipe* uma obra perversa e seu autor, como escreveu um de seus intérpretes mais obtusos, um "mestre do mal".

O que Maquiavel tinha escrito para provocar tanta indignação? Afirmara que as idéias defendidas pelos pensadores que antes dele escreveram livros de conselhos ao príncipe, e que eram considerados autoridades nessa matéria, estavam erradas, ou melhor, eram válidas apenas em determinadas circunstâncias e não em outras. Esses autores declaravam que o príncipe que deseja conservar seu poder e alcançar a glória deve sempre seguir o caminho da virtude — ser prudente, justo, forte e moderado —, além de possuir os valores morais inerentes ao príncipe, isto é, a clemência, a generosidade e a lealdade.

Maquiavel, ao contrário, sustentava que o príncipe que observasse tais ensinamentos em todas as circunstâncias seria incapaz de conservar seu poder, e sim o perderia, tornando-se alvo de zombaria e de esquecimento. Maquiavel tinha a consciência de estar se posicionando contra uma tradição de pensamento antiqüíssima e ainda defendida, em sua época, por ilustres pensadores. No capítulo XV, dizia ter a esperança de não ser julgado "presunçoso" por se distanciar das teorias de tantos autores que o tinham precedido no terreno da política.

Afirmava também que seu objetivo era "escrever algo que seja útil a quem compreender", e, sendo assim, ele tinha de aconselhar com base na realidade e não na imaginação. Aqueles que tinham descrito as qualidades que um príncipe deve possuir construíram em sua imaginação "Repúblicas e principados que jamais alguém viu ou conheceu" na realidade. Eles se preocuparam em ensinar como deveria viver um príncipe bom, esquecendo-se de que um príncipe que quisesse ser bom em meio a tantos "que não o são" perderia, inevitavelmente, seu Estado. A conclusão de seu raciocínio é premente: um príncipe que queira conservar seu Estado deve, antes de tudo, "aprender a não ser bom" e usar essa habilidade "segundo sua necessidade" (*P*, XV).

Após enunciar essa tese principal, Maquiavel, com a coragem e a irreverência que só os grandes homens possuem, passa a demolir a doutrina convencional peça por peça. Durante séculos fora dito, repetindo antigos preceitos, que o bom príncipe não deveria imitar nem o leão, feroz e brutal, nem a raposa, astuta e ardilosa; deveria governar de acordo com suas virtudes, procurando ser amado, e não temido, pelos seus súditos. A conclusão era que um príncipe rodeado pelo amor de seus súditos era aquele que se encontraria mais seguro em seu trono.

Em vez disso, para Maquiavel, um príncipe, sobretudo um príncipe que não tivesse ainda logrado consolidar seu poder, deveria ser capaz de "saber bem usar o animal e o homem", e tomar como modelo no reino animal, por exemplo, "a raposa e o leão: porque o leão não pode se defender das armadilhas, e a raposa não se defende dos lobos". Era preciso, pois, "ser raposa para conhecer as armadilhas, e leão para atemorizar os lobos" (*P*, XVIII). Prega exatamente o oposto do que diziam os escritores que se inspiravam nos antigos, sobretudo em Cícero.

Com a mesma atitude isenta de preconceitos, ele rejeitava também a doutrina segundo a qual o bom príncipe deve ser generoso, cobrir os amigos de dádivas e mercês e viver suntuosamente. O príncipe que acatasse esses conselhos, visando conquistar a reputação de homem "liberal", acabaria por consumir todos os seus bens em benefício de poucos. Assim, para manter sua reputação, ele precisaria sobrecarregar seu povo com impostos, medidas que o tornariam odioso e desprezado, com grande perigo para seu principado. Concluía que era mais sábio "ser apelidado de mísero [parcimonioso]", pois isso atrairia apenas uma infâmia inofensiva, do que, "para alcançar a fama de liberal, ser denominado de rapace, o que dá ensejo a uma infâmia plena de ódio" (*P*, XVI).

Maquiavel repete esse raciocínio quando trata da crueldade. O príncipe certamente deve desejar obter a reputação de piedoso e clemente, como ensina a doutrina clássica. No entanto, deve estar atento a "não usar mal essa piedade". Os florentinos, por exemplo, para evitar a fama de cruéis, deixaram que as facções destruíssem Pistóia; por outro lado, César Bórgia, julgado cruel, conseguiu unir e pacificar a Romanha, usando dessa mesma crueldade. Um príncipe, em particular um príncipe novo no poder, não deve se preocupar em ser julgado cruel, se tal fama for útil para que ele seja respeitado pelos súditos, mantendo-os unidos (*P*, XVII).

Para confirmar o radicalismo da crítica de Maquiavel à doutrina clássica do bom príncipe, basta lembrar que Cícero escrevera, no que fora repetido por todos os que o sucederam, das formas mais variadas, que "nada do que é cruel jamais será útil" (*De Officiis*, III.XI.4). Maquiavel retrucou, com irreverência, que é preciso distinguir entre a crueldade "mal usada" e a crueldade "bem usada". As crueldades bem utilizadas "podem ser chamadas aquelas que — se do mal é lícito falar bem — são realizadas em certas ocasiões, pela necessidade de conseguir segurança, mas nas quais, depois, não se insiste, convertendo tais ações em feitos da maior utilidade possível em favor dos súditos. Mal usadas são aquelas que, apesar de a princípio serem poucas, com o tempo é provável que mais aumentem do que desapareçam" (*P*, VIII).

Cícero e os humanistas afirmavam que nada é mais eficaz "para defender e manter o poder do que 'ser amado', e nada é 'mais danoso do que ser temido'". Maquiavel responde que "seria desejável ser uma coisa e outra [amado e temido]"; mas, como é quase impossível obter ambas as coisas ao mesmo tempo, "é muito mais seguro ser temido que amado, quando se deve escolher uma dessas condições" (*P*, XVII). Também para a lealdade vale um raciocínio semelhante. Ninguém pode negar, escreve Maquiavel, que um príncipe que mantivesse a palavra dada, vivendo "com integridade e não com astúcia", seria digno de louvor. Porém, a experiência de "nossos tempos" demonstra que os príncipes que deram pouco valor à palavra empenhada e "souberam com astúcia enganar as mentes dos homens" realizaram "grandes coisas", superando aqueles que se mantiveram leais (*P*, XVIII).

Em páginas repletas de vigor, vitalidade e história, Maquiavel delineia os traços do novo príncipe. O príncipe seria capaz de "não se apartar do bem, se possível, mas apto a servir-se do mal, quando necessário". Depois, passa a ensinar em que consiste a arte do Estado, que ele conhece como verdadeiro mestre. Um príncipe que deseje fazer grandes coisas deve ser capaz de combater contra leões como Júlio II, e contra raposas como Fernando, o Católico, da Espanha; e ainda contra príncipes que eram a um só tempo leão e raposa, como César Bórgia. Era preciso, em suma, um príncipe que soubesse vencer, e não um outro Piero Soderini, que perdera Estado e pátria pelo temor de ser julgado cruel.

No último capítulo, Maquiavel explica por que esse príncipe deve aprender a vencer, na *Exortação à conquista e à liberação da Itália da mão dos bárbaros*, considerada por aqueles que não compreendem *O príncipe* uma excrescência, alheia ao restante do livro. O príncipe sonhado por Maquiavel é um homem magnífico e raro, capaz de resgatar a Itália da "crueldade e insolências bárbaras", isto é, do domínio estrangeiro. Como os grandes redentores da Antigüidade — Moisés em primeiro lugar —, ele contaria também com o auxílio divino. Se fosse preciso praticar o mal para alcançar a vitória, Deus permaneceria a seu lado e lhe seria favorável, pois sabia que a sua era uma obra justa. Maquiavel jamais chegou a afirmar que o fim justifica os meios ou que é lícito ao político praticar o que é proibido aos demais. Ensinou que aquele que luta para realizar um grande objetivo — libertar um povo, fundar Estados, impor a lei e a paz, onde reinam a anarquia e a arbitrariedade, recuperar uma república corrupta —

não pode recear ser julgado cruel ou avaro, mas deve fazer o que é preciso para levar a cabo a sua obra. Pois assim são os grandes homens, e assim deveria ser o novo príncipe.

Num primeiro momento, Maquiavel pensara em dedicar *O príncipe* a Giuliano de' Medici, como já foi dito. Mas acabou por dedicar a obra a Lorenzo, duque de Urbino, sobrinho do papa Leão X, que, a partir de agosto de 1513, tornou-se o chefe de fato do governo dos Medici em Florença. A dedicatória, escrita entre setembro de 1515 e setembro de 1516, também enfatiza que as ações dos grandes homens representam o alicerce de seu livro: "Não encontrei, entre os bens de meu patrimônio, coisa que me seja tão cara e que tanto estime quanto o meu conhecimento das ações dos grandes homens, que aprendi por intermédio de uma longa experiência das coisas modernas e uma contínua leitura das antigas." O leitor do opúsculo, acrescenta, seria capaz de aprender em "brevíssimo tempo" aquilo que ele levara tantos anos para aprender, com tantas "dificuldades minhas". Adverte também que não enchera o livro com frases de efeito e preciosismos literários, porque o assunto abordado era grave, exigindo assim um estilo austero e cristalino.

Maquiavel sabe que Lorenzo, como o restante dos Medici, nutre por ele uma profunda desconfiança. Em parte, isso se deve ao fato de Nicolau ser um homem do povo, enquanto os Medici eram nobres. E, em parte, essa desconfiança era causada pelo antigo cargo de secretário que Maquiavel exercera durante a república de Soderini; além disso, caía sobre ele a suspeita de ter-se envolvido na conspiração de Boscoli e Capponi. Para superar a primeira causa da desconfiança, Maquiavel recorreu à sua arte de mestre das palavras: "Assim como os que desenham paisagens se colocam abaixo, na planície, para considerar a natureza dos montes e dos sítios elevados, e se põem no alto para considerar a dos pontos baixos, da mesma forma, para conhecer bem a natureza dos povos, é necessário ser príncipe, e para conhecer bem a dos príncipes, é necessário ser um homem do povo."

Contra a suspeição política, anuncia enfaticamente que anseia para que Lorenzo "consiga alcançar a grandeza que o destino e suas qualidades lhe prometem".

Quando Francesco Vettori, que nesse ínterim se transformara no mais influente conselheiro de Lorenzo, apresentou ao chefe a obra-prima de Nicolau, ele se mostrou mais interessado em dois cães que acabara de receber de presente, mal lhe dando uma olhada. Lorenzo não tinha o menor interesse em ler uma obra como *O príncipe*, e mesmo que tivesse lido, não a teria compreendido. Esse foi mais um duro golpe às esperanças de reaver um encargo político qualquer, uma nova desilusão que iria atormentar Maquiavel por muito tempo. Os sinais desse desencanto estão na dedicatória dos *Discursos sobre a primeira década de Tito Lívio*, feita a Zanobi Buondelmonti e a Cosimo Rucellai, escrita alguns anos mais tarde. Dessa vez, afirmava com mágoa mas com firmeza, não dedicara sua obra a um príncipe, mas a pessoas que por suas inúmeras boas qualidades "mereceriam ser" príncipes. Porque os homens, quando querem julgar justamente, devem prezar "aqueles que sabem, não aqueles que, sem saber, podem governar um reino". O problema, na época e ainda hoje, é que nos tronos e nas poltronas sentam-se quase sempre aqueles que não sabem, enquanto os verdadeiros sábios nem sequer chegam a ser escutados, isso quando não são alvo de zombaria.

Mas em meio a tantas tristezas, Nicolau recebeu um consolo tão inesperado quanto benéfico. Não era um novo emprego, nem o reconhecimento por parte de algum príncipe, mas sim um grande amor. Sabemos, como o próprio Vettori escreve em carta de 18 de janeiro de 1514, que não era muito raro que Maquiavel se apaixonasse: "Algumas vezes vi que estavas enamorado e percebi de quanta paixão foste capaz." Até aquele momento, porém, ele não deixara nada transparecer em suas cartas. À exceção da misteriosa Janna ou Jeanne e outra amante anônima, que são sempre mencionadas pelos amigos, a única que foi mencionada por Nicolau realmente foi Lucrécia, chamada Riccia. Viveu com ela uma história que durou pelo menos dez anos. Sabemos, por uma carta de Roberto Acciaiuoli, datada de 7 de outubro de 1510, que Nicolau já a conhecia quando atingira o ápice de sua glória. E em 1520 devia manter com ela pelo menos relações amigáveis; nessa época, já tinha ultrapassado o limiar dos cinqüenta anos e não possuía mais glória ou dinheiro. A falta de dinheiro é informada por uma carta de Filippo de' Nerli, que assegura a Maquiavel que um tal Bastiano Possente lhe oferecia uma boa hospedagem em Pistóia "por amor a Riccia e pelo meu". Embora sendo uma cortesã, Riccia, ao contrário de tantos homens, continuou sendo sua amiga depois de a sorte abandoná-lo.

Generosa e fiel, sim, mas tinha também a língua afiada e era capaz de dizer, sem muito esforço, certas verdades ao velho Nicolau. Ele mesmo conta, em carta de 4 de fevereiro de 1514, que sempre que ia a Florença, passava algum tempo na bodega de Donato del Corno e algumas horas na casa de Riccia: "parece que aborreço todos os dois, pois um me chama de empata-bodega e a outra de empata-casa." Pobre Nicolau! Sem dinheiro, desempregado, friorento e tendo de tolerar ser chamado de "empata-casa" e "empata-botega": "para os desgraçados não há remissão", recita um velho ditado da Romanha.

Para conservar a hospitalidade de Donato e os favores de Riccia, Nicolau se esforça para ser útil a ambos como "conselheiro". Foi bem-sucedido durante algum tempo e, como pagamento, Donato o deixava "tostar-me um pouco junto à sua lareira", enquanto Riccia "algumas vezes permite ser beijada, mesmo que de fugida". Mais tarde, porém, vai ainda pior do que quando fora conselheiro de príncipes. Por causa de alguns conselhos equivocados, ouviu de Riccia essas palavras que ela, perfidamente, fingia dirigir a uma criada: "Esses sabichões, não sei onde têm a cabeça; me parece que nenhum deles entende bulhufas."

"Vamos, deixe disso, não ligue", consola-o Vettori em sua carta de 9 de fevereiro. A pilhéria sobre os supostos sábios devia ser fruto de uma raiva momentânea; Vettori não acreditava que por ter dito aquilo Riccia "não te dedique afeto, e que deixe de te receber, sempre que quiseres; de outro modo, eu a reputaria ingrata, embora até hoje a tenha julgado humana e gentil". Mesmo que ela agora fosse a amante de um homem da importância de Anton Francesco degli Albizzi, continua Vettori, obrigatoriamente, isso não a faria tornar-se presunçosa.

Realmente, Riccia tinha um grande coração, e Vettori, quase um ano depois, escrevera: "Causa-me admiração o que me contas, teres encontrado tanta fé e tanta compaixão em Riccia. Tanto é que por tua causa ela já me era simpática, juro-te, mas desde já tornei-me seu devoto servidor, pois, na maioria das vezes, as mulheres costumam amar a sorte e não os homens, e quando essa se modifica, elas mudam ainda mais rapidamente" (*L*, 487).

Contra a vontade, devemos nos despedir de Riccia, observando que a bela, generosa, desenvolta e independente cortesã desempenhou um papel importante na vida de Nicolau, e na esperança de que o futuro nos traga qualquer documento novo que nos permita saber algo mais sobre essa mulher fascinante. Entretanto, não posso deixar de mencionar uma aventura um tanto escabrosa, como se dizia antigamente, que teve como protagonistas justamente Nicolau e Riccia, a qual foi omitida convenientemente por seus biógrafos. Trata-se de uma acusação anônima de sodomia apresentada aos Oito da Guarda, magistratura encarregada da justiça criminal, em 27 de maio de 1510. Cito o texto da acusação: "Notifica-se a Vós, Senhores Oito, como Nicolau de *Messer* Bernardo Machiavelli fodeu Lucrécia, dita a Riccia, no cu. Interrogai-a e descobrireis a verdade."

Certamente, a autoria de tal acusação não era de Riccia, tendo em vista que ela permaneceu amiga de Nicolau durante anos. Tratava-se, sem dúvida, de algum rival mal-intencionado. No que diz respeito à gravidade da acusação, naquela época a sodomia era um delito que poderia ser punido com multas, humilhações públicas e encarceramento. Até 1502, existia um órgão especial, os "Oficiais de notas e conservadores dos mosteiros", encarregado da repressão dos assim chamados atos sexuais contra a natureza. Na prática, o ato era tolerado, e a denúncia não deu em nada. Apesar de ter sido um episódio insignificante, confirma um aspecto importante da personalidade de Maquiavel: quando se tratava de paixões, desejos e prazeres, ele seguia apenas a natureza, isto é, sua natureza, sem se preocupar com as opiniões dos moralistas e das sentinelas da moral. Maquiavel era tão severo e respeitoso às leis na vida pública e política como era burlesco e libertino no campo do desejo e no amor.

Mas será que Maquiavel chegara a ter também relacionamentos homossexuais? Essa questão é pertinente, porque os documentos mais significativos a propósito, todos os dois, de algum modo estão relacionados a Riccia. O primeiro testemunho vem de uma frase do próprio Nicolau numa carta a Vettori, de 19 de dezembro de 1513. Após relatar um aterrorizante sermão proferido por um certo frade Francesco da Montepulciano, escreveu: "Tais coisas me amedrontaram de tal modo ontem, que, ainda que tivesse de me encontrar essa manhã com a Riccia, não fui; e nem sei se, caso tivesse ido ao encontro do Riccio, poderia tê-lo encarado." O segundo é um trecho na carta de Vettori, de 9 de fevereiro de 1514. Vettori aconselhava Maquiavel, caso a Riccia lhe fechasse a porta na cara, a "entreter-te com o Riccio di Donato, que não muda de acordo com a sorte, mas tem nervos e coragem e dá mais importância aos amigos que estão por baixo do que aqueles que estão no alto".

Riccio era um jovem ganimedes[1] que freqüentava os amigos homossexuais de Maquiavel. As duas cartas parecem assim afirmar que Nicolau também era um admirador das graças do jovem, mas elas demonstram justamente o contrário. A frase de Vettori era obviamente uma brincadeira que visava aliviar as mágoas do amigo, que temia perder os favores de Riccia. Ora, se a Riccia lhe

1. Ganimedes: diz-se de um jovem de modos efeminados; o termo deriva do mitológico Ganimedes, que pela sua beleza foi raptado por Zeus e levado ao Olimpo, onde servia o néctar aos deuses. (N.T.)

batesse a porta na cara, diz Vettori, ele sempre poderia se consolar na companhia do Riccio. Já Maquiavel diverte-se à própria custa ao enunciar duas mentiras que Vettori seria capaz de entender num átimo. A primeira, segundo a qual teria sido aterrorizado pela pregação do frade; é mais provável que esta tenha sido um momento de riso, isto é, no caso improvável de que Maquiavel tenha realmente ouvido o sermão. A segunda mentira é que ele teria deixado de ir à casa de Riccia, embora pudesse ter visitado Riccio se ambos tivessem marcado um encontro, porque nesse caso não teria se preocupado com o sermão do tétrico frade.

Além do mais, com tantos inimigos fariseus em Florença, uma eventual homossexualidade de Maquiavel certamente não teria passado despercebida, e teríamos encontrado pistas bem mais concretas do que dois trocadilhos com os nomes Riccia e Riccio. Nicolau não mantinha relações sexuais com homens, é importante esclarecer, não porque fosse virtuoso ou porque temia pela sua reputação, mas porque em matéria de apetites sexuais e de paixões seguia sua natureza, como já foi dito. E sua natureza apreciava, e muito, as mulheres.

Sua vantagem, ou desvantagem, é que, ao enamorar-se, entregava-se inteiramente à sua paixão. A beleza da mulher o envolvia, subjugava-o e transportava-o para um mundo que era tão seu quanto o mundo dos Estados e da política, ou seja, o mundo da poesia. Por um estranho jogo do destino, viveu o amor mais importante justamente quando tinha o coração cheio de amargura pelas desventuras que acabamos de relatar. De fato, o encontro ocorreu no verão de 1514, como ele próprio conta na carta de 3 de agosto, posterior à de 10 de junho, na qual dissera a Vettori estar de tal forma aflito que pensava em abandonar sua casa, deixando que sua família o considerasse um homem morto.

A mulher por quem se apaixonara era provavelmente a irmã de Niccolò Tafani, morador dos arredores de Albergaccio. Tinha sido abandonada pelo marido, um tal Giovanni, que fugira para Roma. O próprio Nicolau falou sobre seu novo amor: "Estando no povoado, encontrei uma criatura tão gentil, delicada e nobre de natureza e não por acidente, que eu não saberia louvá-la nem amá-la o suficiente, sem que ela merecesse muito mais." Passa depois a relatar os "inícios deste amor, com quais redes me prendeu, onde as teceu, e de que qualidade eram. Verás que eram redes de ouro, tecidas por Vênus entre flores, tão suaves e gentis que, apesar de um coração vil ser capaz de rompê-las, nem por isso eu o quis fazer, e por algum tempo me deliciei estando dentro delas, a tal ponto que os fios tenros tornaram-se duros e entrelaçados com nós indestrutíveis".

Dessa vez não temia fazer revelações, ao contrário, abriu toda sua alma. Era um momento extraordinário: "Sinto dentro de mim tanta doçura, por tudo aquilo que seu semblante raro e suave me provoca, e também por ter esquecido todos os meus tormentos, que mesmo que pudesse libertar-me, por nada desse mundo o faria." A beleza da mulher que conhecera, seu "semblante raro e suave", fez a magia de expulsar do espírito de Nicolau os medos, as angústias e a tristeza, assim como um outro gênero de beleza, a das ações dos grandes homens do passado e das histórias antigas, era capaz de fazer, por algumas horas, nas noites de Albergaccio. O amor por essa mulher era ainda mais forte do que seus pensamentos sobre os grandes feitos da política, e assim como expulsou os sofrimentos, fez com que tais reflexões também fugissem, como se aquele sentimento quisesse se tornar seu senhor inconteste: "Deixei, pois, os pensamentos sobre as coisas grandes e graves; não me deleito mais em ler as coisas antigas, nem a refletir sobre as modernas. Tudo se converteu em doces pensamentos, dos quais agradeço a Vênus e a toda Chipre."

À época, Nicolau tinha 45 anos, apesar de seu costume de dizer que estava "já perto dos cinqüenta". Ele bem sabia que o Amor é uma criança, sendo por isso instável, que "cava os olhos, o fígado e o coração"; previa que a infinita doçura podia se transformar num pranto amargo. Mesmo assim, ao menos no início dessa história, não demonstrava ter medo. Pelo contrário, descobria dentro de si novas forças. Para encontrar sua amada, tinha de caminhar longamente por "ásperos caminhos" sob o sol do agosto toscano, ou na escuridão da noite no campo e, no entanto, tudo lhe parecia fácil e "ameno".

Sua história com a Tafani não foi, porém, nem fácil nem amena, a julgar por algumas poesias que ele deve ter escrito naqueles meses de 1514. Numa longa *Serenata*, ele fala de uma mulher: "raro exemplo de beleza na terra", "alma perfeita, na qual toda a beleza se encerra", que com seus olhos era capaz de fazer "tanta guerra" ao seu enamorado. Este, para enternecer o coração da bela, endurecido pelo temor "que violência algum homem lhe faça", contou-lhe o antigo mito de Anaxárete, transformada em pedra por ter deixado que Ifis morresse de amor. Em parte amedrontada, em parte comovida, a bela Pomona[2], que era assim chamada porque amava os frutos que amadureciam ao sol de agosto, entregava-se enfim ao abraço do amante (*SL*, 428-35).

Num soneto, Nicolau fala de uma dor e de um pranto sem motivo nem consolo, fazendo um paralelo entre as tragédias dos Estados e reinos e as penas que o homem sofre por amor. Essa analogia recorda a comparação entre o prazer que a reflexão sobre as grandes coisas de Estado provoca e os prazeres do amor. A causa de tantos sofrimentos é ainda uma vez mais os olhos de uma mulher:

> Se me cresses, sofreria eu contente
> as dores que teus olhos a cada hora causam mais;
> e até mesmo os bosques em mim creram
> exaustos de escutar meus ais (*SL*, 427).

Nem o sofrimento, nem os prantos, nem mesmo o temor de tornar-se escravo desses olhos irresistíveis eram capazes de frear Nicolau. De uma carta escrita por Vettori em 15 de dezembro,

---

2. Pomona: ninfa romana que preside ao crescimento dos frutos. (N.T.)

ficamos sabendo que Nicolau pedira ao amigo que lhe procurasse em Roma um "*stamettìo* [tecido de lã de excelente qualidade] azul para um par de meias". O malicioso Vettori captou num átimo o que estava por detrás do pedido, ainda mais por ter recebido outra carta de Nicolau que suplicava sua intervenção a favor da família Tafani, ora, veja só, que coincidência. Como cavalheiro que era, Vettori prometia enviar-lhe o *stamettìo* após "fazer uma busca", assegura ao amigo, "pois já que o desejais, ficarei feliz em satisfazer-te".

Totalmente incapaz de auxiliar Nicolau em seus interesses políticos, Vettori ao menos se mostra solícito em dar-lhe uma mão nas questões amorosas. Apesar disso, os dois homens se comportavam de forma quase que oposta em relação ao amor, a julgar pelas suas cartas. Em 9 de fevereiro de 1514, Vettori relata seus tormentos, provocados pela bela filha de uma vizinha sua. Desejava a jovem intensamente, mas se sentia afligido por dúvidas e receios. Tenho quarenta anos, diz ao amigo, sou casado, "tenho filhas casadas ou em idade de casar, e, assim, não tenho dinheiro para esbanjar. O mais razoável seria economizar tudo o que fosse possível para o dote de minhas filhas; e penso o quanto é vil ser vencido pela volúpia. E também há o fato de que ela é minha vizinha, e eu teria, por sua causa, de gastar muito e estaria também vulnerável a mil aborrecimentos. Além disso, como ela é bela, jovem e galante, é capaz de atrair a outros assim como me atraiu, e eu me conheço bem, poderia desfrutá-la por pouco e sofreria um ciúme perpétuo".

Vettori resolveu desistir de sua paixão pela jovem. Resistiu durante dois dias. No terceiro, a mãe da moça vem visitá-lo e trata de deixar a filha a sós com ele, junto ao fogo. Todas as suas boas intenções desvaneceram como névoa ao sol, escreveu a Maquiavel, "e decidi oferecer-me a ela, e deixar que me governasse e guiasse" a seu bel-prazer. Naquele momento se sentia contente por ter-se entregado ao desejo: "Nem quero te contar o que ocorreu depois. Basta ter acontecido, e não penso mais em ciúmes ou aborrecimentos". Mais tarde, porém, sente-se dominado pela angústia, não sabe o que fazer e pede, veladamente, conselhos ao amigo.

Nicolau não tem dúvidas: "Não sei o que te dizer a não ser que deves seguir o amor *totis habenis* [sem freios], e o prazer que tiveste hoje, tu não o reencontrarás amanhã. Se tudo aconteceu do modo como me contaste, invejo-te mais do que ao rei da Inglaterra. Suplico-te que siga a tua estrela [...], pois acredito, acreditei e sempre acreditarei que é verdade o que diz Boccaccio: 'é melhor fazer e arrepender-se, que não fazer e arrepender-se'". Essa era a sabedoria de Nicolau: diante da beleza da mulher, como nas grandes coisas da política, não se deixava deter por temer o sofrimento ou a perda, mas deixava-se dominar pela paixão e seguia os grandes sonhos.

Esse seu modo de viver o amor como abandono e sonho emerge de outra troca de correspondência entre ambos. Em 16 de janeiro de 1515, Vettori volta novamente a falar do tédio de seu cotidiano em Roma.

> Já não sou capaz de ler por muito tempo, por causa da vista que a idade diminuiu. Nem posso ir a passeio a não ser acompanhado, o que nem sempre é possível. Nem minha autoridade nem minhas qualidades são suficientes para que eu seja objeto de atenções particulares. Se me entrego aos meus pensamentos, sou logo tomado pela melancolia, da qual fujo mais do que de qualquer outra coisa. Necessariamente, é preciso pensar somente em coisas agradáveis, e não conheço nada mais deleitoso de se pensar e de se praticar do que o foder. Todos os filósofos e todos os homens sabem que essa é a mais pura verdade, que todos sabem mas poucos dizem.

Por sua vez, Nicolau responde com um soneto sobre o poder irresistível do amor. As correntes com as quais o amor o envolvera, conta ao amigo que elogiara o foder, eram tão fortes que ele não poderia libertar-se, e mesmo que pudesse, não escolheria a liberdade, "tanto me parecem ora doces, ora ligeiras, ora graves". Trazem consigo um repertório de sentimentos tão envolventes que "julgo não poder viver contente sem essa qualidade de vida". Queria que Vettori estivesse em Florença para poder rir de seus prantos e de seus risos. Na ausência do amigo, consolava-se contando suas penas e alegrias de amor a Donato del Corno e Riccia, "aquela amiga de quem falei as outras vezes".

Nicolau encontra nas mulheres a beleza que aprisiona, a ternura infinita, o jogo e o desejo; mas encontra também a amizade. Revela à sua amiga suas alegrias e dores mais secretas. Entretanto, chegaram a dizer dele que odiava e desprezava as mulheres, que desejava que elas fossem sempre submissas e nunca iguais, que fugia do amor porque não queria tornar-se escravo das paixões. É melhor rir, como teria feito Nicolau, diante de tão triste ignorância.

XVII

A COMÉDIA DA VIDA

Conhecemos agora um pouco mais sobre o sorriso de Nicolau. Sabemos que é um sorriso que morre nos lábios e esconde o sofrimento. Maquiavel ri dos homens, de seu alvoroço incessante, impelidos pelas mais fúteis paixões, incapazes de compreender que se tornavam figuras, numa palavra, ridículas. Não se sente, porém, nem apartado nem superior a eles, mas parte integrante da comédia humana. Por isso, é capaz de rir de si mesmo, de suas alegrias e de seus prantos, com os amigos e a mulher amiga.

Encontrava assim a força para transpor os dias e resistir à maldade humana, e para continuar a viver grandes paixões e elevar seu pensamento aos grandes assuntos dos Estados. Diverte-se ao assistir à comédia da vida, mas se sente irresistivelmente atraído pelos grandes dramas da política. Ri da primeira, mas segue apaixonadamente os últimos, buscando entender como as coisas irão progredir, e adivinhar o que se escondia na mente dos príncipes e dos reis.

Amava viver de coisas graves e de coisas leves. Pensa que a vida devia ter lugar para ambas. Acreditava, com isso, obedecer à natureza e não se preocupava com o julgamento dos moralistas e dos filisteus, para os quais a vida deve ser sempre voltada às coisas sérias e importantes. Escreveu a Vettori em 31 de janeiro de 1515:

> Se alguém lesse nossas cartas, caro compadre, e visse a diversidade que há nelas, encheria-se de pasmo, porque teria a impressão de que ora somos homens graves, totalmente preocupados com as grandes coisas, incapazes de abrigar em nosso peito um pensamento qualquer que não fosse em si grandioso e honesto. Porém, ao virar a página, imaginaria dessa vez que somos frívolos, inconstantes, lascivos e voltados às futilidades. Se essa conduta é condenável na opinião da maioria, é louvável na minha, pois assim imitamos a natureza, que é variada; e quem segue a natureza não merece ser repreendido.

Sem a pretensão de revelar uma grande verdade e sem nem mesmo dar grande importância a isso, Nicolau nos apresenta uma interessante filosofia de vida. É importante salientar esse aspecto, porque todos aqueles que leram suas obras foram capazes de reconhecer sua grandeza como pensador político, mas pouquíssimos pensam nele também como um grande filósofo moral. Mesmo brincando, Maquiavel nos ensina a aceitar e respeitar a idéia segundo a qual cada um deve seguir a própria natureza, sem tornar-se escravo do julgamento dos outros.

Como Maquiavel diz a Vettori, nesse mundo não há "senão loucos", e aqueles que "se preocupam todo o tempo em obedecer às regras alheias acabam por nada fazer, pois é impossível encontrar dois homens que compartilhem uma mesma opinião". As pessoas que conhecem realmente o mundo sabem que, quando um homem tem fama de ser honesto e valoroso, tudo o que ele fizer para "agradar a si mesmo e viver de forma prazerosa" será sempre motivo de honra e não de censuras (*L*, 437).

Apreciar a variedade da vida também significa aceitar que existem diferentes modos de viver. Nicolau disse isso a seu modo, numa carta em que tentava tranqüilizar Vettori, que estava aborrecido com as críticas de dois amigos em comum, Filippo Casavecchia e Giuliano Brancacci, seus hóspedes em Roma. Filippo puxava as orelhas do amigo porque este se entretinha "com as mulheres, sobretudo tagarelando com elas mais do que qualquer outra coisa, porque a essa altura diz que estou tão ultrapassado que pouco mais poderia fazer além de conversar". Pode-se imaginar as risadas que tais bobagens provocavam em Nicolau. Giuliano, por sua vez, observava que não era decente continuar recebendo em casa um tal de Sano, notório homossexual, cuja presença, ao contrário, alegrava Filippo.

Interpelado pelo amigo sobre quem tinha mais razão de censurá-lo, se Filippo ou Giuliano, Nicolau responde que ambos estavam errados e que Vettori seria o mais errado de todos se fechasse sua casa às cortesãs e aos homossexuais. Para dar um jeito em tudo, diz Nicolau, seria preciso "que eu chegasse por aí, como conhecedor que sou de mulheres; e logo, tomando pé da situação, eu teria dito: 'Embaixador, acabareis por adoecer', pois não me parece que estejais vos divertindo, já que aqui não temos nem rapazes nem fêmeas; afinal, que porra de casa é esta?"

Mesmo estando longe, reconstrói com os olhos da imaginação a cena que se desenrola toda noite na casa de Vettori. Maquiavel julgava que a história daqueles três homens, Filippo, Giuliano e Francesco, cada um impelido por uma paixão distinta, merecia ser incluída entre as "memórias das coisas modernas" (*L*, 442), ao lado da narração dos fatos políticos e militares, e era digna de ser contada a um príncipe. Imagina a expressão de seus rostos, seus movimentos e suas palavras. Em sua mente tomam forma as cenas de uma comédia.

Imaginava Giuliano "sentado em um tamborete" baixo para melhor ver o rosto de Constanza, ocupadíssimo "com palavras e acenos, cortesias, risadinhas e trejeitos de boca e olhares", absorvido, quase hipnotizado pelas palavras, suspiros, olhares, pelo perfume e pelos "modos suaves" da bela Constanza. Depois imagina Filippo, que se apóia ora num quadril, ora em outro para acompanhar melhor as incertas e tímidas palavras proferidas pelo filho de Constanza. Vettori, o dono da casa, entretém os hóspedes, mas por dentro arde de desejo pela bela filha de Constanza, e mantém assim um olho voltado ao rapaz "e o outro à menina", um ouvido atento às palavras da viúva e outro que não perde uma palavra de Filippo e Giuliano, enquanto segue distraidamente a conversa, limitando-se a responder às palavras de seus hóspedes.

Encantava-se com os rostos e com os gestos dos homens excitados pelas paixões. Se fosse capaz de pintar, escreve a Vettori, mandar-lhe-ia um retrato de Filippo, pois alguns gestos seus inconfundíveis, como o jeito de olhar de esguelha e a postura altiva, "não se podem descrever". Mais do que tudo, porém, fascinava-o a força do amor. Imaginava Vettori sentado entre os amigos alegremente reunidos para a ceia, devorado por uma paixão que era como o fogo quando incendeia a lenha verde, que se torna ainda mais forte porque teve de vencer uma árdua resistência. Sabe que o amigo tinha o espírito atormentado: era contido pelos seus deveres, pelo interesse, pelo medo de sofrer: mas que, ao mesmo tempo, desejava se entregar à paixão amorosa. "Desejais", escreveu-lhe, "ora metamorfosear-te num cisne para botar em seu colo um ovo, ora transformar-te em ouro para que ela te levasse consigo nos bolsos, ora um animal, ora outro", desde que não o separassem dela.

Enquanto sorri da comédia da vida e se abandona à beleza do amor, Nicolau vive, nos meses que vão do fim de 1514 ao início de 1516, dias cheios de sofrimento e de tristeza. Contava suas atribulações a um sobrinho, Giovanni Vernacci, mercador no Oriente, em algumas cartas que nos revelam, mais do que as outras, a intimidade de sua alma. É difícil compreender que motivos teria Nicolau para falar com tanta sinceridade de si mesmo a Giovanni Vernacci. Decerto trocava confidências com o sobrinho, porque não temia que suas palavras consternadas pudessem ser interpretadas como um pedido de ajuda. Vernacci não era Vettori. Não era capaz de ajudá-lo, ao contrário, é ele quem precisava do tio, mesmo que este só pudesse lhe oferecer, no máximo, alguns conselhos.

Mas a causa principal de tanta confiança é que Nicolau considerava Giovanni Vernacci como um filho. Mais do que parente, era sobretudo um amigo a quem estimava. "O destino", escreve-lhe em 19 de novembro de 1515, "só me deixou meus parentes e amigos", que considera bens preciosos, principalmente "aqueles que me são mais dedicados, como tu o és". Dois anos mais tarde, desculpando-se pelo longo silêncio, afirma que sua amizade e seu afeto continuavam os mesmos: "Porque os homens são estimados na medida de seu valor, e depois de provar seu valor e sua valentia", era justo que Nicolau lhe dedicasse ainda mais afeto do que antes. Nicolau educara o sobrinho, e mesmo sendo pobre lhe oferecera a sua "pobre e modesta casa". Julgava Giovanni um jovem bom e agradecido. Tinha a esperança de que, no futuro, o sobrinho pudesse ajudar seus filhos, caso prosperasse em seus negócios. Enquanto isso, pedia-lhe alguns pequenos favores, como um corte de tecido de pêlo de camelo marrom e agulhas próprias para costurar o damasco para Marietta, com a recomendação de que fossem de boa qualidade.

Justamente por confiar nele e estimá-lo, Nicolau lhe confessara, em algumas cartas simples e sinceras, estar vivendo dias tão tristes e difíceis que muitas vezes chegava a se esquecer de si próprio. Fala disso pela primeira vez numa carta de 18 de agosto de 1515: os tempos eram tais "que me fizeram esquecer de mim mesmo". A mesma expressão é repetida em outra carta, de 8 de junho de 1517: havia tornado ao campo por causa dos reveses que sofrera e "às vezes fico mais de um mês sem lembrar de mim mesmo". A vida que leva é tão alheia à sua natureza, aos seus sonhos e seu temperamento, que se sentia alienado de si próprio.

Não se sente mais o mesmo homem. Tinha afirmado, durante anos, nas dependências da Chancelaria, e tantas vezes havia escrito sobre isso em suas cartas e poesias, que é um erro esperar que o tempo alivie os nossos males, porque o tempo é portador tanto do mal quanto do bem. Agora dizia estar "contemporizando para estar ainda em tempo de agarrar a boa fortuna, caso ela surja, e ter paciência, caso ela não venha".

Não ri dessa vez, nem oculta sua tristeza e seu desespero com uma máscara. Revelava seu estado de espírito ao jovem amigo, Giovanni, e talvez também à amiga Riccia. Teria preferido não fazê-lo, mas as poucas linhas nas cartas a Giovanni nos mostram quanta força era necessária para que Nicolau contraísse sua boca num sorriso. Quando consegue sorrir, encontra a si mesmo, e volta a ser, mais para si mesmo do que para os outros, o velho Nicolau, o "Machia".

O que o fizera praticamente esquecer-se de si próprio fora o suceder extenuante de esperanças e desilusões que o havia atormentado desde a saída da prisão. Cultivara a esperança de que *O príncipe* pudesse reabrir-lhe as portas da política, mas nada tinha obtido além de palavras, e palavras frias. Depositara suas esperanças no auxílio de Francesco Vettori na corte romana, mas o resultado, como reconhecia o próprio Vettori, foi somente "muitas palavras, às quais não corresponderam quaisquer feitos" (*L*, 466).

E, enfim, a última decepção. Em dezembro de 1514, Paolo Vettori, irmão de Francesco e freqüentador assíduo da corte romana, fala a Maquiavel sobre o projeto de constituir para Giuliano de' Medici um vasto Estado que englobaria Parma, Piacenza, Módena e Reggio, dando-lhe a entender que, se o plano fosse bem-sucedido, ele, Paolo, seria nomeado governador pelo papa. Paolo deixava também subentender que, uma vez governador, resgataria Nicolau do mofo de Sant'Andrea para devolvê-lo ao grande teatro da política. Nicolau, obviamente, começou a refletir sobre o caso. Ofereceu vários conselhos a Paolo Vettori, dando-lhe a entender que sabia tudo o que era necessário saber para governar um Estado daquele gênero. Escreveu também a Francesco para informá-lo sobre o projeto e para persuadi-lo a fazer finalmente alguma coisa para "abrir a estrada" ao plano.

Nada disso chegou a ser realizado; em parte, por causa da oposição do duque de Milão, dos suíços e do rei da França,

Francisco I, e, em parte, pelo pouco entusiasmo demonstrado pelo próprio Leão X. Mesmo que o plano tivesse sido levado a termo, Nicolau, de qualquer maneira, teria ficado a ver navios. Para sepultar o projeto bastaram poucas palavras que tinham o peso de uma pedra sepulcral, ditas pelo poderoso Pietro Ardinghelli em uma carta a Giuliano de' Medici: "O cardeal de' Medici [Giulio de' Medici] me perguntou ontem, muito intimamente, se eu sabia se Vossa Excelência tomou aos seus serviços Nicolau Maquiavel, e respondendo-lhe eu que não tinha conhecimento de tal fato nem o tinha como verdadeiro, Sua Senhoria Reverendíssima me disse estas palavras formais: 'Também não creio, *tamen* [todavia], pois em Florença já corre este boato, eu volto a recordar que esta não é uma necessidade sua nem minha. Isto deve ser invenção de Paolo Vettori. [...] Escreva-lhe de minha parte que eu ordeno que ele não se estorve com Nicolau'" (*Ridolfi*, 253).

Entretanto, o cardeal Giulio enaltecera, poucos meses antes e na presença de Francesco Vettori, a argúcia política de Maquiavel, exprimindo sua admiração pelo seu engenho. O papa e o cardeal de Bibbiena também se juntaram ao coro dos elogios. Mesmo dessa vez, nada mais eram do que palavras. Para tentar adoçar a boca de Maquiavel, Vettori lhe escreve em 30 de dezembro de 1514, dizendo que era culpa da má sorte, que ele era incapaz de ajudar os amigos e que, no final das contas, a boa opinião dos poderosos poderia-lhe ser muito mais útil no futuro. Já pudemos ver como e o quanto esses elogios dos grandes homens foram capazes de auxiliar Maquiavel. E vimos também o efeito causado em seu espírito pelo desvanecer dessa última esperança de ganhar reconhecimento pela sua extraordinária competência nos assuntos políticos.

"Extraordinária" pode parecer uma palavra exagerada, mas nesse caso creio que ela é totalmente apropriada. Todos esses elogios na corte de Roma tinham sido motivados por duas cartas nas quais Maquiavel oferecera ao papa um conselho valiosíssimo.

O problema dizia respeito à forma de comportamento adequado por parte do papa, caso o rei da França invadisse a Itália para retomar o Ducado de Milão, agora em poder dos suíços. Fora Vettori quem solicitara um parecer sobre essa questão tão delicada, numa carta de 3 de dezembro, e é ele quem resumia o problema. Na hipótese de que os venezianos se aliassem ao rei da França, e do outro lado se posicionassem o imperador, o rei da Espanha e os suíços, o que seria mais vantajoso ao papa? Aliar-se a um dos dois partidos ou permanecer neutro? Vettori pedia a Maquiavel para examinar a situação, pois "conheço quão grande é teu talento", afirmando que, mesmo tendo passado dois anos desde que "deixaste o negócio, não creio que tenhas esquecido tal arte" (*L*, 467).

De fato, Maquiavel não tinha esquecido sua arte, pelo contrário, tornara-a ainda mais refinada por meio das leituras e das reflexões nos longos dias e noites passados em Sant'Andrea in Percussina. A perspicácia contida no parecer que ele enviou a Vettori, em carta de 10 de dezembro de 1514, comprova sua arte. Em sua opinião, diz Maquiavel, era bem provável que a França saísse vencedora dessa peleja e, caso o papa se aliasse a ela, estaria praticamente assegurando sua vitória. O triunfo francês, além disso, seria mais tolerável para o papa do que a vitória de seus adversários, enquanto uma derrota deles não teria conseqüências desastrosas e seria mais suportável do que uma derrota como aliado do rei da Espanha e do imperador. Aconselhava que o papa renunciasse à tentação de permanecer neutro e seguisse a política de aliar-se resolutamente à França, a menos que os venezianos resolvessem se aliar ao partido da Espanha e do imperador.

Alguns dias depois, em 20 de dezembro, escreveu de novo a Vettori para esclarecer melhor os motivos de sua oposição a uma política de neutralidade. Nessa carta, retoma idéias que já havia exposto em *O príncipe*, como se quisesse dizer ao amigo e aos "grandes" de Roma que, se eles tivessem lido sua obra, teriam encontrado ali a sabedoria que agora lhes custava tanta fadiga encontrar. Maquiavel sabia muito bem que muitos consideravam a política de neutralidade a melhor opção a seguir. Ele, pelo contrário, considerava essa uma escolha muitíssimo perigosa, causadora de prejuízos certeiros, e afirmava que a exatidão das suas idéias era demonstrada não só pela história antiga, como pela sua experiência direta dos negócios políticos.

Todos sabiam muito bem, continua Maquiavel, que o principal dever de qualquer príncipe é "evitar ser odiado ou desprezado", seja pelos seus súditos, seja pelos seus aliados. Permanecer neutro entre dois combatentes significava, no entanto, a possibilidade de ser odiado e desprezado. Odiado por aquele que, entre os dois adversários, julgasse o príncipe (nesse caso particular, o papa) obrigado a estar a seu favor, ou em nome de uma antiga amizade, ou como pagamento de favores recebidos. E desprezado pelo outro contendor, que julgaria o príncipe tímido e indeciso, isto é, um "amigo inútil" ou um inimigo que não é capaz de infundir temor.

Para os que acreditavam que aquilo que era válido para os outros príncipes não o era para o papa, pois o pontífice podia contar com a reverência que sua pessoa e autoridade da Igreja despertavam, Maquiavel respondia que no passado já havia acontecido, e em tempos nos quais o poder da Igreja era ainda mais forte, ocasiões em que os papas tinham sido obrigados a fugir ou a se exilar, ou foram perseguidos e até mesmo assassinados. Todas as coisas que sucederam no passado, advertia, podem-se repetir no futuro.

Enfim, o papa deveria refletir sobre outros aspectos da questão. Por exemplo, se ele se aliasse contra a França e ela saísse vencedora, ele seria obrigado a fugir para a Suíça, "a morrer de fome", ou para a Alemanha, onde viveria abandonado, ou para a Espanha, onde seria espoliado e "vendido no varejo". Se, ao contrário, se aliasse à França, mesmo que ela fosse derrotada, poderia permanecer em sua própria casa, conservaria seu Estado e a amizade de um rei que era poderoso o bastante para se restabelecer por meio de um acordo ou de uma nova guerra. Os verdadeiros sábios são aqueles que entre duas possibilidades escolhem aquela que, em caso de um malogro, possa acarretar um mal menor.

Os fatos demonstraram, poucos meses depois, que aquele fora um conselho de mestre. Em agosto de 1515, Francisco I atravessou os Alpes, e em 13 e 14 de setembro infligiu uma terrível derrota aos suíços, em Marignano, obrigando-os a abandonar o Ducado de Milão. O papa, porém, tinha-se aliado à Espanha, apesar de não ter enviado suas tropas para combater os franceses. Evitou, assim, pagar um preço salgado demais, mas não soube tirar proveito da ocasião para reforçar o poder da Igreja, como Maquiavel o havia instruído.

Já vimos como Maquiavel foi recompensado pelos seus conselhos. É possível entender porque, depois dessa nova desilusão, perdera a vontade de lutar e se resignara, justamente ele que tinha sempre afirmado o contrário, que era preciso ser paciente e esperar tempos melhores. Esperando que a sorte se tornasse menos cruel, tecia reflexões sobre sua condição e sobre a condição humana em geral, expressando seus pensamentos em forma de poesia. Assim nasceu *O asno*, um poemeto que mostra de que maneira Nicolau, perto dos cinqüenta anos, enxerga a vida e o mundo.

Antes de tudo, *O asno* nos revela que Nicolau tem uma concepção desenganada da condição dos homens nesse mundo. O homem, dizem os últimos versos do poema, é o único animal que nasce indefeso e começa a vida chorando:

> O homem nasce só, de quaisquer defesas desnudo
> e não possui couro, ferrões, nem pluma ou velo
> cerdas ou escamas que lhe sirvam de escudo.
> O seu viver começa pelo pranto,
> com tom de voz dolorosa e rouca;
> tal que é miserável de ser visto.

Sua vida é breve, atormentada por males infinitos causados pela ambição e pela avareza, torturada pelas desilusões que o destino primeiro promete e depois nega. É mais apegado à vida que qualquer outro animal, e ao mesmo tempo nenhuma outra criatura se sente tão angustiada por um "temor confuso" e por uma "raiva ainda maior". É, sem comparação, o mais cruel: "Somente o homem / ao outro mata, crucifica e despoja". Acredita ser semelhante a Deus e se considera o senhor da criação, mas é, de fato, o mais infeliz entre todos os animais.

O fluxo das desventuras humanas segue, para Nicolau, um ciclo inexorável. Não existe um progresso em direção à felicidade, ou à salvação, e sim uma eterna sucessão entre a ordem e a desordem, entre a virtude e o vício, entre o bem e o mal. Nada permanece o mesmo, nada se conserva imutável sob o sol: "e é, e sempre foi, e assim será / que o mal suceda o bem, e o bem ao mal", e um será sempre a causa do outro. Isso vale tanto para os Estados e os povos quanto para os indivíduos. Nicolau procura, por meio dessa regra férrea, a razão de seus sofrimentos. Sabe ter sofrido mais do que qualquer outro os golpes da ingratidão, por culpa da sorte adversa, contra a qual é inútil rebelar-se. Voltarão os tempos felizes apenas quando os céus se mostrarem mais benévolos.

É preciso saber esperar e adaptar-se aos novos tempos, e quando os tempos são de amargura, de dor e de angústia, é preciso vivê-los com ânimo forte. Nicolau não quer chorar, "porque o pranto ao homem sempre foi odioso, / deve-se, aos golpes da própria fortuna / voltar-lhe o rosto de lágrimas enxuto". Sem lágrimas e quem sabe coberto por um sorriso que mascara, protege e alivia um pouco. Pode ser que a chave para compreender o significado de seu sorriso seja justamente essa concepção da vida que nos revelou em *O asno*. Já sabemos que seu sorriso era uma máscara que nascia de suas aflições, mas não sabíamos ainda o motivo de ele se obstinar tanto em cobrir suas dores com esse sorriso. Em *O asno*, ele mesmo nos dá a resposta. Não lhe agradava mostrar aos homens e ao destino um rosto marcado pelas lágrimas e pela tristeza, pois pensava que assim eles sentiriam ainda mais prazer em mortificá-lo.

Quando não suporta mais, busca a solidão: "refugiei-me na vila, distante de toda face humana" (*L*, 383); "serei um dia forçado a enterrar-me em alguma terra deserta" (*L*, 462). Confessa suas tristezas a um amigo ou amiga, como Riccia, e é significativo que a figura da mulher amiga reapareça justamente nas rimas de *O asno*: "Mesmo depois de um bom tempo, eu e ela / juntos conversamos muitas coisas / como um amigo com o outro palestra."

Mas quando ainda é possível, o melhor a fazer é rir da comicidade dos homens, de suas paixões e sua mesquinhez, de suas fantasias e daquela sua bizarra variedade de idéias e modos de vida. Em suma, rir da comédia da vida, e quando as cenas que os homens representam sozinhos não são suficientemente ridículas, é tempo de escrever novas peças.

No mesmo estúdio onde compusera suas obras mais sérias, escreveu, entre 1517 e 1519, a *Andria,* uma tradução adaptada da comédia homônima de Terêncio, e depois a *Mandrágora*. Nessa comédia, sua grande obra-prima teatral, apresenta personagens que têm como missão nos fazer, antes de tudo, rir. São eles: o velho doutor em leis, um tanto estúpido, cuja maior aspiração é ser pai (Nícia); o "amante infeliz" (Calímaco), que está sempre a ponto de morrer de alegria ou de medo; a bela mulher (Lucrécia), virtuosa e chorona, sempre pronta a obedecer ao marido, à mãe e a seu confessor. Além deles, o frade velhaco (Frei Timóteo), que, tendo em vista o lucro pessoal, é capaz de adaptar tanto os pecados quanto as virtudes; a mãe (Sóstrata), que na juventude havia vivido suas aventuras; o parasita (Ligúrio), que sabe aproveitar-se das fraquezas dos homens e consegue levar a cabo o seu grande plano de convencer o marido de Lucrécia a meter, de bom grado, sua jovem e bela esposa em seu próprio leito com o amante, Calímaco.

Escrevera essa peça para fazer o público estourar de rir. Se não rirdes, recita o prólogo, o vinho será por minha conta.

Mas o primeiro a rir é Nicolau, para derrotar a tristeza. Procurava, assim, explica no prólogo, tornar o meu "triste tempo mais ameno". Sua comédia era a única coisa à qual ele podia "voltar a face", depois que a perversidade da sorte o impedira de aplicar suas reflexões às coisas dignas de um homem "sábio e grave". Se não se voltasse para a comédia e para o riso, teria como única alternativa entregar-se à tristeza e ao pranto, e essa satisfação ele não quis oferecer nem ao destino, nem aos homens.

XVIII

O SABOR DA HISTÓRIA

Quem tem um espírito grandioso é capaz, por meio da imaginação, de ressuscitar eventos, homens e palavras do passado. É capaz também de encontrar conforto na história, principalmente quando a ambição e a mesquinhez dominam incontestes o presente, e quando tempestades são anunciadas para o futuro. Vistas com os olhos da imaginação, as ações dos grandes homens do passado adquirem uma luz que torna ainda mais intensa sua beleza e seu valor, provocando em quem as observa o desejo de imitá-las.

Todavia, muitas vezes as condições do presente nos impedem de seguir o exemplo dos grandes homens do passado, e quem escolhe a história como mestra de sabedoria acaba por cometer erros de julgamento. Apesar desse perigo, quem sabe procurar encontra na história idéias e possibilidades de ação que outros são incapazes de perceber, e quando relata aquilo que encontrou, ele o faz com palavras que vão direto ao encontro das mentes e dos corações. Além dos ensinamentos e das admoestações, a história permite-nos aproximar das coisas grandes. Quando nos cansamos da comédia da vida, chega a hora da história; e um bom modo de viver é passar de uma a outra.

Poucos, porém, são capazes de fazê-lo sem se perder ou se confundir. Nicolau foi um dos raros mestres dessa arte. Enquanto dava os últimos retoques à *Mandrágora,* completava, se é que já não o havia feito, os *Discursos sobre a primeira década de Tito Lívio.* A peça foi representada com grande sucesso em Florença em 1520, e talvez mesmo antes e no mesmo ano em Roma, e depois em Veneza em 1522, de novo em Florença em 1525 e novamente em Veneza em 1526. Porém, no que diz respeito aos *Discursos,* o assunto dessa obra é precisamente a história, em particular a história da Primeira República narrada por Tito Lívio. As páginas de Lívio descrevem as instituições políticas e as assembléias dos romanos em tempos de paz e em tempos de guerra, e narram os feitos dos legisladores, dos cônsules e dos capitães que engrandeceram Roma.

Dessas páginas Maquiavel extraiu princípios de política para o presente, mas seria equivocado pensar que seus "discursos" sejam reflexões no sentido de simples considerações sobre o valor das instituições e dos princípios políticos dos romanos. Maquiavel busca, sim, ensinamentos, mas pretende sobretudo escrever uma obra capaz de convencer o leitor sobre a argúcia política dos romanos, incitando-o a imitá-los. Para alcançar esse objetivo, não se limita a fazer considerações, mas procura, com a sutileza de sua pena e a força de suas paixões, compor novas páginas que permitiam ao leitor compreender o sentido da história e degustar-lhe o sabor.

Não se resignava ao fato de seus contemporâneos desconhecerem a grandeza da história de Roma e se limitarem a ler as histórias antigas por simples curiosidade, atraídos pela variedade das coisas humanas, sem jamais sentir o desejo de seguir as pegadas dos grandes. Enquanto os artistas de seu tempo se esforçam em imitar a arte antiga, e enquanto os juristas continuam a utilizar os princípios do direito romano, e os médicos continuam alicerçando suas conquistas nas experiências dos antigos médicos, causa-lhe admiração e tristeza que não haja príncipes nem repúblicas que sigam os exemplos dos antigos "na organização das repúblicas, na manutenção dos Estados, no governo dos reinos, no ordenamento das milícias e na administração das guerras e no julgamento dos súditos", e na ampliação de sua grandeza territorial (*D*, I, Proêmio).

As causas desse triste estado de coisas eram, por um lado, a má educação difundida pela religião cristã, que supervalorizava a humildade e a resignação, e, por outro, a paz corrupta em que viviam muitas nações de seu tempo, mas, principalmente, ao fato de que os homens não eram capazes de interpretar a história. Os *Discursos sobre a primeira década de Tito Lívio* representavam um esforço para superar ao menos esta última razão da mediocridade moderna em comparação aos tempos antigos.

Escrevia dessa vez tendo em vista sobretudo os jovens de sua época, e os jovens das gerações futuras. A partir do verão de 1517, começara a freqüentar os jardins de Bernardo Rucellai, conhecidos como Orti Oricellari, onde jovens das melhores famílias florentinas costumavam se reunir para falar de poesia, filosofia e também de história e de política. Bernardo Rucellai já estava morto quando Maquiavel começa a fazer parte do grupo, em 1514; nessa época, quem fazia as honras da casa era o sobrinho de Bernardo, Cosimo Rucellai. Os outros freqüentadores do círculo eram o poeta Luigi Alamanni, o filósofo Francesco da Diacceto, seu xará Francesco da Diacceto, o Negro, Iacopo da Diacceto, conhecido como o Diaccetino, e os historiadores Iacopo Nardi e Filippo de' Nerli, Battista della Palla, Zanobi Buondelmonti, Anton Francesco degli Albizzi, Antonio Brucioli, autor de uma obra política importante, na qual Maquiavel é personagem de um diálogo, e ainda outros.

Todos eram mais jovens do que Maquiavel e adoravam escutar o velho secretário que lhes falava sobre a arte do Estado e da técnica militar dos antigos romanos. Muitos deles se tornariam mais tarde ativistas anti-Medici e republicanos. Para Nicolau, essas conversações significavam uma ressurreição. Tinha cinqüenta anos e já abandonara a esperança de retornar à vida política. Falar com esses jovens, ensinar-lhes tudo o que aprendera em suas meditações sobre a história antiga e a política moderna fazia com que se sentisse útil, sentia que seria possível deixar como herança algo que pudesse não morrer consigo. Esses jovens pertenciam à aristocracia florentina, sendo assim, ensiná-los queria dizer educar homens que teriam, talvez, a possibilidade de fazer grandes coisas que a ele tinha sido negada. Tais pensamentos e sentimentos multiplicavam suas forças e o faziam ressaltar o contraste entre a grandeza dos antigos e a miséria dos modernos, a fim de que "o espírito dos jovens que lerão estes meus escritos possa fugir destes para imitar aqueles", de acordo com as oportunidades oferecidas pela fortuna (*D*, II, Proêmio).

Escrevia, como sempre o fizera, apaixonadamente, e com o desejo de manter sua mente ocupada em grandes coisas; mas dessa vez escrevia também para cumprir um dever. Esse dever é mencionado em palavras tristes e cheias de dignidade, que estão entre as mais belas dos *Discursos*: "Pois é dever do homem bom ensinar aos outros todo o bem que a perversidade dos tempos e do destino o impediram de realizar", de forma que, entre todos, pelo menos alguém "mais amado pelo céu" possa colocá-lo em prática (*D*, II, Proêmio).

Aos seus amigos dos Orti Oricellari ensinou, antes de tudo, a desprezar os tiranos. Assim como são dignos de louvor os fundadores de repúblicas e de reinos, são condenáveis aqueles que impõem a tirania, escreve no capítulo X do livro primeiro dos *Discursos*, um dos mais apaixonados da obra, que parece ter sido composto para ser recitado. Para evidenciar a seus jovens amigos o horror da tirania, apresenta de forma magistral o contraste entre as eras dos bons imperadores comparadas às dos maus: "Porque nos tempos governados pelos bons, ver-se-á um príncipe seguro em meio a seus cidadãos em segurança, e o mundo repleto de paz e de justiça; ver-se-á o senado com sua dignidade, os magistrados com sua dignidade, os cidadãos ricos a desfrutar de suas riquezas, a nobreza e a virtude exaltadas, ver-se-á toda a serenidade e todo o bem. E da outra parte, todo rancor, toda licenciosidade, corrupção e ambição extintos; ver-se-á os tempos áureos em que cada um pode ter e defender a opinião que quiser. Ver-se-á enfim triunfar o mundo, pleno de reverência e de glória, o príncipe, de amor e segurança, os povos".

Refletindo depois atentamente sobre os tempos em que Roma foi dominada pelos maus imperadores, ali se verá tempos "atrozes pelas guerras, discordantes pelas sedições, cruéis tanto na paz quanto na guerra: tantos príncipes mortos pelo ferro, tantas guerras civis e estrangeiras, a Itália aflita e cheia de novos infortúnios, com suas cidades saqueadas e levadas à ruína. Ver-se-á Roma ardendo em chamas, o Capitólio despojado de seus cidadãos, os antigos templos abandonados, corrompidas as cerimônias, as cidades repletas de adultérios; ver-se-á o mar coberto de desterrados, os recifes tingidos de sangue. Ver-se-á em Roma uma sucessão de crueldades inumeráveis; e a nobreza, as riquezas, as honras passadas e sobretudo a virtude serem reputadas pecados capitais. Ver-se-á premiar os caluniadores, os servos serem corrompidos contra os senhores, e os libertos contra o seu patrão; e aqueles, na ausência de inimigos, serem oprimidos pelos próprios amigos. E assim, será possível compreender o quanto Roma, a Itália e o mundo devem a César".

Qualquer um que procure refletir sobre tudo isso, escreve Maquiavel, não pode deixar de sentir dentro de si ódio pela tirania e um forte desejo de imitar os bons príncipes. Em outras palavras, aquele que realmente busca a verdadeira glória deveria procurar viver em uma cidade corrupta, não para arruiná-la ainda mais, como César, mas para reordená-la, como Rômulo.

Explicou depois que as repúblicas, onde o povo é o soberano, são melhores que os principados e os reinos, pois o povo é mais sábio e mais constante do que um príncipe. O melhor exemplo é representado pelo povo romano, pois, enquanto a república prevaleceu em boa ordem, "nunca foi servo e humilhado e jamais dominou com arrogância", conservando honrosamente o próprio *status* na vida social e política. Obedecia quando era o momento de obedecer, e quando era preciso resistir e mobilizar-se contra algum poderoso, fazia-o. Elegia com sabedoria seus magistrados, e quando era chamado a deliberar sobre as questões públicas, sabia com admirável prudência prever o seu mal e o seu bem" (*D*, I, 58).

Só nas repúblicas é possível observar o "bem comum". Os cidadãos soberanos têm o poder de fomentar o bem comum, mesmo que este ou aquele cidadão particular seja prejudicado, e podem impedir que os homens poderosos e arrogantes imponham seus interesses particulares, defendendo dessa forma a liberdade comum. Do "livre viver", como Maquiavel preza chamar as repúblicas, em contraposição ao "viver servil", nascem bens infinitos: os povos prosperam porque os cidadãos trazem filhos ao mundo de boa vontade, pois confiam na possibilidade de provê-los e sabem que eles "nascem livres e não escravos", e que, no caso de serem bons cidadãos, distinguindo-se pelas suas virtudes, poderão ser eleitos às mais altas honras da república. As riquezas aumentam, sejam aquelas provenientes da agricultura, sejam aquelas oriundas do comércio e das artes, porque cada um multiplica de bom grado seus esforços para adquirir bens, quando sabe que os frutos de sua indústria estão seguros. A liberdade, portanto, faz com que tanto o interesse público quanto o privado cresçam "maravilhosamente" (*D*, II, 2).

Os jovens dos Orti Oricellari aprenderam que as repúblicas podem ser populares, como Florença fora no tempo em que Maquiavel era secretário, ou aristocráticas, como Veneza. Certamente devem ter pedido a Maquiavel para se pronunciar sobre essa questão tão importante quanto controversa. Como escrevera no capítulo V do livro I, para Maquiavel é muito mais seguro confiar a defesa da liberdade ao povo do que à nobreza, porque os nobres desejam dominar, enquanto os homens do povo desejam apenas "não ser dominados", ou seja, "viverem livres". Uma república popular está, pois, mais apta a proteger a liberdade do que uma república aristocrática.

O exemplo de Veneza, a república aristocrática por excelência, contrariava as idéias de Maquiavel. Veneza não só fora capaz de defender a própria liberdade durante muito mais tempo do que a Roma antiga, como sempre desfrutara de uma invejável paz doméstica. Maquiavel replicava que Veneza devia sua duradoura liberdade à sua particular localização geográfica, que a tornava dificilmente expugnável. Quanto à idéia, tão difusa em seu tempo, de que Veneza fosse preferível a Roma antiga porque a primeira sempre vivera em paz, enquanto a última tinha sido sempre atormentada pelas lutas entre a plebe e a nobreza, respondeu com uma de suas frases que, em poucas palavras, era capaz de destroçar convicções: "A desunião entre a plebe e o senado romano tornou a república poderosa e livre." Ou seja, era justamente o modo perspicaz pelo qual as crises eram, em geral, resolvidas a "causa primeira de Roma manter-se livre" (*D*, I, 4).

Mesmo quando comentava a história romana e a história antiga, fazendo considerações gerais, seu pensamento estava sempre voltado à história de Florença e aos erros políticos que tinham sido a causa do fim do governo republicano. Nos capítulos dedicados ao problema da expansão, por exemplo, observava que, na história, as repúblicas foram capazes de ampliar seu território de diversas formas. A primeira delas era a constituição de federações de várias cidades, nas quais nenhuma delas tinha mais autoridade que as demais, como nos tempos antigos fora o exemplo dos etruscos e, nos tempos modernos, dos suíços. Na segunda forma, pela constituição de alianças, nas quais uma república ocupava o centro do poder e exercia autoridade sobre as demais, como era o caso de Roma. Ou, enfim, por meio da simples conquista e da imposição do domínio aos povos submetidos, como fizeram na antigüidade Atenas e Esparta e, nos tempos modernos, Florença.

Entre esses três modos de expansão, observa Maquiavel, o melhor é o romano e o pior é o modelo ateniense, espartano e florentino, pois governar uma cidade pela violência, sobretudo quando ela está acostumada a viver em liberdade, "é algo difícil e penoso". A política seguida por Florença deveria assim ser totalmente abandonada, e se fosse difícil demais imitar os romanos, a saída seria imitar os etruscos, isto é, procurando constituir uma federação por meio de alianças com as outras cidades toscanas.

No entanto, o problema que mais preocupava Maquiavel era a corrupção política. Um povo que vive por longo tempo sob o governo de um príncipe acostuma-se a servir, a buscar favores, e esquece como deliberar sobre as questões públicas. Acrescenta-se a tudo isso o fato de que um governo livre, instituído numa cidade corrupta, tem de lutar contra as facções contrárias, sem poder contar, pelo menos a princípio, com o apoio popular. Todos aqueles que durante a tirania auferiram vantagens, ou que se beneficiaram das riquezas do príncipe, imediatamente se tornam inimigos mortais da república.

O governo livre, por outro lado, não pode estabelecer uma política de concessão de favores, pois sua regra fundamental é oferecer os cargos e as honras públicas somente segundo razões "honestas e estabelecidas", e fora desses casos não deve premiar nem prestar honras a ninguém. Nem ao menos pode confiar em demasia no amor pela liberdade reconquistada, pois os cidadãos são incapazes de apreciar o "bem comum que o livre viver proporciona" e que consiste em "poder usufruir livremente das próprias coisas sem nenhuma suspeição", sem temer pela honra das mulheres e dos filhos e sem recear pela própria vida. A liberdade é como a saúde: enquanto a possuímos, não a apreciamos o bastante, só quando a perdemos lastimamos amargamente.

Para conservar, fundar ou restaurar uma república numa cidade corrupta não se pode confiar nos ordenamentos constitucionais e nas leis, mas é preciso contar com o carisma de um redentor, ou de um fundador, que possa dar mais força aos ordenamentos e às leis. É preciso assim, explica Maquiavel, que a república que surge ou deseja surgir esteja mais próxima do "estado régio" que do "estado popular", de modo que "aqueles homens que, pela sua insolência, não podem ser corrigidos" sejam "de algum modo refreados por uma potestade quase real" (*D*, I, 18).

Maquiavel presenteou com esses e outros infinitos tesouros de sagacidade política seus jovens amigos dos Orti Oricellari. Após sua morte, os *Discursos* tornaram-se o guia intelectual e político de todos aqueles que amavam os ideais da liberdade republicana e que lutaram, em Florença e em outros países da Europa e das Américas, para substituir o domínio dos príncipes e dos reis pelas repúblicas. Mas, enquanto viveu, Maquiavel alcançou pouca ou nenhuma fama com seus *Discursos*. Apesar de estar mais do que habituado, mesmo assim essa situação o desgostava, pois a estima e a consideração eram fundamentais para ele. Isso pode ser percebido em sua carta de 17 de dezembro de 1517, dirigida a Luigi Alamanni, um dos freqüentadores dos Orti Oricellari, a quem Maquiavel devia prezar, se é verdade que lhe teria confessado sua decepção ao constatar que Ariosto, no *Orlando furioso*, não o mencionara em sua relação de poetas.

Buscava consolo entre os poucos amigos que lhe restaram em Florença, pobres desgraçados como ele, "mortos de frio e de sono", que sonhavam viajar para Flandres. Na mesma carta, dizia que eles falavam e devaneavam sobre a viagem que "nos parece estar já a caminho", tendo já se deliciado com metade dos prazeres que a viagem lhes reservava. Para sorte sua, era possuidor de tal imaginação, que o fazia viajar para épocas e países longínquos e o protegiam um pouco das desilusões, do tédio e do frio.

Além da fantasia, era confortado pela sua "brigada". Acompanhava os filhos Bernardo e Lodovico, que "se tornam homens", e lhes servia de professor. Em 5 de janeiro de 1518, comunicou a Giovanni Vernacci que Bernardo e Lodovico enviavam-lhe uma cartinha composta por eles, na qual lhe pediam para expedir a Florença "não sei que fábulas". Com seu gosto por histórias, é provável que aquelas fábulas, se é que elas um dia realmente chegaram do Oriente, ele mesmo as tenha lido aos filhos. Procurava também auxiliar como podia o sobrinho, em primeiro lugar aconselhando-o a se casar, depois fazendo o que lhe era possível para ajudá-lo, mesmo que não fosse com muita coisa, quando seus negócios foram à falência. Apesar de jamais ter sido um homem de negócios, àquela altura ele já se tornara um perito em matéria de falimentos. Entre o final de março e o início de abril de 1518, viajou a Gênova para defender os interesses de alguns mercadores florentinos arruinados pela bancarrota de Davide Lomellini.

Embora não fosse nem contabilista nem advogado, era um perito em negociar ajustes e pactos. Também não devia ser totalmente ignaro em questões de direito, visto que era filho de um homem de leis, e que em suas obras fala de direito com conhecimento de causa, além de ter redigido ele mesmo uma procuração para seu sobrinho Vernacci "tal como deve ser". Discutir com mercadores sobre questões falimentares não era para ele, porém, uma grande satisfação. Aceitara o encargo pelo desejo, que jamais o havia abandonado, de montar a cavalo, fazer alguma coisa e ganhar algum dinheiro.

Entre viagens para mercadores e viagens fantásticas com os amigos, as coisas começam a melhorar lentamente. A sorte enfim se cansara de mostrar-lhe sempre o mesmo rosto duro, e aos poucos começava a lhe preparar condições mais favoráveis. Em 4 de maio de 1519, morreu Lorenzo de' Medici, que governara Florença mais como príncipe do que como cidadão, e que tinha assumido a partir de junho de 1516 também o título de duque de Urbino. Assim, no decorrer de poucos anos, a casa dos Medici se achou sem descendentes diretos masculinos a quem confiar o governo de Florença. O cardeal Giulio veio de Roma para tentar encontrar uma solução. Mais humano que seu sobrinho Lorenzo e menos presunçoso que o papa Leão X, trouxe consigo novos ares para Florença. Lorenzo Strozzi e outros amigos dos Orti Oricellari dirigiram-se a ele para interceder em favor do velho secretário. O encontro que Nicolau esperava havia oito anos concretizou-se em meados de março de 1520, e rapidamente deu bons frutos. Battista della Palla, outro amigo dos Orti, escreveu-lhe de Roma em 26 de abril de 1520, contando ter descrito minuciosamente sua situação ao papa, tendo-o "encontrado muitíssimo bem disposto em relação a vós", e de ter recebido dele a missão de informar o cardeal Giulio que já era tempo de fazer algo por Maquiavel. Disse ainda que eles pensavam confiar-lhe um cargo "para escrever ou outra coisa". O bravo Battista convencera o papa falando-lhe muito bem de Maquiavel, em nome dos demais freqüentadores dos Orti, e soube cativar seu espírito frívolo falando-lhe da *Mandrágora*. Seus jovens amigos, portanto, tinham sido bem-sucedidos naquilo que Vettori fora incapaz de fazer, pois não tinham receio de se arriscar. E as portas que *O príncipe*, sua obra mais importante, não pudera lhe abrir foram abertas pela comédia que ele escrevera para rir e provocar risos.

À espera de dar-lhe algo para escrever, o cardeal Giulio e a Senhoria lhe entregaram um outro caso de falência, o de Michele Guinigi, um mercador de Luca arruinado pelo jogo, que provocara graves aflições em outros mercadores florentinos, que temiam que seus créditos não fossem pagos. Na verdade, foram os próprios mercadores florentinos quem lhe confiaram essa comissão, mas por detrás deles estava o cardeal, que escrevera pessoalmente aos Anciãos de Luca, representantes da magistratura análoga à Senhoria florentina, e a própria Senhoria, que também escreveu aos Anciãos.

Assim, Maquiavel partiu em direção a Luca em 9 de julho de 1520, não para escarafunchar livros contábeis, mas para tratar com as autoridades políticas. A tarefa era melhor do que nada, porém, certamente, ele não iria receber o mesmo tratamento honorífico de seus tempos como secretário. Pode-se percebê-lo pelo tom das cartas que a Senhoria escrevera aos Anciãos: os mercadores florentinos tinham enviado dois meses atrás "um nosso cidadão, Nicolau Maquiavel" (*LC*, 1520). Não era mais nem nobre, nem venerável, mas apenas "um nosso cidadão".

Tendo chegado ao crepúsculo de sua vida, aprendera a enfrentar a humilhação de assumir cargos que ofendiam sua inteligência e seu amor-próprio legítimo. Durante anos, batera à porta e tinha sido deixado do lado de fora; abriam agora uma fresta e o acolhiam com um meio sorriso. Mas, para entrar, era obrigado a curvar-se e agradecer. Do lado de fora estava triste, mas entrar dessa maneira ofendia-o. Combatera a tristeza com a força da imaginação, dirigindo seu pensamento às grandes coisas, aos amores e às comédias; devia agora recorrer à paciência e à esperança, buscando extrair dessa situação o máximo de benefícios possível. Não era um homem apto a ser consumido pelo rancor e pelo orgulho ferido e não queria também entregar-se à melancolia, aquela dor sutil que afligia a tantos em Florença.

Para enriquecer sua estada em Luca, decidiu estudar as instituições políticas da república, escrevendo depois o resultado de suas observações, como costumava fazer quando era secretário. O resultado é um *Sumário das coisas da cidade de Luca*, que traz algumas reflexões políticas realmente admiráveis. As leituras e as reflexões durante seus anos de inatividade forçada evidentemente tornaram seu olhar ainda mais arguto. Um dos aspectos mais louváveis das instituições de Luca, observou, era o fato de que suas instituições mais importantes, a Senhoria (os Anciãos) e o gonfaloneiro de justiça, embora representando o centro do governo da cidade, não detinham uma autoridade direta sobre os cidadãos, isto é, não podiam dispor nem de sua vida nem de seus bens. Maquiavel passa a explicar qual era o aspecto positivo dessa organização. Segundo ele, aquele que detém na república a mais alta responsabilidade de governo, tem já muito poder nas mãos. Se, além disso, ele tivesse também autoridade sobre os cidadãos, seu poder se tornaria demasiado, e as conseqüências seriam nefastas para a cidade (*Opere*, 718-9).

Por outro lado, Maquiavel criticava o fato de a Senhoria não possuir o que ele denomina *maestà*. A magistratura era um cargo com duração de apenas dois meses, e era proibido que o cidadão fosse reeleito antes de dois anos. Tais condições faziam com que os cidadãos de melhor reputação e prestígio não tivessem interessem em ocupá-lo, e o resultado era que a magistratura mais importante da cidade não possuía nem a majestade, nem a sabedoria que, em contrapartida, abundavam nas casas dos cidadãos privados. Enfim, considerava "bom, civil e bem ponderado" o modo pelo qual a República de Luca distribuía as mercês e os cargos, mesmo que ainda estivesse distante do modelo clássico romano, o preferido de Maquiavel. Conforme o modelo romano, ao maior número (o povo) cabia a distribuição das honras e os cargos; ao número mediano (o Senado) a deliberação, e ao menor (os Cônsules) a execução.

Recebeu em Luca uma breve carta de seu segundo filho, Bernardo, então com dezessete anos, redigida às pressas, "à luz de um candeeiro", com uma pena que não escrevia bem. Informava ao pai que o mau tempo impedira a colheita, e que tinham "colocado à venda todo o vinho", que Maquiavel consentira em vender. São pequenas coisas que confirmam a nossa impressão de que Nicolau, por ser bom ou por ser pobre, ou ainda por ambos os motivos, não tratava seus filhos com os modos de um déspota. Bernardo lhe transmitia também algumas palavras da mãe: *monna* Marietta "recomenda que voltes logo" e que lhe trouxesse uma lembrança. Eram mais ou menos as mesmas palavras que Marietta escrevera de seu próprio punho quase vinte anos antes, quando Maquiavel estava em Roma em tratativa com o papa. Apesar de seus amores e suas paixões por outras mulheres, era ainda querido pela boa Marietta.

Filippo de' Nerli, um dos "amigos do meio-dia", como também era conhecida a turma dos Orti Oricellari, também lhe escreveu. Contou-lhe, entre outras coisas, que Zanobi Buondelmonti tivera um filho homem, comentando o feliz acontecimento com palavras de profundo significado político: quanto mais homens tivermos, observava, mais soldados teremos para nos defender dos turcos. Maquiavel não se preocupava com os turcos, o que não era bom; ele deveria, em vez disso, prevenir os luqueses e exortá-los a "não se demorarem demais a cavar, mas que constituam infantarias", que lhes seriam mais úteis do que os fossos e os torreões. Pode até ser que Nicolau tenha, depois do nobre apelo de Filippo, pensado em advertir os cidadãos de Luca, mesmo que não temesse a invasão dos turcos. Sabemos disso muito antes da carta de Filippo, por intermédio da *Mandrágora,* escrita quando o medo dos turcos estava em seu auge, e onde Maquiavel inseriu este diálogo entre uma mulher do povo e frei Timóteo:

MULHER Agora, tomai este florim e rezai todas as segundas-feiras, durante dois meses, a missa de finados pela alma de meu marido. Se bem que ele fosse um brutamontes, a verdade é que a carne é fraca: e não posso deixar de me excitar quando me lembro dele. Mas julgais que ele esteja no Purgatório?

FREI TIMÓTEO Sem dúvida!

MULHER Já isso eu não sei. Vós bem sabeis o que ele me fazia, às vezes. Oh, quanto me queixei disso convosco! Eu procurava escapar dele o mais que podia, mas ele era tão insistente! [...]

FREI TIMÓTEO Não duvideis, a clemência de Deus é grande; e, não faltando ao homem a vontade, também não lhe faltará o tempo para se arrepender.

MULHER Acreditais que os turcos invadirão a Itália este ano?

FREI TIMÓTEO Se não orardes o bastante, sim.

MULHER Cruz-credo! Deus nos livre contra essas artimanhas do diabo! Tenho um medo horrível da tal empalação!

Se fora capaz de escrever um diálogo nesse tom, podemos imaginar o que dizia aos amigos a respeito da invasão dos turcos. Os gracejos de Filippo mais parecem uma resposta em glosa a sabe-se lá que brincadeiras pesadas com as quais Nicolau se divertia nas tardes passadas nos Orti ou nos bancos de praça de Florença.

Também era capaz de presentear seus amigos com outros frutos de seu talento e de sua fantasia. Ainda em Luca, enviou a Zanobi Buondelmonti e a Luigi Alamanni sua *Vita di Castruccio Castracani* [Vida de Castruccio Castracani. Ed. UnB], comandante luquese que vivera de 1281 a 1328. Mais que uma história e uma biografia, a obra apresenta o retrato imaginário de um homem que, nascido em condição humilíssima, conseguiu graças às suas virtudes realizar "feitos grandíssimos" e tornar-se príncipe. O Castruccio Castracani de Maquiavel é, em suma, um exemplo a ser imitado. Não devemos, pois, nos admirar que Maquiavel tenha inventado, para engrandecer o fato do nascimento humilde, que o pequeno Castruccio tinha sido encontrado pela irmã de um padre "sob uma videira, entre as parras"; e que tenha colocado na boca de Castruccio moribundo um discurso totalmente imbuído das suas próprias idéias sobre o governo dos Estados. Ou, enfim, quando ele atribui ao herói um longo rol de sentenças memoráveis copiadas até mesmo de Diógenes Laércio.

Com esse ensaio pretendia demonstrar aos amigos, que tanto se empenhavam para que o cardeal Giulio lhe confiasse a tarefa de escrever uma obra histórica, que ele era capaz de dominar com perfeição os modelos retóricos que caracterizavam a historiografia humanística. Desse ponto de vista, a *Vita de Castruccio Castracani* foi um sucesso. De fato, Zanobi Buondelmonti chega a chamá-lo "meu muitíssimo honorável compadre Nicolau Maquiavel secretário", em sua correspondência de 6 de setembro. Depois informava que ele, Luigi Alamanni, Francesco Guidetti, Iacopo Diacceto, Anton Francesco degli Albizzi, Iacopo Nardi, Battista della Palla e ainda outros, após lerem sua obra, concluíram de forma unânime que ela "era uma coisa excelente e bem composta". Isto é, "bem composta" como deve ser um discurso, e não "exata" ou "verdadeira" como deve ser uma obra histórica dita científica. É provável que tenham percebido que muitas das qualidades atribuídas a Castruccio eram farinha do saco de sábios "antigos e modernos". Mas não era esse o ponto em questão; interessava-os muito mais a qualidade dos "lugares", ou seja, dos lugares-comuns retóricos que Maquiavel havia usado, e a "vivacidade" e a "grandeza" de sua escritura. A parte mais bem-sucedida, concluía Zanobbi, e seu julgamento dissipa qualquer dúvida sobre o caráter da *Vida,* é o discurso de Castruccio moribundo, justamente a parte mais perfeitamente retórica da obra.

Estava aberta, assim, a estrada para que uma grande obra histórica fosse escrita, com o apoio dos amigos: "Todos nós pensamos que devíeis começar a escrever esta história, e principalmente é um meu desejo, acima de todos, [...] pois sinto que este vosso modelo de história me deleita." Era tempo de retornar, mesmo porque Battista della Palla regressara há pouco de Roma, dizendo que tinha urgência em tratar com ele sobre o projeto de uma nova história de Florença patrocinada pelos Medici. Ao cavalgar de volta a Florença, Maquiavel provavelmente sentia o coração um pouco mais leve. Ao chegar, encontrou tudo pronto para sua nomeação formal para o encargo de escrever a história florentina. Ele mesmo preparou o texto do contrato: "Seja conduzido por [tantos] anos etc., com salário anual etc., com a obrigação de escrever os anais, ou seja, as histórias das coisas feitas pelo Estado e cidade de Florença, desde o tempo que lhe parecerá mais conveniente, e na língua ou latina ou toscana de acordo com sua escolha" (*L*, 513).

A nomeação foi aprovada em 8 de novembro, sendo o salário de cem florins *de suggello,* pouco mais da metade do que tinha sido seu estipêndio como secretário. Havia, porém, a honra. Antes dele, os historiadores florentinos tinham sido grandes humanistas que também haviam cumprido o cargo de chanceleres da república: Leonardo Bruni, Poggio Bracciolini e Bartolomeo Scala. Estava, assim, em boa companhia, e o novo cargo era melhor do que muitos outros que já tinha ocupado.

XIX

HISTÓRIAS DE FRADES, DO INFERNO E DE DIABOS

A fortuna se diverte, continuamente, impelindo os homens para situações que eles jamais teriam pensado experimentar. Alguns se sentem desnorteados e confusos, e caem num estado de abatimento; outros se ofendem e blasfemam contra a crueldade da sorte; outros ainda respondem ao jogo da deusa vendada com outros jogos, e, em vez de se entristecer ou enrugar a testa, divertem-se e superam tudo com algumas boas risadas. Dias que prometiam estar repletos de tédio e de melancolia tornam-se assim memoráveis.

Deu-se com Nicolau algo semelhante na primavera de 1521, quando foi enviado a Carpi, junto ao Capítulo Geral dos Frades Menores. Para dar mais destaque ao caráter cômico do evento, a fortuna lhe deu um coadjuvante excepcional, o grande, frio e poderoso Francesco Guicciardini, então governador de Módena. O resultado foi um dos episódios mais extraordinários da vida de Maquiavel, e que nos revela seu caráter como poucos.

Mas prossigamos com ordem, sem nos deixarmos levar pela pressa de narrar a missão de Nicolau junto aos Frades Menores, ou, como ele mesmo diz, junto à "República dos Mandriões". Retornando de Luca a Florença, Nicolau teve de concluir um outro negócio importante. O cardeal Giulio o encarregou de redigir um projeto para a reforma das ordenações políticas de Florença, para ser apresentado ao papa Leão X. O papa e o cardeal tinham solicitado esse parecer motivados pela preocupação com o futuro do regime dos Medici. Como já foi dito, após a morte de Lorenzo, não havia mais herdeiros diretos que pudessem governar a cidade. Além disso, as maneiras principescas de Lorenzo tinham disseminado um descontentamento geral que anunciava o fim do regime. Algumas pessoas aconselhavam o cardeal a restaurar o governo nos moldes daquele de Cosme, o Velho, que alicerçava sua força no uso prudente de uma política de favores e no respeito às "maneiras civis". Outros falavam abertamente em ressuscitar um governo republicano "amplo", como o de Soderini. Em meio a tanta disparidade de opiniões, os Medici quiseram ouvir também o julgamento do velho secretário, que tinham admitido havia poucas semanas, a serviço do Estúdio Florentino, o primeiro núcleo da Universidade de Florença.

Era impossível a Maquiavel não aceitar o convite. Como era seu costume, não se limitou a aconselhar sobre detalhes, mas apresentou um projeto de transição baseado numa análise de grande fôlego da história e da sociedade de Florença, e que ficou conhecido como o *Discurso das coisas florentinas após a morte de Lorenzo*. Em primeiro lugar, ele demonstrava que não era possível retornar aos métodos de Cosme, porque naqueles tempos os Medici contavam com a amizade do povo, e agora o povo agia como seu inimigo. Antes, Florença era capaz de se defender sozinha contra qualquer Estado italiano; agora, com a intromissão da Espanha e da França nos assuntos italianos, não era mais capaz de fazê-lo. Outrora, os cidadãos pagavam os impostos sem se rebelar; agora, haviam perdido esse costume, e forçá-los a voltar aos velhos métodos "é uma coisa odiosa e arriscada". Enfim, os Medici se comportavam, na época de Cosme, "com tanta familiaridade" que isso os tornava bem aceitos pela população; agora, "de tal modo se tornaram grandiosos" que ultrapassaram os costumes da vida civil, perdendo assim aqueles hábitos familiares que os tornavam estimados pelo povo de Florença.

Se o retorno ao regime de Cosme era algo muito difícil, por sua vez instaurar em Florença um principado efetivo era totalmente impossível. Pode-se instaurar e conservar um principado apenas onde já existe uma nobreza que possua castelos e tenha homens armados a seu dispor e que seja capaz de agir como intermediária entre o príncipe e seu povo, ajudando o primeiro a governar o Estado. Em Florença, nada existia de semelhante; portanto, edificar um principado seria uma "coisa difícil, inumana e indigna" para qualquer um que pretendesse ser considerado "bom e piedoso" (*Opere*, 736-8).

Restava apenas a possibilidade de voltar ao governo republicano, já que todas as formas intermediárias entre o principado e a república, "os estados do meio", como Maquiavel os denomina, são também os mais instáveis. Porém, não deveria ser uma república como aquela de Soderini, e sim uma que fosse capaz de garantir a todos os três tipos de cidadãos, "primeiros, intermediários e últimos", uma representatividade adequada nas instituições públicas. Era preciso ter a coragem, explica Maquiavel, de realizar até mesmo inovações profundas, quando a necessidade o obriga. Assim, suplica ao cardeal que não julgasse sua proposta antes de tê-la lido por inteiro e que não se sentisse intimidado. Passa depois a elucidar o seu complexo plano de reforma que tornaria possível a transição rumo a uma "república bem ordenada", garantindo ao mesmo tempo o poder dos Medici e as vantagens de seus protegidos, pelo menos enquanto o papa e o cardeal continuassem vivos.

O mais difícil era persuadir os Medici a iniciar uma transição política que traria de volta, apesar das mil precauções, o odiado governo republicano que oito anos antes eles próprios tinham derrubado com a ajuda das armas estrangeiras. Para vencer a resistência, Maquiavel recorreu a todas as armas de sua oratória. Tentou fazê-los entender que, em Florença, sem satisfazer o povo "jamais foi feita uma república estável", e que para satisfazê-lo seria preciso "reabrir" a sala do Grande Conselho. Acrescentava que os Medici demonstrariam uma grande prudência se fizessem isso voluntariamente para tutelar os próprios interesses, em vez de serem coagidos pelos seus inimigos (*Opere*, 741).

Como em *O príncipe*, Maquiavel imaginava ou fingia escrever a um príncipe desejoso de realizar grandes feitos, de conquistar uma glória perene e que se mostrava disposto a deixar-se comover pelas suas palavras. É o que nos dá a entender a exortação que fecha o *Discurso*, na qual podemos perceber claramente sua admiração pelos grandes políticos, que foram capazes de reformar por meio das leis as repúblicas e os reinos, e pelos grandes filósofos que também fundaram, mesmo que apenas por escrito, repúblicas e reinos:

> Creio que a maior honra que os homens podem alcançar seja aquela que a sua pátria, voluntariamente, lhes concede: creio que o maior bem que se possa fazer, e o mais agradável a Deus, seja aquele que se faz à sua pátria. Além do mais, nenhum homem alcança tanta glória por seus atos do que aqueles que reformaram as repúblicas e os reinos por meio das leis e das instituições. Esses foram os primeiros a serem enaltecidos, logo após os que foram considerados deuses. E porque foram poucos os que tiveram a oportunidade de realizar tais feitos e pouquíssimos aqueles que o fizeram com sabedoria, é muito pequeno o número dos que cumpriram tais atos. E essa celebridade foi sempre tão almejada pelos homens que não aspiram nada mais do que à glória, que não podendo constituir uma república de fato, criaram-nas por escrito, como Aristóteles, Platão e muitos outros. Esses quiseram mostrar ao mundo que mesmo não tendo oportunidade de fundar um viver civil, como o fizeram Sólon e Licurgo, isso não decorreu de sua ignorância, mas da impotência de realizá-lo de fato (*Opere*, 744).

O problema era que o cardeal Giulio não almejava à glória, mas pensava somente em salvar o regime dos Medici com o mínimo de adaptações possíveis. As palavras de Maquiavel e suas propostas de reforma institucional pareceram-lhe excessivamente elevadas, e as outras extravagantes demais e alheias aos modos de ação política dos Medici. Esse esforço de instruir ou modelar um grande príncipe novamente deu em nada. Ainda assim, o *Discurso* contém verdadeiras preciosidades políticas, como a idéia segundo a qual a república só pode alcançar a estabilidade se a sua Constituição atribuir uma posição justa a todos os distintos componentes da cidade, e se "cada cidadão tiver acesso a ela, e quando cada um souber de seus deveres" (*Opere*, 745). Como tantos conceitos maquiavélicos, esses também tiveram de esperar por tempos e lugares mais favoráveis e, sobretudo, por melhores políticos, para germinar e serem apreciados.

Como consolo, Maquiavel tinha a história de Florença para redigir, e iniciou esse trabalho de bom grado no inverno de 1520-21. Outra distração chegou na primavera, sob a forma de uma carta de Piero Soderini, seu antigo mentor político, que o consultava sobre sua disponibilidade de se tornar o conselheiro do senhor Próspero Colonna em Roma, com um fabuloso salário de duzentos ducados de ouro, mais despesas. Era uma proposta tentadora, que Maquiavel, todavia, recusou. Jamais tinha desejado ser o conselheiro de um príncipe qualquer, por ambicionar o poder e o dinheiro, principalmente se isso significava ter de viver numa corte. Sempre desejara ardentemente fazer algo de importante para Florença e ser assim honrado e lembrado pelos seus cidadãos, e melhor ainda se fosse com algum dinheiro no bolso, para poder satisfazer suas necessidades, viver bem e assegurar um futuro decente a seus filhos e filhas. Quando afirmara crer "que a maior honra que os homens podem alcançar seja aquela que a sua pátria, voluntariamente, lhes concede", exprimia de forma retórica uma convicção que era profundamente sua. Por esses motivos deixou a outros os ducados de ouro e as demais vantagens, e continuou a redigir sua história em Florença.

Enquanto se ocupava com seus papéis, recebeu um encargo da parte do Conselho dos Oito de Prática, que tratava dos negócios estrangeiros. Deveria dirigir-se a Carpi, onde o Capítulo dos Frades Menores estava reunido, para discutir com os frades sobre algumas questões relacionadas à jurisdição dos conventos menoritas[1], situados dentro do domínio florentino. Não se tratava de uma piada como poderia parecer, mas era um assunto gravíssimo, que seria decidido não só pelos magistrados da república como pelo próprio cardeal Giulio, com as bênçãos do papa. Nicolau, que costumava responder aos gracejos da sorte com o mesmo espírito brincalhão, aceitou a proposta e iniciou sua cavalgada em 11 ou 12 de maio.

Ao longo do caminho, encontrou-se em Módena com Francesco Guicciardini, que governava aqueles Estados em nome do papa. Os dois se conheciam, mas nunca tiveram a oportunidade de se tornarem próximos. A condição social, o temperamento e o estilo de vida os tornavam muito diferentes entre si. Guicciardini pertencia a uma das mais nobres e ricas famílias florentinas; era um mestre do cálculo, da prudência e da discrição, tanto nas palavras quanto nos atos. Era tão capaz de dissimular seus sentimentos que chegara a obter dos papas os postos de maior prestígio, mesmo odiando e desprezando o clero de todo seu coração. Era muitíssimo ambicioso e apegado ao dinheiro, e em sua vida conheceu apenas o sucesso. Nicolau era um pobre homem do povo, fantasioso, audacioso e extrovertido em suas opiniões, e ainda mais em seu estilo de vida. Para ele, o dinheiro só era útil para que pudesse se divertir e viver bem. Amava o poder, mas como meio de realizar grandes coisas, não como fim em si. Vivera raros momentos de glória, mas na maior parte das vezes havia sofrido derrotas e desilusões.

Apesar de tudo, Nicolau não invejava aquele homem catorze anos mais jovem que possuía tantas coisas que ele jamais tivera e jamais chegaria a ter. Pelo contrário, admirava sua grande

---

1. Ou franciscanos. (N.T.)

capacidade política e sua inteligência invulgar. Guicciardini também admirava Maquiavel: sentia-se fascinado pela sua capacidade extraordinária de analisar as coisas políticas e se deixou contagiar um pouco pelo seu calor e humanidade, e pelo menos uma vez se entregou às diversões e ao riso. É provável que o seu fosse um sorriso divertido, mas comedido, que o distraía um pouco dos grandes afazeres de Estado e do governo que tinha nas mãos; muito diferente do riso de Nicolau, que, ao se divertir, ria com gosto, mesmo quando sozinho, afastando-se das grandes coisas, as quais, por outro lado, viviam apenas em sua fantasia e nas histórias antigas.

Maquiavel chegou a Carpi em 16 de maio, antes das vésperas[2], como fora instruído por um certo frade Ilarione, que fizera essa recomendação com o intuito de colocá-lo já nos trilhos. Hospedou-se na casa de Sigismondo Santi, chanceler dos senhores da cidade. Encontrou à sua espera uma carta dos cônsules da Arte da Lã, que continha uma comissão ainda mais extravagante do que aquela confiada pelos Oito: devia convencer um certo frei Giovanni Gualberto, conhecido como Rovaio[3], a comprometer-se a vir pregar em Santa Maria Del Fiore na próxima quaresma. É possível que Maquiavel tenha esfregado os olhos, incrédulo: seria possível que os cônsules da Arte da Lã não conhecessem sua opinião sobre os frades? E, no entanto, na *Mandrágora*, tinha ridicularizado impiedosamente sua maldade, luxúria e avareza. Jamais assistia a sermões, e declarava abertamente: "Não ouvi a prédica, porque não tenho o hábito de práticas tais", escrevera a Vettori em 19 de dezembro de 1513. Quando se dispôs, por razões políticas, a ouvir um sermão proferido pelo grande Savonarola, riu durante todo o tempo, escondido num canto da igreja, das mentiras pregadas pelo frade.

---

2. Na liturgia católica, hora canônica que se diz ao cair da tarde, quando Vésper ou Vênus costuma aparecer, e subseqüente à noa (*Dic. Aurélio*). (N.T.)

3. Vento frio e cortante que sopra do norte. (N.T.)

Ria com mais gosto ainda do diabo e do inferno. Numa poesia difícil de ser datada, o *Canto dos eremitas*, escreve que quem realmente é capaz de enxergar o diabo "o vê com poucos cornos e menos negro". Em uma saborosa fábula sobre um demônio que se casou, escrita provavelmente na mesma época, divertia-se ao apresentar Plutão como um ótimo príncipe, prudente e justo. Basta ler este belo discurso que põe na boca do príncipe dos Ínferos:

> Meus caros, diz Plutão aos seus fiéis diabos, ainda que eu seja o senhor deste reino, por irrevogável determinação celeste e pelo fatal destino, não estando assim sujeito a qualquer julgamento celeste ou mundano; todavia, já que não há maior prudência do que se submeter às leis e considerar sempre o julgamento dos demais, deliberei aconselhar-me convosco sobre a condução de um caso passível de motivar certa infâmia ao nosso império. Porque, afirmando todas as almas dos homens que vêm ao nosso reino terem sido condenados por causa de suas mulheres, e nos parecendo isso algo impossível, tememos que, ao dar crédito a tal relato, corramos o risco de sermos caluniados como demasiado crédulos; ou, não o abonando, sermos tidos como faltantes de severidade e pouco amantes da justiça. (*SL*, 235-6)

Quem não gostaria de viver sob o governo de um príncipe como este?

Quando trata do inferno, sua ironia se torna irrefreável. Basta recordarmo-nos das palavras que põe na boca de Calímaco, na *Mandrágora*: "Por outro lado, o pior que te pode acontecer é morrer e ir para o inferno, e tanta gente já morreu! E estão no inferno tantos homens de bem! Deverás envergonhar-te de ires também para lá?" Quando, depois, trata seriamente do cristianismo, sua ironia benigna transforma-se em desprezo. A religião cristã, pelo menos na sua interpretação predominante, ensina aos homens a humildade, o desprezo pela glória terrena e prega "que tu estejas mais apto a padecer do que a ser forte". Por isso, a Igreja fora a grande responsável por tornar o "mundo débil" e uma presa fácil dos homens de mau caráter (*D*, II, 2).

Reconhece que homens como São Francisco e São Domingos foram capazes de reviver a mensagem cristã, por meio de seu voto de pobreza e de seu exemplo pessoal. Mas escreve que até a obra desses santos acabara, de fato, por dar aos sacerdotes mais permissão ainda de serem corruptos. Estes persuadiram as multidões dos fiéis de que "é mal dizer mal do mal", que era bom "viver sob a obediência" da Igreja, e que se os frades erravam, "deixemos que Deus os castigue". O resultado da fé autêntica de São Francisco e de São Domingos foi que os frades "fazem o pior possível, pois não temem a punição que eles não vêem e na qual não crêem" (*D*, III, 1).

Sua opinião sobre o papado é impiedosa. Graças ao exemplo dos papas e da corte romana, a Itália havia perdido toda a devoção e qualquer sentimento religioso genuíno: "Devemos à Igreja e ao nosso clero italiano este grande favor: de termos nos tornado maus e ímpios". O segundo presente que a Igreja dera à Itália foi impedir que esta fosse capaz de se unir sob o domínio de um príncipe ou de uma república, alcançando assim a independência e a segurança (*D*, I, 12).

Admitia que o temor a Deus traz efeitos benéficos sobre os hábitos dos homens, sendo um poderoso instrumento para reforçar as leis e a autoridade do príncipe ou de uma república. Chegou mesmo a dizer que, assim como a observância do culto divino é razão da grandeza de uma república, o desprezo por tal culto é a causa de sua ruína, pois, onde o temor a Deus não se manifesta é necessário "ou que o reino se arruíne ou que seja sustentado pelo temor a um príncipe capaz de suprir os defeitos da religião" (*D*, I, 10). Seu Deus é um Deus político que é amigo dos príncipes capazes de grandes feitos, como Castruccio, ou melhor, um Deus retórico do qual ele se serve para encorajar os príncipes a realizar grandes feitos. É um Deus que pouco tem a ver com o Deus cristão; não é nem um princípio de fé, nem fonte de esperança.

Essas são as idéias religiosas do homem enviado a Carpi para tratar de mosteiros e de pregadores. O fato é tão cômico que nem mesmo o austero Guicciardini consegue se conter e escreve a Nicolau uma pequena carta em que nos apresenta um quadro admirável de Nicolau entre os frades. Guicciardini dizia a seu caríssimo Maquiavel que os cônsules da Arte da Lã demonstraram ter um ótimo juízo ao confiar-lhe o dever de encontrar um bom pregador. Era como se alguém tivesse dado a Pacchierotto ou a Sano, dois notórios homossexuais, o encargo de "encontrar uma bela e galante esposa para um amigo". Acrescentava, malignamente, que acreditava piamente que o amigo merecia a imensa confiança que os cônsules depositavam nele.

Ainda mais malicioso era o conselho espiritual que o sábio Guicciardini considerou seu dever oferecer ao amigo. Diz-lhe para prestar atenção para não cair na tentação, estando em meio a tantos frades, de tornar-se devoto, pois tendo sempre vivido de modo totalmente oposto, as pessoas poderiam achar que ele estivesse ficando "caduco", e não que tivesse se convertido. Tentou alertá-lo também sobre dois graves perigos: primeiro, que esses "santos frades" pudessem contaminá-lo com o germe da hipocrisia; em segundo lugar, que o clima de Carpi "não te transforme num mentiroso", porque, assegura-lhe como bom conhecedor daquelas paragens, há séculos se conhece esse efeito, causado por aqueles ares. E se fosse o caso de estar alojado na casa de algum cidadão de Carpi, "o teu caso" seria considerado "irremediável".

Escrever uma carta dessas a Nicolau era como convidá-lo para uma festa. Responde imediatamente, no mesmo dia em que recebe a carta, trazida por um mensageiro a cavalo. Desde as primeiras linhas, podemos ver que Nicolau se encontra em grande forma, ou seja, no auge de sua irreverência e de sua verve satírica: "Estava na latrina quando recebi tua mensagem e pensava justamente nas extravagâncias deste mundo..." E justamente porque o mundo é extravagante, era preciso responder com bizarrices ainda maiores; além do mais, por ele ser um mestre dessa arte, teria metido mãos à obra mesmo sem o estímulo da carta de Guicciardini. De fato, naquele lugar ilustre, o mais adequado a pensamentos semelhantes, já estava maquinando uma das suas. Imagine-se o que trama agora, depois de ler o que Guicciardini lhe diz.

Antes de tudo, responde com desenvoltura à provocação do amigo sobre o fato de que ele serviria a república da forma como ela esperava: "Porque jamais estive em falta com a república, sempre que pude servi-la, eu o fiz senão com as obras, com as palavras, e senão com as palavras, com os gestos, e não pretendo jamais lhe faltar", mesmo daquela vez. Queriam um pregador? Então o teriam, mas encontraria um que pudesse reunir em si todos os defeitos exibidos por outros célebres pregadores que tinham atuado em Florença: deveria ser mais doido que frei Domenico de Ponzo, mais astuto que frei Girolamo Savonarola e mais hipócrita que frei Alberto de Orvieto.

Por detrás dessa sua nobre intenção há uma profunda motivação teológica e moral: "Pois eu consideraria uma bela coisa, digna da bondade desses tempos, que tudo aquilo que já experimentamos em muitos frades, pudéssemos experimentar em um apenas. Pois acredito que esse é o modo justo de alcançar o Paraíso: conhecendo o caminho do Inferno, para escapar dele." Era uma coisa digna da bondade dos tempos: a república o enviara, contra toda a racionalidade e bom senso, para buscar um pregador, e ele, que realmente desejava servi-la convenientemente, iria procurar um que fosse o contrário do que eles pretendiam. A escolha da república não contrariava qualquer razão e lógica? Pois bem, ele pagaria na mesma moeda: eles queriam um pregador "que lhes ensinasse o caminho do Paraíso", e Nicolau pretendia dar-lhes um "que lhes ensinasse o caminho mais curto para a casa do diabo".

Quanto às advertências preocupadas que Guicciardini lhe havia escrito, Nicolau se apressa a tranqüilizar o amigo: "Em relação às mentiras dos habitantes de Carpi", ele se sentia superior a todos eles, "porque, de um certo tempo para cá, não digo jamais aquilo que creio, nem creio jamais naquilo que digo, e mesmo que algumas vezes me escape uma verdade, eu a escondo entre tantas mentiras, que é difícil reencontrá-la". Por ter sempre falado aquilo que pensava — por atrevimento, não por ingenuidade — tinha já pagado o bastante. E depois, qual o sentido de falar a verdade em um mundo no qual os significados das palavras são sempre distorcidos? O fingimento e a dissimulação tornaram-se suas melhores armas, que ele exibia sem vergonha, mas também sem ostentação. Já dissera a verdade muitas vezes e continuaria a dizê-la, certamente não aos frades e nem aos cidadãos de Carpi, mas a nós, em seus livros e cartas. Ao menos dessa vez o tempo nos prestou um bom serviço, pois nos permitiu conhecer algumas coisas que Nicolau escondeu aos seus contemporâneos entre mil mentiras, ou que não chegou a dizer jamais.

Tendo acalmado o amigo, Nicolau preparou o contra-ataque e arquitetou um embuste magistral à custa dos frades e dos figurões de Carpi; em primeiro lugar contra o chanceler Sigismondo Santi, que o hospedava, e depois contra o bispo governador Teodoro Pio. Seu plano era provocar o máximo de cizânia possível entre os frades para que eles "se enfrentem, aqui ou em outro lugar, às bordoadas". Para realizar esse nobre intento, pedia que Guicciardini o ajudasse com "algum golpe de mestre".

Tinha percebido que todos estavam muito impressionados pelo fato de que o governador de Módena em pessoa tivesse lhe enviado a carta, acima mencionada, por intermédio de um besteiro[4] a cavalo, o qual se apresentara a Nicolau com grande reverência, inclinando-se "quase até o chão". O resto Nicolau providenciou, dizendo, com aspecto grave, que a carta continha

4. Soldado armado de besta. (N.T.)

informações políticas importantíssimas sobre o imperador, os suíços e o rei da França.

O resultado superou suas melhores expectativas: contou que todos "estavam de boca aberta e com o barrete em mãos", e que, ao escrever, "tenho um círculo em volta de mim, e vendo-me escrever por tanto tempo se mostram maravilhados", olhando-o com olhos arregalados. E eu, acrescenta Nicolau, para lhes dar a entender que estou escrevendo coisas de grande importância, volta e meia paro de escrever, incho o tórax prendendo a respiração, e eles chegam a babar de tanta curiosidade e admiração.

Nesse ponto, o projeto do ardil se torna claro na mente de Nicolau: escreve a Guicciardini pedindo-lhe que lhe envie no outro dia um besteiro, "mas que corra e chegue aqui todo suado", de modo a deixar todos perplexos. Dessa maneira, Maquiavel ganharia em reputação, e os homens e os cavalos do amigo poderiam se exercitar um pouco, o que na primavera só iria lhes fazer bem, na opinião de Maquiavel. Se a fortuna e os homens tinham debochado dele mandando-o aos frades, Nicolau entregaria pão por fogaça, isto é, iria pagar na mesma moeda. Era a forma mais eficaz de responder às provocações de Guicciardini sobre os perigos da caduquice.

Guicciardini respondeu à altura da situação. No dia seguinte, 18 de maio, chegava de Módena outro besteiro, ainda mais ofegante que o primeiro; dizia a todos que Maquiavel era um grande personagem que se encontrava ali para afazeres bem mais sérios do que as rixas dos frades. Com verdadeiro toque de mestre, Guicciardini havia acrescentado ao maço de papéis, para torná-lo mais grosso, algumas mensagens vindas de Zurique, que Nicolau poderia mostrar ou apenas tomar gravemente nas mãos, de acordo com o que ele julgasse mais eficaz. E, enfim, informava a Maquiavel ter escrito ao chanceler Santi para dizer-lhe que seu hóspede era uma "pessoa raríssima", e quando Santi, desconfiado, lhe perguntara em que coisa consistia tanta raridade, Guicciardini não lhe respondeu diretamente, para espicaçar ainda mais a curiosidade do chanceler e levá-lo a espreitar todo mínimo movimento de Nicolau. A carta terminava com um encorajamento comovente a prosseguir na obra de disseminar a discórdia entre os frades: se Maquiavel tivesse sucesso, escreve Guicciardini, a sua "seria a obra mais notável que jamais realizaste", e não deveria ser difícil, dada "a ambição e a malignidade deles".

A situação de Nicolau entre os frades de Carpi parecia tão absurda a Guicciardini, que ele voltou a escrever no mesmo dia a Maquiavel. Como observador sutilíssimo das coisas mundanas que era, ele retomou da pena e estabeleceu uma comparação que por um lado iria servir de consolo a Nicolau, mas por outro seria capaz de entristecê-lo um pouco, pois no fundo lhe mostrava sua triste condição, como num espelho. "Maquiavel caríssimo", escreve Guicciardini, "quando penso nos teus títulos de orador da república e considero com quantos reis, duques e príncipes negociaste tantas vezes, recordo-me de Lisandro, o qual, após tantas vitórias e troféus, foi encarregado de distribuir a carne aos mesmos soldados aos quais tão gloriosamente havia comandado" (*L*, 524).

Esse paralelo entre Lisandro e Maquiavel sugere a Guicciardini uma observação geral sobre a utilidade da história para compreender as desventuras da vida e, sobretudo, da política: "Vê que, enquanto apenas os rostos dos homens e suas cores exteriores mudam, as coisas análogas retornam todas; nem existe acidente que não tenha sido visto em outros tempos." Maquiavel era da mesma opinião. De fato, escrevera nos *Discursos*: "Os homens prudentes costumam dizer, não ao acaso nem impensadamente, que aquele que quiser ver o que irá suceder deverá considerar aquilo que já passou, pois todas as coisas do mundo, em qualquer tempo, devem ser cotejadas com os tempos antigos. Tudo que nasce por obra dos homens, os quais têm e sempre tiveram as mesmas paixões, convém necessariamente que surta o mesmo efeito" (*D*, III, 43).

Guicciardini acrescentava, todavia, uma advertência importante, que era fruto de sua grande experiência política: pelo fato de os nomes e a aparência das coisas mudarem, mesmo que permaneça a semelhança com eventos do passado, somente os homens dotados de grande sabedoria são capazes de reconhecer até que ponto tudo aquilo que presenciam sob seus olhos teria já ocorrido no passado. Isso implica que é preciso ter cautela ao sugerir soluções aos problemas do presente, baseando-se na analogia com a realidade e as soluções do passado, como muitas vezes fazia Nicolau com seus contínuos apelos a seguir o exemplo dos romanos.

O prosseguimento da carta nos mostra que Guicciardini buscava enfatizar as diferenças entre o seu modo de entender a política, concreto e atento aos detalhes, e o pensamento de Maquiavel, tendente a criar modelos e a raciocinar por meio de paralelos mais amplos e gerais. Guicciardini dizia que o amigo devia se consolar pensando que aquela missão absurda poderia lhe trazer de bom pelo menos o conhecimento de um tipo particular de república, aquela dos frades (a República dos Mandriões), fornecendo interessantes comparações com os outros modelos abstratos de república e de principados que a ele pouco interessavam, mas que Maquiavel, por sua vez, tinha discutido diligentemente em *O príncipe* e nos *Discursos.*

Para adoçar suas palavras, Guicciardini prometia mandar-lhe com o próximo mensageiro, além dos "importantíssimos" despachos, uma bela torta, para que ele saboreasse ainda mais o logro contra os cidadãos de Carpi. Todavia, astuto como era, Guicciardini temia que o chanceler Santi, homem "ruim" e habituado às burlas, descobrisse a maquinação tramada pelos dois florentinos e se vingasse. Observava que dependia de Maquiavel saber mantê-lo em dúvida, e enquanto isso, até a concretização de seu plano, poderia se empanturrar à custa dele em lautas refeições.

Para a sorte de Nicolau, o truque continuou a funcionar. A chegada de outro besteiro com um grande maço de cartas foi um golpe certeiro sobre *messer* Sigismondo e todos seus vizinhos, escreveu Nicolau em 18 de maio. Entretanto, ele também começava a temer que *messer* Sigismondo começasse a suspeitar de alguma coisa. Observou que o chanceler parecia intrigado sobre que sentido podia ter escrever despachos tão longos nesses "desertos da Arábia", onde havia somente frades. Certamente duvidava também que Maquiavel fosse de fato um homem importante, visto que ao estar em casa dormia, lia ou ficava tranqüilo no seu canto. Afortunadamente, as refeições continuavam a ser abundantes e "eu devoro por seis cães e três lobos", assegurava Nicolau. Mesmo assim, enquanto acha graça da brincadeira que lhe permitiria dar o troco às zombarias da vida, e que lhe assegurava comilanças memoráveis, sentia até um pouco de remorso para com o mísero, embora nocivo, Sigismondo. Confessou ao seu cúmplice Guicciardini que sentia uma certa obrigação para com seu anfitrião, e que se algum dia ele fosse a Florença, "eu o hospedarei". Menos mal que Santi jamais tenha chegado a Florença, de outro modo ninguém saberia quanto teria devorado à custa de Maquiavel, para vingar-se da afronta sofrida.

Nesse ínterim, entre um logro e uma ceia, devia também resolver a questão da divisão dos conventos, bem como a procura do pregador para Florença, mas nenhum dos casos progredia. Aquele "traidor do Rovaio", como o chama Maquiavel, fazia-se rogar e alegava que não sabia em que modo devia pregar em Florença, e que tinha medo de ser preso, e também de não ser levado a sério. Explicou a Maquiavel que na última vez em que estivera em Florença, fizera com que uma lei que obrigava as putas a andar cobertas com um véu amarelo fosse aprovada. Entretanto, dizia com a voz rouca de indignação, sua irmã o havia informado de que elas se lixavam para sua lei, andando na rua "como bem querem", e que até rebolavam ainda mais do que antes!

Podemos apenas imaginar a cara de Nicolau ao escutar tais tolices, ele que era tão respeitoso e afeiçoado às putas e cortesãs. E que tipo de recurso terá usado para não rir, ou pior, para não responder ao frade com uma de suas tiradas nada sutis, e pelas quais era famoso em toda Florença. Em vez disso, conseguiu adular o desdenhoso frade com uma obra-prima de dissimulação: "Até cheguei a consolá-lo, dizendo que não se admirasse, porque nas cidades grandes não era comum perseverar em um só propósito, e que faziam uma coisa hoje para amanhã desfazê-la, e usei como exemplos Roma e Atenas." Ao ouvir tais palavras, o frade acabou por se tranqüilizar e praticamente se comprometeu a ir a Florença. Somente Maquiavel era capaz de ter sucesso em uma tal negociação.

Mas seus temores, bem como os de seu cúmplice Guicciardini, eram bem fundados. Quando o besteiro chegou trazendo a famosa torta, o pérfido Santi deu-lhe a entender que estava ciente do truque. Nicolau, preocupado, não perdeu tempo em informar Guicciardini do acontecido: "Caralho! É preciso ser lesto com esse sujeito", que era tão velhaco como trinta mil diabos. Ao ver chegar o mensageiro, dissera: "Ora, deve estar sucedendo algo de muito importante, pois abundam os mensageiros." Para livrar-se do embaraço, Maquiavel informou ter deixado suspenso em Florença um negócio importante que era também do interesse de Guicciardini. Mas continuou a temer que Santi descobrisse tudo, pegasse uma vassoura e o expulsasse "do albergue". Melhor voltar a Florença, antes que fosse tarde demais, mesmo que não tivesse resolvido nem a questão da divisão dos conventos, apesar de ter falado pessoalmente com cada frade, usando toda sua habilidade de negociador, nem o problema do pregador.

Nada mal; nesse meio tempo, usufruíra por três dias de "refeições soberbas, leitos gloriosos e coisas tais" que o ajudaram a recuperar suas forças. Além do corpo, também sua inteligência se beneficiara. Na última carta escrita em Carpi para Guicciardini, ele contava, com sua inconfundível ironia, que sua visita à República dos Mandriões lhe permitira conhecer muitas ordenações dos frades "que têm seu lado bom", e que seriam úteis para estabelecer suas comparações, sobretudo quando ele resolvesse tratar da observação do silêncio, pois poderia dizer, com conhecimento de causa, "estava mais quieto do que os frades quando comem" (*L*, 529).

No dia 19 ou 20 de maio, aproveitando o pedido do conhecido frade Ilarione de que fosse a Florença para levar pessoalmente e o mais rápido possível algumas cartas dirigidas aos Oito de Prática, montou seu cavalo e deu adeus à República dos Mandriões. Frade Ilarione recomendara que fizesse o possível para estar em Florença antes de 22 de maio. Mas ao chegar em Módena, mandou ao diabo as advertências do padre e, usando como desculpa uma certa "indisposição" que o impossibilitava cavalgar rapidamente, passou alguns dias em companhia do amigo Guicciardini, discutindo as grandes coisas da política e rindo com gosto do sucesso da peça pregada a *messer* Santi e a toda a República dos Mandriões. Com seu sorriso e sua capacidade de adaptar-se até mesmo às situações mais absurdas, tinha, pelo menos uma vez, iludido seu destino.

XX

OS ÚLTIMOS AMORES

A vida de Nicolau chegara ao fim. Mais do que o passar inexorável dos anos, era o enfraquecimento das paixões que animavam seus dias, isto é, o amor pelas mulheres e o desejo de realizar grandes coisas para Florença e para a Itália, que anunciava a proximidade de um epílogo. O tempo, que muitas vezes diminui as forças sem extinguir o desejo, obrigara-o a deixar de lado a paixão pelas mulheres. A maldade e a mesquinhez dos homens, que não quiseram escutar nem ao menos traduzir em obras seu conhecimento das coisas políticas, o impediram de cultivar a segunda paixão. Sua vida se encerra sob o signo da amargura e da tristeza, como tantas outras. "Nicolau Maquiavel, historiador, cômico e trágico", é assim que ele assina o nome, numa carta de outubro de 1525. Escrevera histórias e também comédias, mas jamais escrevera uma tragédia. Sua própria vida era a tragédia, e ele compreendeu isso já no último ato.

Em agosto de 1521, poucos meses após o retorno da triunfal missão a Carpi, Nicolau teve a satisfação de ver impressa uma importante obra sua, *Da arte da guerra,* pelo editor florentino Filippo di Giunta. Ele mesmo conta no Proêmio que escrevera esse livro para não se deprimir com o ócio a que fora coagido pelas circunstâncias da vida. Devemos crer em suas palavras, pois as pessoas que ele realmente desprezava eram os ociosos, que desperdiçam a vida sem fazer nada de útil ou de importante. São "infames e detestáveis", escreveu numa esplêndida página dos *Discursos*, esses homens "inimigos das virtudes, das letras e de qualquer outra arte que seja útil e honrosa à geração humana, como são os ímpios, os violentos, os ignorantes, os incapazes, os ociosos, os vis" (*D*, I, 10).

Escrevera *Da arte da guerra* também para os amigos dos Orti Oricellari, fascinados como ele pela Antigüidade e principalmente pela lendária organização militar dos antigos romanos. Dedicou sua obra a Lorenzo di Filippo Strozzi, que o ajudara nos anos mais sombrios com alguns presentes, e a ofereceu ao cardeal Giulio de' Medici. Apresenta-se aos leitores como "Niccolò Machiavegli, cidadão e secretário florentino", ou porque, ao escrever sobre a guerra e sobre as milícias, tenha-se sentido ainda secretário, ou porque seus jovens amigos dos Orti Oricellari o consideravam como tal.

De resto, as idéias que defende são aquelas que sempre defendera e que buscara colocar em prática, ao menos em parte, quando fora secretário. A começar pela tese fundamental do livro, ou seja, que o exercício da arte da guerra é a conclusão e o fundamento necessários à vida civil. Sem defesas adequadas, as ordens da vida civil são de fato "vãs" e destinadas a perecer, como os aposentos de um "soberbo palácio real que embora ornados com gemas e ouro" são desprovidos de um teto que os proteja da chuva (*Opere*, 530).

Tinham-se passado nove anos desde aquele mês de agosto de 1512, quando a milícia planejada e constituída por Maquiavel se deixara desbaratar, sem ao menos combater a infantaria espanhola. Quem sabe quantas vezes tenha sido censurado pelos amigos e inimigos, cara a cara ou pelas costas, por culpa daquela vergonhosa derrota. Podia agora responder a todos, e dizer com todas as letras que apenas uma derrota não demonstra que a idéia da milícia seja equivocada. Até os exércitos romanos e os de Aníbal sofreram derrotas, e mesmo assim ninguém jamais discutiu o valor da organização militar romana e cartaginesa. A milícia florentina fora derrotada em Prato não porque carecia de um bom comandante, mas porque não tinha sido bem adestrada. Esse fato, porém, não significava que fosse errado o projeto de confiar a defesa da república a uma milícia composta por cidadãos e súditos do condado, em vez de depender de soldados e capitães mercenários. A Ordenança deveria, pois, ser reformada e não abolida, e em *Da arte da guerra,* Maquiavel explica, em detalhes, como ela deveria ser corrigida.

Além dos conselhos sobre a arte militar, *Da arte da guerra* contém importantes lições de política. Maquiavel ensina que nenhum reino ou república bem organizados jamais permitira que seus súditos ou cidadãos transformassem a guerra numa arte sua, ou seja, que eles se tornassem soldados profissionais, e que o objetivo da arte da guerra não é a guerra em si, mas a defesa. Para poder defender seus súditos ou cidadãos, aquele que governa deve "amar a paz e saber fazer a guerra". Maquiavel enaltece as virtudes militares, principalmente a coragem, a força e a disciplina, mas jamais celebra a guerra como uma afirmação de poderio ou como um evento grandioso e terrível. Por tê-la vivido, Maquiavel sabia que a guerra é uma desmedida e imunda crueldade que se desencadeia sobretudo contra os não-combatentes e os indefesos. Considera que a pior guerra é aquela dos bandos mercenários que vivem da guerra sem leis, sem disciplina e sem honra. E, principalmente, sabe que as guerras não são vencidas com orações, súplicas ou dinheiro, mas somente com milícias bem organizadas.

Como nos *Discursos sobre a primeira década de Tito Lívio*, Maquiavel se deixa às vezes ofuscar pelo esplendor da antigüidade romana, comparando-a à miséria da Itália de sua época. Não percebia que a introdução das artilharias móveis estava transformando o modo de fazer a guerra, embora seja preciso recordar que, no momento em que ele escrevia, essas mudanças estavam apenas no começo; e também que ele jamais afirmara que as artilharias não são importantes, mas somente que o "nervo" da guerra era ainda representado pelas infantarias.

Aliás, ele acreditava realmente que era possível reviver a grandeza antiga, e nessa convicção residem ao mesmo tempo a força e a debilidade (mais em questões de detalhe do que de substância) de seu pensamento político. Os elementos que ele pretendia ressuscitar, trazendo-os da política antiga, estão relacionados em *Da arte da guerra* com mais clareza do que em suas outras obras: "Honrar e premiar a virtude, não desprezar a pobreza, estimar os modos e as formas da disciplina militar, obrigar os cidadãos a amarem-se uns aos outros, a viver sem facções, a estimar menos o privado do que o público, e outras coisas semelhantes que facilmente se poderiam conseguir em nossos tempos." Acreditava não ser difícil convencer os homens de sua época sobre a superioridade desse modelo em relação a seu modo de vida, e que todos eram capazes de compreender que uma república organizada segundo os princípios antigos seria como uma grande árvore, à sombra da qual cada homem poderia viver "mais feliz e mais ledo do que sob esta" (*Opere,* 536).

Com *Da arte da guerra,* Maquiavel quis deixar como herança aos mais jovens e às gerações futuras o conhecimento que acumulara com seus estudos e sua experiência. Sentia-se velho, e sabia que não teria mais a oportunidade de colocar na prática aquela sua sabedoria nascida da vida, e que ele pretendia traduzir em novas formas de vida dos Estados e dos povos. Quis subtrair seu tesouro à morte. Foi por esse objetivo, e não por vaidade literária, que além do mais é apenas um pecado venial, que ele o registrou no papel. Seu legado está impregnado de ressentimento contra a natureza, a qual, ou "não devia fazer com que eu fosse conhecedor de tudo isso, ou deveria ter-me dado a faculdade de podê-lo executar". É inspirado pelo pensamento de que, na Itália, era realmente possível fazer ressurgir a verdadeira arte da guerra, pois "essa província parece nascida para ressuscitar as coisas mortas, como aconteceu com a poesia, com a pintura e a escultura" (*Opere*, 689).

A obra recebeu críticas bastante favoráveis, até mesmo de homens importantes. O cardeal Giovanni Salviati escreveu-lhe em 6 de setembro de 1521 para dizer que o livro o tinha agradado muitíssimo, porque, em sua opinião, "ao perfeitíssimo modo de guerrear antigo" Maquiavel conseguira acrescentar "tudo o que há de bom no guerrear moderno, realizando uma composição de exército invencível". Se não fosse capaz de dar outros frutos, comentava o cardeal, esse livro demonstraria pelo menos que na Itália de seu tempo havia alguém que conhecia "a real maneira de militar".

Daí a poucos anos, o cardeal iria se deparar com as amargas conseqüências, tanto para a Igreja quanto para a Itália, do fato de os peritos sobre a arte militar nada terem podido fazer, enquanto os governantes teimavam em desconhecer tal arte. As palavras do cardeal deram um certo prazer a Maquiavel, e certamente esse prazer teria sido muito maior se ele pudesse ter visto seu trabalho ser reimpresso mais sete vezes, apenas durante o século XVI, e ser traduzido em diversas línguas européias. Os louvores e a fama não foram capazes de fazê-lo esquecer sua decepção por estar afastado dos negócios políticos em Sant'Andrea in Percussino, entre os papa-figos e os frangos.

Enquanto crescia sua reputação como perito das coisas militares, trabalhava em *História de Florença*, que Leão X e o cardeal Giulio haviam encomendado. Não que tivesse se importado muito com o fato, mas Leão X não viveu o suficiente para ler o produto das fainas de Maquiavel. Morreu em 1º de dezembro de 1521, deixando o cardeal Giulio como único árbitro de Florença. Como Leão X fizera cerca de um ano antes, também o cardeal, preocupado com a falta de descendentes diretos dos Medici em condições de tomar as rédeas do regime, chegou a pensar em reformar a Constituição da cidade e permitir o retorno a uma forma qualquer de regime republicano. Igualmente recorreu ao parecer de florentinos peritos nos assuntos de Estado, e entre eles interpelou também Maquiavel. Este respondeu com um projeto intitulado *Minuta de provisão para a reforma do Estado de Florença, ano 1522*, como se tratasse de uma reforma já decidida e pronta a ser colocada em prática.

Como já havia afirmado no texto apresentado a Leão X, a solução para os problemas políticos de Florença deveria ser a restauração pacífica do governo republicano, capaz de assegurar ao cardeal Giulio o poder durante sua vida, e aos ainda muito jovens Ippolito e Alessandro, filhos ilegítimos de Giuliano e de Lorenzo, respectivamente, o usufruto de suas propriedades e seu prestígio social. Seria, pois, uma transição governada pelos Medici, mas que não deixava de ser uma passagem em direção à república. Dizer república era o mesmo que dizer Grande Conselho: significava "restaurar a sala antiga" onde o Conselho se reunia. Tudo isso fora dito às claras por Maquiavel, e nos surpreende que os estudiosos tenham falado de um Maquiavel que em seus últimos anos de vida abandona os ideais republicanos para se tornar um defensor do principado.

Como nos tempos de Leão X, nada foi feito para a tão sonhada transição à república, mesmo porque no início de junho foi descoberta uma conspiração para assassinar o cardeal Giulio no dia de Corpus Christi (19 de junho). Os líderes da conjura eram dois amigos de Maquiavel, Zanobi Buondelmonti e Luigi Alamanni di Piero, o poeta. Entre os implicados encontravam-se outros freqüentadores das reuniões dos Orti Oricellari, onde Maquiavel por tantas vezes entretera os jovens amigos falando sobre a república e sobre o tiranicídio. Embora tivesse explicado nos *Discursos*, sua obra mais ligada ao ambiente dos Orti, o quanto era difícil e perigoso conspirar contra o príncipe, muitos vestígios faziam suspeitar que Maquiavel também estivesse envolvido, ou que servira pelo menos de instigador do movimento. A ameaça de sofrer novamente os horrores do cárcere e da tortura era real, e dessa vez ele não teria escapado com vida.

Para sua sorte, deixaram-no, pelo menos aparentemente, em paz. Porém, Luigi Alamanni di Tommaso e Iacopo Diacceto não foram tão afortunados. Interrogados e torturados, confessaram a culpa, e em 6 de junho foram decapitados. Zanobi Buondelmonti e Luigi Alamanni di Piero conseguiram salvar a própria pele fugindo: terminava assim o grupo dos Orti Oricellari. Maquiavel devia muito àqueles jovens e estava ligado a eles por vínculos de amizade profunda, gratidão e afeto. Em seus anos mais difíceis, a atenção e o interesse desses jovens pela política e pela antigüidade romana o haviam estimulado a escrever algumas de suas páginas mais belas. Encontrava neles espíritos generosos, que pela virtude e pela posição social que ocupavam poderiam ter feito aquelas grandes coisas que ele era capaz de imaginar apenas. Quando as mortes e o exílio tornaram aqueles jardins desertos, Nicolau se encontrou ainda mais sozinho e desconsolado.

Para tornar aqueles dias ainda mais dolorosos, recebe em 1º de junho de 1522 uma carta de Roberto Pucci, gonfaloneiro de justiça, com a notícia de que seu irmão Totto, que se tornara padre em janeiro de 1510, estava às portas da morte. Totto era um homem bom e gentil, que sempre estivera próximo ao irmão mais irresponsável nos momentos mais críticos. Nicolau, que amava as pessoas boas e que sabia ser grato, amava-o. Ajudou na medida do possível, dando algum dinheiro ao capelão *ser* Vincenzo para que continuasse a celebrar a missa nas igrejas paroquiais de Totto, impedindo que os paroquianos se queixassem.

Poucos meses depois, em outubro, redigiu uma breve memória para Raffaelo Girolami, então embaixador na Espanha junto a Carlos V. Não é muito difícil imaginar seu estado de ânimo ao escrever esses conselhos ao jovem escolhido para uma missão que ele havia desejado mais do que tudo. Mesmo assim, destilou naquelas poucas páginas a essência de sua sabedoria diplomática, acumulada na época em que ele detivera a honra de representar a república junto aos poderosos da Europa. O *Memorial a Raffaello Girolami, quando aos 23 de outubro partiu para a*

Espanha ao Imperador tem uma importância particular em nossa história, pois nos mostra como Maquiavel concebia o trabalho do diplomático e como ele recordava suas experiências que já datavam de mais de uma década, naquele momento. Em parte, são páginas autobiográficas, por isso merecem ser lidas com atenção.

O *Memorial* inicia com um elogio, tão sincero quanto melancólico, ao cidadão que se torna embaixador: "As embaixadas são, numa cidade, uma das coisas que mais honra dão ao cidadão, tanto que podemos considerar que um cidadão que não é apto a portar esse cargo, também não será apto aos assuntos de Estado." Para cumprir bem os próprios deveres, explica Maquiavel, o embaixador deve, mais do que qualquer outra coisa, "adquirir para si uma reputação", mostrando por meio de seu comportamento ser um "homem de bem", generoso, íntegro, "nem avaro nem ambíguo"; também não deve ser julgado um homem que "acredite numa coisa e diga outra". Os embaixadores que se comportam ambiguamente perdem a confiança dos príncipes, junto aos quais são enviados, e não podem assim negociar de forma eficaz.

É óbvio que o embaixador não pode sempre dizer a verdade. Existem casos em que "é necessário esconder uma coisa com palavras". Um bom embaixador deve ser capaz de dissimular, e se for descoberto precisa ter uma resposta pronta e rápida. Mas a verdadeira dificuldade de sua tarefa consiste em estar bem informado das "coisas que são concluídas e realizadas", e em compreender bem as "coisas que estão sendo tratadas" e as "coisas que deverão ainda ser feitas". Enquanto é relativamente fácil recolher notícias exatas sobre as coisas que já foram feitas, a menos que se trate de acordos secretos, é muito difícil entender os desenvolvimentos das tratativas em curso e interpretar os planos dos príncipes, pela razão óbvia de que estes procuram sempre dissimular suas verdadeiras intenções.

Para que o embaixador possa desempenhar bem esta parte de seu trabalho, o velho Maquiavel aconselha que é preciso saber usar bem "o julgamento" e a "conjectura", isto é, fazer avaliações precisas e apresentar hipóteses que mais tarde possam se mostrar conformes à realidade. Também é preciso saber reunir informações por intermédio dos inúmeros negociadores que circulam nas cortes. O melhor modo de receber informações é dando-as, pois "quem quiser que os outros lhe informem sobre o julgamento deles, deverá dizer aos outros o que ele próprio julga". Assim, um bom embaixador é aquele que é capaz de, sozinho, entender bem as coisas e depois enriquecer os próprios conhecimentos trocando-os com o conhecimento dos outros.

Enfim, adverte Maquiavel, é importante que o embaixador saiba apresentar a seu soberano os próprios julgamentos de modo que não pareçam avaliações pessoais, mas análises objetivas da situação política e militar. O artifício a ser usado, e aqui aflora toda a experiência do velho diplomático, é recorrer a uma fórmula deste tipo: "Considerando tudo o que está aqui por escrito, os homens prudentes que cá se encontram julgam que as conseqüências seguintes serão tais e tais" (*Opere*, 729-31).

Depois de entregar o precioso *Memorial* a Raffaello Girolami, Maquiavel mergulha totalmente na composição da *História*. É o que se depreende de uma carta escrita em 26 de setembro de 1523 ao cunhado Francesco del Nero, para solicitar-lhe o pagamento do salário prometido. De sua parte, escreve Nicolau, para compensá-lo dos "incômodos que te dou", prometia recomendá-lo "aos frangos", porque mais do que isso, em Sant'Andrea in Percussina, não podia fazer. Um ano depois, no fim de agosto de 1524, estava ainda ocupado em sua *História*, pois conta a Guicciardini, após se lamentar que naquele ano os papa-figos não se deixavam apanhar, que estava totalmente empenhado em sua obra e que pagaria de bom grado dez soldos para consultar-se com o amigo sobre como tratar algumas aventuras escabrosas sem ofender muito os florentinos ainda vivos, "exaltando ou rebaixando as coisas". Na ausência dos conselhos do prudentíssimo amigo, procurou fazer de modo que, "dizendo a verdade, ninguém se possa queixar", encontrando, com efeito, um estratagema engenhoso. Já que não podia dizer abertamente "como e por meio de que meios" Cosme de' Medici conseguira conquistar tanto poder em Florença, visto que a *História de Florença* tinha sido encomendada pelos próprios Medici, colocou na boca dos adversários de Cosme tudo o que teria escrito se fosse livre para expressar suas opiniões.

Donato Giannotti, um jovem do povo, é quem nos deu essa importante informação sobre a forma como Maquiavel escreve suas *Histórias*. Giannotti iria se distinguir, nos anos futuros, pela autoria de algumas importantes obras políticas, principalmente pelos diálogos *Da República Florentina* e *Da República dos Venezianos*. Giannotti chegaria a ser o secretário da última República florentina, que também iria morrer sufocada pelas armas estrangeiras em 1530. Na época desse seu testemunho sobre a *História de Florença*, tornara-se um grande amigo de Maquiavel, tanto que o velho secretário lhe confiou esse segredo tão delicado.

A tranqüilidade do trabalho historiográfico foi interrompida por acontecimentos imprevisíveis. Tudo começou quando Maquiavel passou a freqüentar a casa do rico Iacopo Falconetti, chamado o Fornalheiro, que por razões políticas tinha sido confinado na vila de sua propriedade, fora da Porta San Frediano. Em sua propriedade, ele promovia banquetes e festas freqüentados por homens e mulheres do povo e da nobreza florentina. Uma das mulheres era a bela e jovem Barbera (ou Bárbara) Salutati Raffacani, cantora e poetisa.

Nicolau a conhecera em fevereiro de 1524 e se deixou envolver pelo seu fascínio, sem tentar se defender nem encobrir o desejo, tornando-se um alvo fácil das zombarias dos amigos. De fato, Francesco Vettori escreveu a Francesco del Nero dizendo: "Creio que seja muito mais agradável cear algumas vezes com a Bárbara à custa do Fornalheiro do que estar aqui na hora da ceia em volta de uma porta [a porta do papa], que depois de uma longa espera pode nem mesmo chegar a se abrir" (*Ridolfi*, 324).

As palavras que Filippo de' Nerli escreveu em 1º de março de 1525 ao mesmo Francesco del Nero são ainda mais maliciosas. Filippo diz que, pelo fato de "o Machia" ser parente de Del Nero, ele não podia deixar de avisá-lo de que, em Módena, não se fazia outra coisa a não ser falar dele e do fato de que, sendo "pai de família", tinha perdido a cabeça por "nem quero dizer-te quem" (*L*, 541). Um ano depois de seu primeiro encontro com Bárbara, o "Machia" encontrava-se bem preso pelas correntes da nova paixão.

Não parecia preocupar-se com o fato de que Bárbara também agradava a muitos outros além dele. Guicciardini comentou esse fato numa carta de agosto de 1525: "Sê esperto com a tua Bárbara, a qual, como fazem suas semelhantes, esforça-se a comprazer a todos e que se preocupa mais em aparecer do que em ser." Maquiavel também sabia disso muito bem, visto que em 3 de janeiro de 1526 escreveu a Guicciardini, acerca de uma representação da *Mandrágora* em Módena, que mais tarde acabou por não acontecer: "Quanto à Bárbara e aos cantores [que deveriam fazer o coro entre os atos e executar as cançonetas], [...] acredito podê-la conduzir a quinze soldos por lira. Digo assim porque ela tem certos enamorados que a poderiam impedir; mesmo assim, se tomarmos providências, poderiam se acalmar".

De resto, Nicolau também mantinha o coração aberto a outras mulheres, quando a sorte colaborava. O perspicaz Guicciardini já sabia disso quando lhe escreveu, dizendo "és o amante de todas as mulheres" (*L*, 553). Apaixonado por Bárbara, não deixava de apreciar também a beleza de uma certa Maliscotta, que conhecera em Faenza quando ali estivera em missão para Florença, ocasião em que teve a oportunidade de se encontrar com Guicciardini entre junho e julho de 1525. Quando se preparava para viajar a Módena, para a programada representação da *Mandrágora,* pedira a Guicciardini que lhe obtivesse hospedagem entre os frades para Bárbara, apenas com o objetivo de enlouquecê-los. Como sempre, quando se tratava de frades, não resistia ao desejo de pregar-lhes alguma peça. Ao mesmo tempo, porém, pedia-lhe que mandasse suas recomendações à Maliscotta. Bárbara, Maliscotta, frades enlouquecidos e a *Mandrágora* para encenar, tudo isso possivelmente representou "um alegre carnaval", como escreveu a Guicciardini naquela carta que assinou com as palavras que valem por um seu retrato: "Nicolau Maquiavel histórico, cômico e trágico" (*L*, 568).

Isso não significa que suas paixões amorosas fossem superficiais. Dedicou a Bárbara e a Maliscotta expressões que indicam seu afeto e apego profundos, e que nos fazem lembrar a correspondência que escrevera anos atrás à Riccia. De fato, revela a Guicciardini ter encontrado em Bárbara "tanta gentileza e piedade, que seria capaz de estimular uma cidade inteira" (*L*, 552). Com o pouco que lhe era possível, procurava retribuir a gentileza e a piedade de Bárbara prestando-lhe alguns favores. Quando Bárbara encontrava-se em Roma, na primavera de 1526, Maquiavel escreveu a Guicciardini: "Se puderes lhe fazer uma gentileza, recomendo-a a ti, porque ela me está muito mais presente em meus pensamentos do que o imperador." Diz também a Guicciardini, em 3 de agosto de 1526, que prezava os encantos de Maliscotta "mais do que de qualquer outra coisa que eu possua neste mundo".

Com 56 anos, sem ser rico ou poderoso, mas tendo ainda a mesma alma de poeta e os mesmos desejos apaixonados, o amor das mulheres era para ele um dom precioso que transmitia beleza e calor a sua vida. Sabia o que fazer para ser querido. Após sua partida de Faenza, Maliscotta confessa a Guicciardini ter apreciado "as maneiras e os entretenimentos" de Nicolau. Bárbara chegou a ajudá-lo a obter o direito, que jamais tivera antes, de ser eleito aos ofícios públicos. Em 1544, catorze anos depois da morte de Maquiavel, Bárbara pediu proteção a Lorenzo Ridolfi, em nome do "amor que dedicou à boa memória de Nicolau Maquiavel", sinal de que recordava espontaneamente, e sem nenhum arrependimento ou recriminação, sua velha história com o "Machia".

Os 56 anos, porém, eram um problema. Não se importava nem um pouco com línguas afiadas como Filippo de' Nerli; durante toda a vida confessara abertamente seus vícios e sempre estimulara os amigos que se preocupavam com sua reputação a seguir a natureza, explicando que "é melhor fazer e se arrepender, do que se arrepender sem ter feito". É muito improvável que tenha começado a essa altura da vida a se afligir com a opinião alheia. Preocupava-o muito mais estar apaixonado por uma mulher muito mais jovem. Arrepender-se ou fugir para se livrar de seus problemas não eram atitudes peculiares ao "Machia". Pelo contrário, reagia à sua maneira, isto é, rindo e achando graça de tudo aquilo, mesmo que dessa vez fosse ele próprio o burlado.

De fato, para agradar o Fornalheiro e homenagear Bárbara, escreveu uma nova comédia, que deveria ser representada na vila do próprio Fornalheiro, em 13 de janeiro de 1525. Adaptou um texto clássico de Plauto, a *Cásina*, que recebeu o título de *Clízia*. O personagem principal era um "velho cheio de amor" por uma jovem donzela, chamado Nicômaco. Toda a comédia se desenrola em torno do velho que se torna ridículo por causa do amor. Ver um velho apaixonado, são palavras que Maquiavel põe na boca de um dos personagens, é uma coisa "muitíssimo feia". Como se não fosse o bastante, introduziu entre o segundo e o terceiro atos uma bela, porém cruel cançoneta, que provavelmente era cantada pela própria Bárbara:

> Assim como é belo, em coração juvenil, o amor,
> do mesmo modo não convém
> a quem, dos anos seus, há já perdido a flor.
> Do amor só há virtude quando os anos são iguais,
> e das frescas idades ele se avigora
> mas para as antigas, vale pouco ou nada mais:
> assim, pois, velhos amantes, melhor vos fora
> deixar empresa tal a jovens ardentes,

> que para a doce faina têm maiores intentos
> e vigor, e assim rendem maiores honras ao seu senhor
> (*SL*, 197).

Por trás da risada e da burla encontra-se uma mágoa, porque seu desejo por Bárbara, que era verdadeiro e intenso, não era correspondido pelas suas forças. Essa é a dura imposição do tempo, contra o qual é inútil lamentar-se. A única coisa que pode fazer é censurar a si próprio, por não querer, ou não saber, resistir àquela mulher tão bela. Já sabemos o quanto Nicolau era avesso a falar de suas paixões e, sobretudo, de seus sofrimentos, mesmo porque sabia, como diz um dos personagens de *Clízia*, "que muitos, sob o pretexto da caridade, incitam-te a falar e depois riem pelas tuas costas" (*SL*, 182). Dessa vez se abriu, no entanto, em poucos versos que representam seu triste adeus à paixão e às fantasias que o acompanharam durante toda a vida. Escrevera-os para Bárbara, mas é provável que estivesse pensando também nos amores passados:

> Se ao meu imenso anseio
> fosse o valor conforme,
> despertaria piedade lá onde dorme.
> Mas porque não correspondem
> as forças ao desejo
> daí nascem todos os males
> que eu sinto, oh, senhor meu.
> Nem me queixar posso eu
> de vós, mas de mim mesmo,
> pois eu sei e confesso
> que tamanha beldade
> ama mais verde idade
> (*SL*, 437).

Nesse meio tempo terminara a *História de Florença*, e nos primeiros dias de março de 1525 estava pronto para apresentar a obra ao novo papa, Clemente VII, nome com o qual o cardeal Giulio de' Medici subira ao trono pontifício, em 19 de novembro de 1523. Tinha trabalhado com afinco, não obstante as velhas dores agora um pouco mais endurecidas pelo tempo e suas novas paixões amorosas. Talvez fosse mais justo dizer que, ao escrever sobre história e sobre assuntos de Estado, ele conseguira adoçar um pouco as primeiras e dar um pouco de fôlego às últimas, e que quanto mais duras eram suas penas e mais fortes suas paixões, mais belas e vivas se mostram suas páginas.

Entretanto, teve de esperar até o fim de maio para ir a Roma mostrar sua *História*. Vettori, como sempre cauteloso, o aconselhara a não viajar em março, avisando que os tempos não eram propícios "à leitura e às doações". Pelo menos dessa vez tinha razão. Em 24 de fevereiro, o exército de Carlos V derrotara as tropas de Francisco I, rei da França, com quem o papa Clemente tinha firmado acordos de aliança. Essa vitória colocava a Itália de joelhos diante de Carlos V, e o papa, pensando como sempre em seus interesses, procurou estreitar com Carlos V um tratado que garantisse a integridade dos Estados da Igreja. O imperador, porém, tardava em ratificar os acordos, especialmente a cláusula que sancionava a passagem de Reggio das mãos do duque de Ferrara às do papa. É compreensível que na corte romana as preocupações estivessem muito distantes da leitura da história de Florença.

Faltou pouco para que, justamente nesse contexto, a vida de Maquiavel tivesse uma reviravolta gloriosa. Preocupado com as hesitações de Carlos V, o papa Clemente decidiu enviar à Espanha um embaixador de qualidade, na pessoa do cardeal Giovanni Salviati. O papa considerou seriamente a idéia, defendida por Iacopo Salviati, pai de Giovanni, de enviar como acompanhante o próprio Maquiavel, certamente o homem mais idôneo, por talento e experiência, a desemaranhar aquele intrincado novelo político. Encontrar o imperador na companhia do cardeal Salviatti teria sido para Maquiavel o mesmo que rejuvenescer trinta anos ou mais, e se tal ordem tivesse um dia chegado a Sant'Andrea, quem sabe o que teria escrito em resposta e com que velocidade teria chegado a Roma. Mas novamente a fortuna voltou-lhe as costas no último minuto: "Nicolau Maquiavel", escreve Iacopo Salviati ao filho em 24 de maio, "não será mais mencionado".

Maquiavel dirigiu-se então a Roma para entregar suas *Histórias,* e não mais para partir em direção à Espanha. A visita lhe rendeu 120 ducados de ouro, que o papa doou de seu próprio bolso, dos quais boa parte serviu de dote à sua filha Bartolomea, chamada Baccina, que se casaria depois com Giovanni de' Ricci e daria à luz aquele Giuliano de' Ricci, que reuniu amorosamente várias letras e papéis de Maquiavel, que senão teriam se perdido para sempre. Sem querer ser irreverente, esse donativo de 120 ducados a Maquiavel talvez tenha sido a única coisa bem-feita jamais realizada pelo papa Clemente.

Maquiavel retribuiu a dádiva do papa com um conselho que somente poderia sair de seus lábios: se ele almejasse salvar a Igreja e a Itália, deveria ter a coragem de tomar medidas de exceção: armar os súditos dos territórios da Romanha e usá-los contra os exércitos imperiais. A idéia foi bem aceita na corte, e Maquiavel foi enviado a Faenza para expor o projeto a Guicciardini, de forma que este, conhecendo a região e seus habitantes, pudesse julgar se o plano poderia ser ou não posto em prática. Partiu de Roma em 10 ou 11 de junho, levando na bolsa um breve papal escrito pelo secretário do pontífice, Iacopo Sadoletto, no qual se descrevia a necessidade de examinar soluções "inusitadas", visto que as usuais e cotidianas tinham-se revelado inadequadas. O papa, ou melhor, Sadoletto, solicitou a Guicciardini que ouvisse Maquiavel com máximo zelo e confiasse plenamente nele, relatando rápida e secretamente o caráter exeqüível do projeto de armar os súditos da Romanha. Tratava-se, escreve Sadoleto, de uma questão de grande urgência, da qual dependia a salvação do Estado Pontifício, da Itália e de quase toda a Cristandade.

Maquiavel chegou a Faenza em 21 de junho. No dia 22, Guicciardini já enviava uma resposta, por meio de uma carta endereçada a Cesare Colombo, seu agente junto à corte romana. No dia seguinte completou sua análise com outra carta, sempre dirigida a Colombo, com a advertência de que a lesse pessoalmente ao papa, observando cuidadosamente "seus gestos e suas palavras", e de informá-lo depois de tudo, sem se esquecer de também mostrá-la aos conselheiros de Sua Santidade.

Seu veredicto era negativo. Armar e organizar uma milícia com os súditos da Romanha, explicava Guicciardini, seria "uma das mais úteis e louváveis obras que Vossa Beatitude poderia fazer", se isso fosse possível. Mas nas presentes condições da Romanha, tal coisa seria muito nociva, porque os povos estavam divididos por inimizades políticas incuráveis, e a Igreja não contava ali com partidários ou amigos: aqueles que só queriam viver bem não amavam a Igreja, porque desejavam um governo que lhes protegesse efetivamente. Já os facciosos e os malvados não a apreciavam porque esperavam as desordens e as guerras para tirar proveitos delas.

No que dizia respeito à idéia de obter dos povos da Romanha o dinheiro para financiar, pelo menos em parte, a instituição da milícia, como sugeria Maquiavel, Guicciardini respondeu que aquelas comunidades se encontravam exauridas, e que só seria possível conseguir mais dinheiro pela força, tornando ainda mais difícil o bom resultado do empreendimento. Enfim, se apesar de tantas dificuldades, o papa quisesse colocar em prática a idéia, deveria fazê-lo decidida e obstinadamente, sem se desencorajar com as dificuldades, o que era o mesmo que declarar, sabendo-se da crônica indecisão e timidez de Clemente VII, que ele devia desistir de tudo (*LC*, 1568-72).

Maquiavel escreveu também uma carta a Sadoleto, para transmitir novamente ao papa e a seus conselheiros as próprias idéias. Em 6 de julho recebeu uma resposta de Sadoleto, que informava que o papa "gostaria de pensar um pouco mais". Maquiavel esperou mais alguns dias, divertindo-se com lautos jantares em companhia de Maliscotta e com a convivência de Guicciardini. Em 26 de julho, quando tornou-se claro que a idéia de organizar uma milícia em Roma fora abandonada, retornou a Florença, senão muito feliz, pelo menos sem sinal de irritação ou abatimento. É provável que as considerações do cauteloso Guicciardini o tenham convencido. O fato é que não guardava rancores do amigo; ao contrário, sua ligação, após a visita a Faenza, tornou-se mais forte.

Guicciardini demonstrou sua amizade ao encarregar o amigo de visitar duas propriedades que ele tinha adquirido sem jamais tê-las visto pessoalmente. Zeloso como sempre, Nicolau fez um relatório sobre ambas as propriedades em 3 de agosto. Mas o fez a seu modo, zombando sutilmente do amigo que comprava propriedades sem vê-las. Escreveu que, num raio de três milhas, não era possível ver em volta da propriedade de Finocchieto "nada de agradável: a Arábia Pétrea não deve ser muito diferente". Não se podia dizer que a casa fosse ruim, mas também não era boa. Em resumo, concluía, se a propriedade fosse dele, mandaria fazer algumas melhorias para tratar de vendê-la, porque no estado atual seria impossível passá-la para frente, a não ser encontrando alguém que a comprasse sem vê-la, "como é teu costume fazer".

Guicciardini não ficou nada satisfeito. Apegado como era ao dinheiro, certamente se aborreceu ao pensar que tinha feito um mau negócio, e mais ainda por sentir-se alvo das gozações. No início, fingiu que não estava chateado e escreveu em 7 de agosto uma cartinha gentil, na qual dizia a Maquiavel para deixar de lado os títulos pomposos (particularmente o de "ilustre") e usar nas cartas apenas os títulos que "te causam prazer em ser chamado". No mesmo dia, porém, enviou-lhe outra carta, bem mais longa, na qual dava a palavra à "*Madonna* Possessão de Finocchieto", ofendida pelo julgamento de Maquiavel. Sob essa ficção pagava com a mesma moeda ao mal-educado amigo, dizendo-lhe que sua história com Bárbara devia tê-lo ensinado a não julgar pelas aparências. Como Bárbara, cujo nome indica "crueldade e fereza", e que era, ao contrário, plena de gentileza e de piedade, assim Finocchieto esconderia sob sua "rigidez e aspereza" muitas "coisas boas" que mereciam louvor, e não palavras de reprovação que o leviano Nicolau tinha usado. A *Madonna* ofendida concluía que Maquiavel deveria, assim, aprender a não confiar tanto no seu próprio julgamento, porque se tais erros de avaliação podiam ser perdoados em outros, num homem com sua cautela e experiência "não se poderiam aceitar".

No fundo um homem sério demais, Guicciardini, com toda boa vontade, não conseguia mascarar a irritação sob a forma da sátira. Quando leu a carta escrita pela "*Madonna* Possessão de Finocchiaro", é possível que Maquiavel tenha rido com gosto, em vez de sorrir amarelo, como seu amigo mais importante. Demonstrou não ter ficado de mau humor com a carta que escreveu a Guicciardini em 17 de agosto, informando-o que dali a poucos dias partiria em direção aos arredores de Veneza, para tratar de um grande agravo cometido por um tal Giovan Battista Donà, em detrimento dos mercadores florentinos, e que era sua intenção deter-se, no caminho de volta, em Faenza para passar uma noite em sua companhia e na dos amigos.

Quanto à sua missão em Veneza, sabemos, por meio de uma carta de Filippo de' Nerli de 6 de setembro, que os mercadores florentinos que o tinham enviado se queixavam dele, porque corriam boatos de que ele perdia tempo com literatos, em vez de desempenhar a tarefa que lhe fora confiada. Sabemos também que seus amigos florentinos se sentiam tristes com a ausência do "Machia", "o motivo de todos os males", e não se reuniam mais como era seu costume fazer, porque quando ele não estava faltava "quem unisse a brigada". Em Florença correu outro boato que depois se revelou falso, de que em Veneza Maquiavel teria ganhado dois ou três mil ducados na loto. Se alguma coisa agradável o animava naqueles dias de setembro de 1525, era pensar que Maliscotta o esperava em Faenza e Bárbara, em Florença.

Esses, e principalmente seu sentimento por Bárbara, foram seus últimos amores. Quando esses amores chegaram ao fim, e depois de ter completado as obras históricas e políticas às quais tinha se entregado, a vida perdeu para ele as cores da beleza e do sonho. Restava apenas o espetáculo da maldade e da estupidez dos homens, papas, imperadores e reis, acima de todos. Infelizmente, esta não era uma comédia e sim uma tragédia.

XXI

NO PALAZZO VECCHIO E NO CAMPO, PELA ÚLTIMA VEZ

Quando a vida vai chegando ao fim, muitos homens começam a se afastar do mundo. Deixam para os outros os cuidados com o futuro, guardam seus sonhos e fantasias, arrefecem as paixões, restringem o círculo dos afetos a seus familiares, principalmente aos filhos, e buscam acima de qualquer outra coisa a tranqüilidade, como se estivessem se preparando para a imobilidade, o silêncio e a solidão eternos. Alguns, aterrorizados pela imagem da escuridão, do frio e da solidão intemporais, buscam conforto na esperança de uma luz e de um calor além da morte, deixando-se embalar pelo sonho de reencontrar as pessoas queridas.

Em parte por ter sido arrastado pelos eventos, em parte porque aquela era sua natureza, Nicolau viveu os últimos meses de sua vida imerso na política e na guerra. Incitou príncipes e capitães de exército para que tomassem as decisões necessárias para salvar a Itália da vergonha extrema. Cavalgou, visitou tropas, preparou alojamentos, inspecionou e projetou fortificações; improvisadamente, porque não era treinado para isso, atuou como instrutor de tropas. Suplicava que um *condottiero* erguesse sua bandeira e guiasse a redenção contra os bárbaros. Demonstrou uma ternura especial por *monna* Marietta, pelos filhos e pelas criaturas frágeis e indefesas; mas tudo isso era feito enquanto se aplicava, com todas as suas forças, aos grandes assuntos de Estado.

Deixou de lado, é verdade, os últimos amores; mas isso foi ditado mais pela necessidade do que por opção de se entregar ao recolhimento. Essa foi, de fato, uma fase de paixões intensas que se traduziram em palavras extraordinariamente fortes que nos permitem apreender o tormento de seu espírito.

Ao lermos suas últimas cartas e ao acompanharmos a luta contra o tempo para barrar a horda de soldados alemães e espanhóis que avançavam, impelidos pelo desejo sôfrego de saquear as cidades italianas, devemos imaginá-lo como um homem com o rosto marcado pelas inúmeras amarguras e o corpo experimentado pelas fadigas. Mas era sempre o mesmo Nicolau, apesar de o "Machia" gozador e tratante ter-se retirado para segundo plano.

No outono de 1525, ao voltar de Veneza, Maquiavel escrevia ainda sobre história e para se desabafar dirigiu acusações aos príncipes que estavam levando a Itália à ruína. O primeiro sinal da tragédia tinha se verificado justamente naqueles dias. Ferrante d'Avalos, marquês de Pescara, capitão dos exércitos espanhóis, mandou prender, em 15 de outubro de 1525, Girolamo Morone, secretário do duque de Milão Francesco II Sforza, que tentara convencê-lo a aderir ao partido dos antiimperiais. Aproveitando o momento, os espanhóis tomaram quase todas as fortalezas da região milanesa, tornando-se assim os senhores do Ducado. Maquiavel comentou que Morone tinha sido capturado e "o ducado de Milão estava liquidado", e que o mesmo aconteceria aos demais principados da Itália, "pois não há mais remédio".

Tinha visto bem, mesmo porque sabia há tempos que desarmados, divididos e governados por príncipes fracos e ineptos, e com aquele ninho de corrupção moral e política que era a corte pontifícia romana, localizada no centro da península, os Estados italianos não podiam evitar cair em mãos estrangeiras. Qual o sentido de continuar a escrever sobre história, se já conhecia o fim da desventura italiana, bem como suas causas? De resto, já havia escrito sobre história nos *Decenais* e sobretudo, na *História*, na qual havia inserido os acontecimentos de Florença no contexto da história italiana, explicando que, por causa das divisões e dos ódios civis, os florentinos não tinham conseguido "tornar grandes a si próprios e à sua pátria", impedindo-os de ser a força decisiva para a salvação da Itália.

Escrevera a *História* para ensinar aos cidadãos que governam as repúblicas uma lição útil sobre as conseqüências terríveis da luta impiedosa das facções, e estava convencido de que sua narração seria capaz de persuadir os florentinos a serem mais sábios no futuro, pois "se todo exemplo de qualquer república é capaz de inspirar, aqueles que podemos ler sobre a nossa própria república inspirarão muito mais e serão muito mais úteis" (*IF*, Proêmio).

Para extrair da história de sua cidade todo seu "sentido" e "sabor", traçara um paralelo entre os conflitos sociais na Roma antiga e as lutas de facções em Florença, que mostrava mesmo aos mais cegos os motivos do declínio político e militar florentino. Em Roma, os conflitos sociais eram resolvidos com discussão e com a instituição de leis. Em Florença, eram atacados com a luta, o exílio e a morte de inúmeros cidadãos. Por causa dos conflitos sociais, Roma aumentava sua força militar, e Florença a perdia.

A razão dessa grande diferença de resultados era a natureza dos conflitos. O povo romano desejava dividir as honras públicas com os nobres; o povo florentino queria governar sozinho. O desejo razoável do povo romano não ofendia nem atemorizava a nobreza romana, enquanto o desejo "injurioso e injusto" do povo florentino estimulava a nobreza a se defender com todos os meios, inclusive o derramamento de sangue e o exílio. Quando o povo vencia em Florença, privava inteiramente a nobreza dos cargos públicos, resultando que "a virtude das armas e a generosidade de espírito que havia na nobreza se apagava, e no povo, que não as possuía, não podia reacendê-las", de modo que Florença se tornava cada vez mais modesta e abjeta (*IF*, III, 1).

As repúblicas mal-ordenadas, explicava, variam continuamente sua forma de governo, porém não passam da liberdade à tirania, como muitos pensaram, mas da tirania à licenciosidade. Tanto um quanto outro são governos instáveis, porque "a um não apraz os homens bons, ao outro desagrada os sábios, um pode fazer o mal facilmente, o outro é capaz de fazer o bem com dificuldade; num deles, possuem demasiada autoridade os homens insolentes, no outro, os tolos" (*IF*, IV, 1). Era uma síntese da história política de Florença, e um retrato de muitos principados italianos de seu tempo, mas era também uma profecia sobre a natureza de muitos governos futuros da Itália, conduzidos por tiranos insolentes, ou por covardes servis que se dobravam diante de qualquer um que soubesse levantar a voz.

Nesses últimos dias, ele reencontrou esses vícios antigos entre os florentinos, quando tudo anunciava a guerra iminente e ninguém se mostrava pronto a "fazer algo honroso ou destemido para ser capaz de viver ou morrer com justiça", escreveu a Guicciardini em 19 de dezembro. Esses cidadãos, acrescentou, têm "muito medo" e nenhuma vontade de resistir ao imperador que está para engoli-los. O papa Clemente VII, formado na escola dos Medici, era o pior de todos, sempre indeciso, sempre pronto a confiar em alguma astúcia qualquer e a buscar refúgio no tempo, sem perceber que dessa forma dava "tempo ao inimigo". Guicciardini era da mesma opinião, e em 26 de dezembro lhe respondeu que jamais tinha visto alguém que, "ao ver chegar o mau tempo, não buscasse de qualquer modo se agasalhar, exceto nós, que preferimos esperá-lo no meio da rua, e desabrigados".

Enquanto o papa Clemente, tranqüilizado pela morte do marquês de Pescara, esperava e buscava formas de pactuar, Maquiavel tinha certeza de que a guerra viria, e rápido, sendo assim necessário fazer preparativos e tomar decisões corajosas e honrosas, em vez de esperar e suplicar: "Sempre, desde quando me entendo por gente, ou se fez guerra, ou se discutiu; agora se discute, daqui a pouco se fará, e quando esta guerra terminar, se discutirá de novo" (*L*, 575).

Essas palavras foram escritas em 3 de janeiro de 1526. No dia 14, para obter sua liberdade, Francisco I assinou em Madri um tratado com o imperador Carlos V, no qual renunciava a Milão e a Nápoles, deixando como reféns seus filhos. O tratado de Madri pegou Maquiavel de surpresa, porque na sua opinião Carlos V não cometeria um erro desses. Depois, Maquiavel previu equivocadamente os movimentos de Francisco I, pois julgava que, uma vez livre, Francisco I cumpriria o tratado de Madri, o que não aconteceu. Por outro lado, tinha previsto acertadamente que haveria guerra, e da grossa: "Penso que, seja lá qual for o modo que as coisas prossigam, que prestes haverá guerra na Itália", escreveu a Guicciardini em 15 de março de 1526.

Tendo em vista que haveria guerra entre o imperador Carlos V, de um lado, e o rei da França e os Estados italianos, do outro, Maquiavel propôs que Guicciardini aconselhasse o papa a tomar uma decisão audaciosa, estranha e temerária, ou até mesmo ridícula, mas adequada àqueles tempos igualmente absurdos. Por que não armar e financiar em segredo Giovanni de' Medici, conhecido como Giovanni das Bandas Negras, filho da grande Caterina Sforza? Entre os italianos, explicava, não havia um comandante militar que os soldados seguissem mais de bom grado e, da mesma forma, tão respeitado e temido pelos espanhóis. Na opinião geral, Giovanni das Bandas Negras era "audaz, impetuoso, com grandes idéias" e capaz de tomar grandes decisões. Se fosse provido com um número suficiente de soldados, os espanhóis se sentiriam desorientados e provavelmente renunciariam ao seu plano de arruinar a Toscana e a Igreja, enquanto o rei da França poderia se engajar seriamente ao lado dos italianos, vendo que estes, mais do que tagarelar, "lhe mostravam fatos".

De novo sua proposta não foi aprovada. Se o papa ajudasse Giovanni das Bandas Negras, explicou-lhe Filippo Strozzi numa carta de 31 de março, posicionaria-se contra Carlos V; o que valia opor-se abertamente ao imperador. Era melhor confiar na astúcia do rei da França e esperar que Carlos V não percebesse ter nas mãos uma "bela e grande ocasião" de tornar-se senhor de toda a Itália. Como sempre, tratava-se de confiar na sorte, segundo o melhor estilo daquele paladino de indecisão e de insensatez que era Clemente VII. O papa conseguira apenas perceber que, com a guerra em vista, seria bom reforçar as defesas de Florença. Com esse objetivo, enviou a Florença o conde Pietro Navarra, um desertor espanhol com fama de engenheiro militar sagaz, decidindo que seu assistente na obra fosse Nicolau Maquiavel, que tinha já demonstrado sua competência sobre assuntos militares em *Da arte da guerra*.

Colocar em ordem os muros e as defesas de Florença de forma a tornar a cidade apta a se defender "de qualquer assalto grave e furioso", como escreve a Guicciardini em 4 de abril, era uma incumbência que o apaixonava. Finalmente, tinha a oportunidade de fazer alguma coisa útil e concreta pela sua pátria, em vez de fazê-lo apenas nos livros. Depois de apresentá-lo a Navarra, dirigiu-se rapidamente a Roma para apresentar um projeto de fortificação que despertou a admiração do papa e de Guicciardini, a ponto de convencê-los a instituir uma nova magistratura, os Procuradores dos Muros, encarregados de supervisionar o reforço da faixa de muralhas que circundavam a cidade. Maquiavel foi obviamente nomeado provedor e chanceler dos Procuradores. Assim, depois de catorze anos, ele retornava ao Palazzo Vecchio, e é fácil imaginar qual era seu estado de espírito.

Era como se fosse de novo secretário. Entregou-se totalmente ao trabalho, e não pensava em outra coisa: "Tenho a cabeça tão cheia de baluartes, que não há espaço para nenhuma outra coisa", confessa a Guicciardini numa carta de 17 de maio. Quando não pensava em muros ou fortalezas, preocupava-se com o perigo representado por Carlos V e seu exército, que agora controlava Milão e podia invadir toda a Itália. Quando chegou a notícia dos tumultos populares em Milão contra os espanhóis, incitou, ou melhor, implorou a Guicciardini que não perdesse um momento tão favorável de ferir o inimigo, de tomar decisões e de demonstrar coragem.

Parece-nos uma das inúmeras cartas que escrevera, quando era secretário, para incitar os governantes de Florença a abandonar a absurda política de contemporização: "Sabeis quantas ocasiões já se perderam: não perdei também esta nem confiai em vos entregardes sempre ao tempo e à Fortuna, porque o tempo não traz sempre as mesmas coisas, nem a Fortuna mantém-se sempre igual." É o mesmo estilo da extraordinária *Exortação a que a Itália seja recuperada e liberada das mãos dos bárbaros*, com a qual encerrara *O príncipe*: "Libertai com dedicação duradoura a Itália, extirpai aquelas feras sanguinárias que nada têm de humano a não ser o vulto e a voz." Os anos e as desventuras da vida não o transformaram: era sempre o mesmo, trazendo dentro de si a mesma dor pelas misérias da Itália, a mesma intolerância para com a imbecilidade e a covardia dos príncipes, o mesmo desejo de ver os bárbaros expulsos para além dos Alpes.

Guicciardini defendia o mesmo parecer, mas lhe explicou que, quando os poderosos têm de entrar em acordo, as coisas necessariamente procedem com lentidão. Finalmente, graças às hábeis operações de Guicciardini, o rei da França, o papa, os florentinos e os venezianos formaram em Cognac, em 22 de maio, a Liga Santa contra o imperador Carlos v. Francesco Maria della Rovere, duque de Urbino, comandava as tropas venezianas; Guido Rangoni comandava os soldados pontifícios; Vitello Vitelli, os florentinos; e Giovanni das Bandas Negras era o "capitão geral da infantaria italiana". Francesco Guicciardini foi nomeado o lugar-tenente geral.

Teoricamente, esse exército teria condições de derrotar as tropas imperiais, principalmente se os vários capitães tivessem decidido atacar subitamente Milão. Na prática era um exército dividido pela rivalidade e pelos ressentimentos. Como esperar que o duque de Urbino pudesse combater com determinação, quando o tratado de Cognac previa que o forte de San Leo, que tinha-lhe pertencido, seria entregue aos florentinos, que o haviam tomado em 1516? Além disso, o duque de Ferrara, que poderia constituir um forte obstáculo às tropas imperiais que desciam da Alemanha, não aderiu à Liga porque o papa pretendia que Reggio e Rubiera lhe fossem devolvidas. A Itália se encontrava prestes a ser engolida e cada um, com o papa à frente, só pensava nos próprios interesses.

Demonstrou-se quão pouco valiam os exércitos da Liga assim que a guerra começou. Sem esperar o auxílio dos franceses, por outro lado incertos, o exército se aproximou de Milão e em 24 de junho venceu Lodi, que capitulou. Em 7 de julho, as tropas da Liga iniciaram o ataque a Milão, mas, diante da resistência espanhola, o duque de Urbino, que dava a última palavra nas decisões, determinou a retirada em direção a San Martino e a Marignano: *veni, vidi, fugi,* como escreveu Guicciardini em sua *Storia d'Italia*.

Maquiavel estava presente no campo de Marignano. Abandonadas as fortificações, e após persuadir o papa a não atender ao conselho de alargar o perímetro dos muros até a inclusão de San Miniato, recebera uma tarefa importantíssima, delegada pelo cardeal de Cortona e governante de Florença em nome de Clemente VII, ou pelo próprio Guicciardini. Fora enviado ali para tentar "reorganizar esta milícia", como escreveu Guicciardini em 18 de julho a Roberto Acciaiuoli. Porém, mal chegou ao campo escreveu a Guicciardini e, ao perceber a que ponto aquela milícia estava corrompida, renunciou ao cargo: a partir daí pretendia apenas "rir dos erros humanos, já que não os posso corrigir" (*L*, 593, n. 2).

Além de rir dos erros que não era capaz de corrigir, pensava em Bárbara, que não lhe escrevia. Lamentou-se disso com Iacopo Falconetti, o Fornalheiro, que lhe escreveu em 5 de agosto para informá-lo de que Bárbara jurara ter-lhe escrito e que fingira estar de mal apenas "para ver se vós a quereis bem". Agora que estava certa de que Maquiavel leria suas cartas, prometia escrever todas as semanas, implorando que ele não se aborrecesse com ela. Acrescenta, porém, com cautela: "Vós a conheceis melhor do que eu: não sei se o que diz é confiável."

Na verdade, Maquiavel bem que tentou disciplinar as tropas, quando não pensava em Bárbara. Chegou mesmo a pensar em colocar nos trilhos os soldados de Giovanni de' Medici, o capitão que admirava acima de qualquer outro, segundo os esquemas que descrevera tão bem em *Da arte da guerra* e que ele tinha achado bons e fáceis, no papel. No acampamento, porém, as coisas se desenrolaram de forma muito diversa. Para o azar de Maquiavel, o episódio fora assistido por Matteo Bandello, frade, cortesão e escritor de novelas de qualidade, que não demonstrou piedade ao relatar a magra figura do improvisado capitão: "*Messer* Niccolo", escreveu Bandello, "nos manteve em vigília sob o sol por mais de duas horas para ordenar três mil infantes segundo aquela ordem que escreveu, e jamais conseguiu de fato ordená-los". Giovanni de' Medici decidiu intervir para pôr fim àquele tormento, solicitando a Maquiavel para deixar aquela tarefa por sua conta. Num "piscar de olhos", com o auxílio dos tamborins, Giovanni organizou os soldados de modos diversos, "para enorme admiração" daqueles que assistiam à prova. A história demonstra, escreve acidamente Bandello, "quanta diferença há entre aquele que sabe, mas jamais praticou o que sabe, e aquele que, além de saber, já colocou várias vezes, como é costume dizer, as mãos na massa". Pelo menos uma vez Nicolau teve de sofrer a injúria de ter sido escarnecido por um frade.

Sua reputação de perito em assuntos militares e políticos, entretanto, não foi seriamente prejudicada pela sua triste figura em Marignano. As informações que transmitiu naqueles dias sobre o estado dos exércitos e os desenvolvimentos político-diplomáticos foram lidas em Florença com grande atenção e admiração: "Desejo muitíssimo as vossas cartas, que para mim são como oráculos", escreveu-lhe em 11 de agosto Bartolomeo Cavalcanti. Era um sinal de que os jovens florentinos que se preocupavam realmente com sua pátria, como era o caso de Cavalcanti, encontravam nas cartas do velho Maquiavel uma forma de tratar das "grandes coisas" da política com uma lucidez e uma paixão incomuns.

As operações militares da Liga, nesse ínterim, procediam à maneira de sempre, isto é, sem estratégia nem ordem. Abandonada a idéia de conquistar Milão, onde Francesco II Sforza tinha, nesse meio tempo, entregue o castelo aos espanhóis, o duque de Urbino enviou parte de suas tropas para assediar Cremona. O ataque corria o risco de representar uma inútil perda de tempo e de forças. Para evitar uma outra vergonha como a da retirada de Milão, Guicciardini enviou Maquiavel ao acampamento, porque ele era o único em quem se podia realmente confiar, em meio a tantos chefes e capitães arrogantes, ressentidos e suspeitosos.

Suas instruções eram precisas: Maquiavel deveria convencer o plenipotenciário veneziano e seus capitães de que, caso Cremona não caísse entre quatro ou seis dias, seria preciso levantar acampamento e se dirigir aos arredores de Gênova, para impedir a chegada de reforços espanhóis. Partiu em 9 de setembro, e no dia 13 participou de um conselho de guerra. Escreveu pessoalmente o plano de ataque a Cremona, talvez porque ninguém mais se decidira a fazê-lo. A cidade se rendeu em 23 de setembro, mas por um acordo e não por conquista. Não se tratava de uma vitória triunfal, mas era sempre melhor do que a vergonha sofrida sob os muros de Milão.

Para esfriar os entusiasmos há pouco aquecidos, chegou de Roma uma notícia que parecia inacreditável: após ter assinado uma trégua com os poderosos barões Colonna, Clemente VII dispensou os soldados a seu serviço! Os *Colonnesi*, de acordo com o agente do imperador, Hugo de Moncada, entraram em Roma na noite entre os dias 19 e 20, saquearam o Vaticano e São Pedro e obrigaram o papa a se refugiar no Castel Sant'Angelo. E o que é pior, o papa assinou com Hugo de Moncada uma trégua de quatro meses, comprometendo-se a retirar as tropas pontifícias da Lombardia.

Uma guerra que parecia impossível perder se transformara assim numa mixórdia tão tumultuada que nem mesmo Cristo teria sido capaz de desenredá-la, escreve Maquiavel a Bartolomeo Cavalcanti no início de outubro. Era preciso agradecer ao papa por esse belíssimo resultado, pois se antes ele não quis recolher o dinheiro "da forma como o fizeram os outros Papas", agora se tinha deixado apanhar "como um bebê". Entretanto, além do papa, os próprios capitães tinham-se empenhado diligentemente em levar à falência todo o empreendimento, "todos ambiciosos e insuportáveis", e que agora, após a partida das tropas do papa, brigavam entre si como cães. E também o duque de Urbino fizera sua parte, pois "soube fazer o mal contra a vontade de todos, porém, contra a vontade de todos não soube fazer o bem" (*LC*, 616).

Não obstante "a solicitude e a diligência" de Guicciardini, a guerra na Lombardia terminava com enorme malogro para a Liga Santa. Maquiavel nada mais tinha a fazer. A não ser retornar a Florença. Ao longo da estrada se deteve em Módena, onde, além de gracejar com Filippo de' Nerli, consultou um profeta que lhe disse ter previsto a fuga do papa e a inutilidade da empresa, que "os tempos maus" ainda não tinham-se acabado e que ainda havia muito o que sofrer.

O profeta de Módena tinha visto corretamente. Nicolau não passaria o próximo inverno estorvando e embaraçando a bodega de Donato del Corno, como lhe escrevera o maldoso Filippo de' Nerli para se vingar das peças que Nicolau lhe pregara ao passar por Módena.

XXII

AMAR A PÁTRIA MAIS DO QUE A PRÓPRIA ALMA

Após a ruína do plano de expulsão dos espanhóis de Milão, os Estados italianos, com o papa e Florença à frente, estavam agora expostos à ameaça de um exército imperial composto por soldados de infantaria espanhóis e lanceiros alemães que começavam a ocupar a península. Maquiavel sabia melhor do que ninguém o que uma horda daquele tipo desejava e era capaz de fazer; e em Florença estava sua família, seus filhos. Tinha por todos eles uma intensa ternura e sentia mais forte do que nunca aquele amor pela pátria que o acompanhara durante toda sua vida. Florença, a livre República de Florença, era a sua pátria; mas a Itália também era. No decorrer de poucos meses, uma delas, a Itália, sofreu o horror do saque de Roma; sua outra pátria, a República de Florença, renascida após uma nova expulsão dos Medici, o rejeitara.

Se, para Nicolau, houve um tempo propício a buscar conforto na penitência e na redenção, isso aconteceu nos últimos meses de sua vida. Creio, entretanto, que antes de fechar os olhos para sempre, ele não tenha feito penitência, nem chegou a pedir perdão a Deus por ter amado tanto a vida, a pátria e as mulheres. Talvez tenha pensado em redimir-se, mas seria uma redenção muito particular. Não uma redenção na companhia dos santos e dos beatos, que ele não amava, mas na dos grandes homens de Estado, os legisladores, os filósofos políticos, os capitães e os heróis que não tinham necessidade de Deus porque eles próprios se transformaram em deuses pela força de sua inteligência e de seu espírito, e viviam num mundo totalmente e apenas deles, circundados pela luz da verdadeira glória.

Os lanceiros, chefiados por Georg Frundsberg, estavam concentrados em Bolzano desde o início de novembro. Dali, sem serem enfrentados pelos venezianos, desceram rumo ao rio Pó. O único que os enfrentou foi, nem seria preciso dizer, Giovanni das Bandas Negras, em Borgorte, junto a Mântua, em 25 de novembro de 1526. Durante a batalha, Giovanni foi ferido na coxa por um golpe de falconete.[1] Alguns dias depois, em 30 de novembro, morreu em Mântua. A morte de Giovanni era um exemplo do que Maquiavel tinha descrito: quando a fortuna resolve infligir "grandes ruínas" a um povo, faz de modo que haja muitos homens que "colaborem com essa ruína", e no caso de existir alguém que possa derrotar seus planos, "trucida-o ou priva-o de todas as faculdades que possam ocasionar algum bem" (*D*, II, 29).

Vencida aquela única resistência, os lanceiros atravessaram o Pó rumo a Ostiglia, em 28 de novembro. Tinham a seu dispor vários caminhos, podendo prosseguir rumo a Milão, a Florença ou mesmo a Roma. Os governantes de Florença procuraram saber que caminho iria tomar aquela enxurrada e o que pensavam fazer os espanhóis aquartelados em Milão e, sobretudo, como encontrar uma forma de detê-los. Necessitava-se de alguém que pudesse ir a Módena discutir o assunto com Guicciardini. O velho Maquiavel foi escolhido e recebeu instruções para informar que os florentinos não acreditavam ser capazes de salvar Florença e que estavam propensos a buscar "qualquer acordo", confiando a Guicciardini a tarefa de tratar em nome da cidade, "porém, conforme seja instruído pelas circunstâncias" (*LC*, 1600).

Cavalgar em pleno inverno sobre as montanhas dos Apeninos não era brincadeira para um homem à beira dos sessenta anos.

---

1. Falconete: peça de artilharia que disparava projéteis de quase um quilo. (N.T.)

As recompensas, como de costume, eram magras, e as honras ainda piores. Mesmo assim, ele se dirigiu a Módena, onde chegou em 2 de dezembro, em horas tardias. Encontrou-se com Guicciardini, e na mesma noite escreveu a Florença para relatar a opinião de Guicciardini sobre a situação militar e sobre as possibilidades de negociar um acordo. Os lanceiros, explicava, eram cerca de quinze ou dezesseis mil; alguns pensavam que não passavam de dez mil, e pareciam estar dispostos a tomar o caminho de Milão e se reunir aos espanhóis. Dali poderiam investir ou contra os venezianos ou contra as terras da Igreja na Romanha, ou então se dirigir rumo a Toscana. As tropas do duque de Urbino achavam-se na retaguarda dos lanceiros, mas ele não mostrava nenhum desejo de atacá-los, mesmo depois de ter sido "solicitado muitas vezes" a fazê-lo por Guicciardini. No total, as tropas da Liga somavam cerca de vinte mil homens. Se fossem reunidas em um único exército, e não faltando o auxílio financeiro do papa, seria possível alcançar alguma segurança, segundo o parecer de Guicciardini. Ele, porém, advertia também que, enquanto as tropas permanecessem divididas e os capitães continuassem a desconfiar uns dos outros, "se podia esperar pouco bem".

Em relação à defesa de Florença, relata Maquiavel, Guicciardini dizia poder oferecer com segurança apenas "seis ou sete mil infantes da Igreja aqui presentes", e que procuraria fazer o que lhe era possível para reunir os exércitos e oferecer a Florença, assim, um auxílio mais efetivo. Enfim, a idéia de entabular tratativas de paz devia ser abandonada: não havia nenhuma possibilidade de corromper os alemães e convencê-los a se afastar dos espanhóis, porque uns e outros formavam "um único corpo". Se realmente queriam tentar um acordo, deviam procurar fazê-lo em Roma, entrando diretamente em contato com o vice-rei de Nápoles, Charles de Lannoy, ou com dom Hugo de Moncada.

Nessa carta escrita em Módena, Maquiavel apenas transmitiu as palavras de Guicciardini. Nenhum comentário, nenhum apelo de sua parte. Dessa vez seriam inúteis, já que compartilhava palavra por palavra tudo o que fora dito por Guicciardini. De sua parte, escreveu apenas um estranho pós-escrito: "Que Vossas Senhorias saibam da morte do senhor Giovanni, o qual é morto para a consternação de todos" (*LC*, 1601-3). São palavras estranhas, porque não havia nenhuma necessidade de informar os florentinos de uma coisa que já sabiam. Essas palavras eram um desabafo: não conseguia se conformar com a idéia de que o acaso tivesse feito morrer o único comandante capaz de vencer aquela guerra.

Escreveu de novo, no dia seguinte, para informar que as tropas seguiam em direção a Parma e Piacenza, e que Guicciardini partira para Parma, e repete, caso não tivessem entendido, que pensar em negociar a paz parecia a Guicciardini uma "empresa totalmente vã e danosa, sem proveito algum". Com a partida de Guicciardini, só lhe restava montar a cavalo e voltar mais uma vez a Florença. Iniciou viagem no dia 5, e viajou lentamente "para não perder o fôlego sem necessidade".

Começava o terrível 1527, ano "repleto de desastres atrocíssimos e jamais ouvidos em muitos séculos: destruição de Estados, perversidade de principios, horríveis saques a cidades, grande carestia de víveres, peste por quase toda a grandiosa Itália; cada coisa repleta de morte, de fuga e de rapinas", como escreveu Guicciardini em *Storia d'Italia*. Guicciardini foi quem se encarregou de avisar os florentinos dos males que se anunciavam, sendo ele um dos poucos capazes de enxergar em meio a tantos cegos. A opinião de muitos, escreveu em 31 de janeiro, é que o exército imperial deveria seguir em direção à Toscana: não seria errado "acreditar no pior" e, sobretudo, era preciso tomar providências imediatas, com toda a atenção "e com a maior valentia possível" (*LC*, 1617).

Para entrar em acordo sobre em que deveriam consistir tais valentes providências, os Oito enviaram Maquiavel a Parma, ao encontro de Guicciardini. O lugar-tenente havia solicitado a presença de Maquiavel, para ter ao seu lado uma pessoa de confiança, que visse as coisas como ele as via e que podia ser empregada nas difíceis negociações com os capitães dos exércitos da liga antiimperial. Maquiavel chegou a Parma apenas no dia 7 de fevereiro, em parte por causa dos obstáculos representados pelos exércitos inimigos e em parte pelas difíceis condições da viagem, naquele fevereiro frio, chuvoso e mais cheio de neve do que de costume.

Na mesma noite de sua chegada, escreve para informar que Guicciardini solicitava que tanto as tropas do duque de Urbino como as do marquês de Saluzzo se dirigissem à Toscana, colocando-se à frente, e não à retaguarda, dos alemães e espanhóis. Relata também seu encontro com o duque de Urbino, que tinha sido armado por Guicciardini. Porém, não obstante seus esforços, e conhecemos bem sua capacidade de negociador e orador, o duque de Urbino permanecia obstinado em seu propósito de ficar à cauda dos imperiais, e bem distante deles. Teriam outro encontro no dia seguinte "com a pena nas mãos", para colocar no papel os planos e as obrigações recíprocas.

Escreveu novamente em 11 de fevereiro e explicou aos florentinos que o exército imperial em sua atual condição, carente de dinheiro e víveres, não poderia se manter unido por muito tempo. Sua única força eram os erros e as hesitações dos aliados: "Os peritos da guerra que aqui estão julgam que é possível alcançar a vitória, se os maus conselhos ou a falta do dinheiro não puserem tudo a perder." Três dias depois, escreve de novo para que os florentinos compreendam que os imperiais se encontram "em tamanha penúria, que, se forem enfrentados pelos nossos, é impossível que vençam esta batalha". Exorta aos florentinos que se preparem efetivamente para a defesa, seguindo o exemplo dos povos da Lombardia, os quais, após saber das violências cometidas pelos espanhóis em Milão, mostraram-se tão apavorados a ponto de "preferir antes morrer" a ter os espanhóis em casa. Dá a eles outro conselho, igualmente importante, de restituir ao duque de Urbino aquela funesta rocha de San Leo, de modo que ele tivesse uma boa razão para "dedicar-se de boa vontade", abandonando de vez a absurda tática de estar sempre por trás e a boa distância dos imperiais.

No mesmo dia, Guicciardini escrevia as mesmas coisas, procurando desarrolhar os ouvidos do papa: "Sem o auxílio dos venezianos as nossas forças não são suficientes para se defender; e sem que o duque esteja bem satisfeito, seu auxílio valerá bem pouco; gostaria de saber qual seria o valor daquela maldita pedra, que para tê-la esteja disposto a dar chance a tantas ruínas" (*LC*, 1611). Mas nem as exortações de Maquiavel a Florença, nem os apelos de Guicciardini a Roma tiveram os efeitos desejados, porque o pontífice era impelido mais pelo "ódio antigo e novo" contra o duque de Urbino do que pela "razão". O ódio e o ressentimento moviam também o duque de Ferrara, que abastecia os exércitos imperiais com víveres, pólvora e artilharias, incluindo o falconete que havia golpeado mortalmente Giovanni das Bandas Negras. Para não falar dos cidadãos de Siena, prontos a fazer o mesmo pelos alemães e pelos espanhóis, contanto que eles destruíssem a Toscana. Numa situação como essa, até um exército menos valoroso do que o dos imperiais seria capaz de colocar os italianos de joelhos.

Apesar de carente de dinheiro e víveres, aquele era um exército que não se deveria desprezar. A cada momento parecia a ponto de desmantelar-se, e, ao contrário, não se desfazia jamais. A determinação dos chefes de continuar avançando pela Itália "sem dinheiro, sem munição, sem sapadores, sem ordem para carregar víveres", em meio a tantas "terras inimigas e contra inimigos que tinham muito mais homens do que eles", surpreende a todos, incluindo Guicciardini e Maquiavel. Mais surpreendente ainda era a "perseverança dos alemães, que partiram de sua terra com apenas um ducado para cada um, e tendo suportado tanto tempo na Itália com apenas dois ou três ducados no máximo para cada um, se colocassem, contra o hábito de todos os soldados e especialmente os de sua nação, a caminhar na vanguarda, não tendo outro prêmio ou garantia que a esperança da vitória" (*Storia d'Italia*, XVIII, 4).

O que impulsionava os lanceiros para frente era certamente a autoridade de seu chefe, Georg Frundsberg, e a expectativa de ocupar Roma, como escrevera Guicciardini. Mas é preciso não esquecer que aqueles soldados eram luteranos, e que além da cobiça pelo butim, eram movidos também pelo furor religioso de punir a corrupta corte de Roma. Possuíam, além disso, uma organização particular que os tornava relativamente autônomos em relação aos seus chefes. Essa organização foi posta à prova quando Georg Frundsberg sofreu um ataque apoplético em 17 de março, tendo de abandonar o comando das tropas. Nem mesmo naquele momento o exército se dissolveu, e a partida do comandante não foi para os imperiais o início de "sua ruína", como escreveu Maquiavel em Bolonha, no dia 18 de março, enquanto gozava da generosa hospitalidade do cardeal Innocenzo Cybo, em uma cidade coberta de neve "tão alta como um braço".

A partida de Frundsberg tornara ainda mais difícil chegar a um acordo com o exército imperial. Fazer acordos com o vice-rei de Nápoles Charles de Lannoy ou com o duque de Bourbon, lugar-tenente geral de Carlos V, que comandava o exército imperial, era algo totalmente inútil, porque nem um nem outro eram capazes de impor os acordos aos seus soldados, se estes não se sentissem satisfeitos. No ponto em que as coisas tinham chegado, somente estes se satisfariam apenas com o saque de Florença ou com o de Roma. O papa Clemente aprendeu isso à própria custa. Cansado das promessas não cumpridas pelo rei da França e das eternas evasivas do duque de Urbino, além de sua incapacidade pessoal de tomar decisões resolutas, e com falta de soldados, estipulou em 16 de março uma trégua de oito meses com o vice-rei Charles de Lannoy. O acordo previa que, se o papa desse a eles sessenta mil ducados, os imperiais se retirariam para além do Pó. Mas, ao contrário, após ter firmado o acordo, o Bourbon colocou-se em marcha rumo a Florença e no dia 29 mandou informar que exigia para a trégua o pagamento de 150 mil ducados.

Para Maquiavel, que nos *Discursos* havia escolhido como exemplo a ser imitado os romanos, que "jamais conquistaram a paz com dinheiro, mas sempre com a virtude das armas" (*D*, II, 30), era óbvio que a salvação não estava nos acordos, mas nas armas, e que era preciso usar o dinheiro para preparar a guerra, não para dá-lo aos inimigos e torná-los ainda mais poderosos. Mais uma vez, ele e Guicciardini tinham as mesmas opiniões. Assim, enquanto Guicciardini escreve a Roma aconselhando que qualquer tratativa fosse abandonada, que não se gastasse mais dinheiro para nomear novos cardeais e que o vice-rei fosse preso, Maquiavel escreve em 2 de abril, de Ímola, para incitar os florentinos a preparar suas defesas, em vez de oferecer dinheiro aos imperiais para que poupassem sua cidade.

Maquiavel fez esse apelo com toda a lucidez e toda a paixão de que era capaz. Os imperiais, explicou, haviam mostrado "o seu ânimo perverso contra a Itália, acima de tudo contra esta cidade" que desejavam espoliar. Nenhum de seus chefes, nem mesmo o vice-rei, possuía autoridade suficiente para detê-los. Para levá-los a renunciar ao assalto de Florença e obrigá-los a aceitar um acordo suportável, era preciso preparar-se para a guerra: "Pois, que acordo podeis esperar de tais inimigos que, ainda tendo entre vós e eles os Alpes [na verdade, os Apeninos], e estando as vossas gentes ainda de pé, vos exigem cem mil florins entre três dias, e 150 mil entre dez dias?" Quando chegassem junto a Florença pediriam todo seu capital, porque eram incitados apenas "pela esperança de poder vos apresar". A única solução seria fazer com que eles mudassem de idéia usando todas as forças disponíveis antes que atravessassem os Apeninos. Os florentinos não deveriam se deixar afogar em uma poça depois de ter "atravessado um mar tempestuoso", e era preferível gastar dez florins "para liberar-vos com segurança" do que despender quarenta para "que vos acorrentem e vos destruam" (*LC*, 1645-6).

No mesmo dia escreve também ao filho Guido. As duas cartas nos dão a possibilidade única de observar, um ao lado do outro, o Maquiavel público e o familiar. Enquanto a carta pública nos mostra um homem que busca com todas as forças e inteligência salvar a pátria, a carta familiar nos apresenta sua ternura. A carta escrita a Guido possui uma intensidade particular, por causa do temor daquela guerra que ameaçava Florença cada vez mais de perto, mas não deve ser um caso único, porque a ternura não nasce num só dia. Essa carta nos mostra melhor do que qualquer outra o vulto que Nicolau ocultava atrás de seu sorriso.

Guido acabara de convalescer de uma moléstia e podia, finalmente, dedicar-se aos estudos que amava. Nicolau depositava muitas esperanças nesse filho. Queria que ele sentisse sua presença e seu auxílio, desejava confortá-lo e estimulá-lo não com a voz solene de um pai, mas com a voz de um amigo. Oferecia sua ajuda e o auxílio dos amigos que possuía, mas ensinara-o principalmente que o verdadeiro modo de se distinguir é aprender a fazer o bem. Se Deus nos der vida, escreve, e este não era apenas um lugar-comum, com o exército dos lanceiros que se aproximava de Florença, "eu creio fazer de ti um homem de bem, desde que queiras fazer a tua parte; [...] mas é preciso que aprendas e porque tu não terás a desculpa do mal, a dura fatiga em aprender as letras e a música, que veja quanta honra me faz um pouco de virtude que possuo. Assim, pois, filho meu, se queres me deixar contente, e fazer bem e honra a ti, estuda, faz o bem, aprende, porque se tu te ajudares, todos te ajudarão" (*L*, 624-5).

Nicolau oferece uma lição ainda mais bela a propósito de um mulinho enlouquecido, ao qual o pequeno Guido tinha-se afeiçoado. Guido tinha medo, evidentemente, de que o animalzinho precisasse ser amarrado ou coisa pior, e foi ao pai para que interviesse. Deve ter ficado doido de alegria ao ler estas palavras: "O mulinho, por ter enlouquecido, deverá ser tratado ao contrário dos outros loucos: porque os outros loucos são amarrados, e eu quero que o soltes. Entrega-o ao Vangelo, a quem ordenarás para que o leve para Montepugliano, e depois o livre de suas rédeas e cabresto, e deixe-o andar para onde queira ir para cuidar da própria vida e curar-se da loucura. O campo é largo, a besta é pequena, não poderá fazer mal nenhum".

Guido rapidamente envia uma feliz resposta, em 17 de abril: "O mulinho ainda não foi mandado para o Monte Pugliano, porque a erva ainda não cresceu o bastante; mas, assim que o tempo melhorar, será mandado". É difícil imaginar um modo mais eficaz para ensinar a um garoto que a liberdade ajuda a recuperar a saúde da mente, e que até as criaturas mais fracas e desafortunadas têm o direito a um pouco de piedade.

Com suas cartas Nicolau procurava tranqüilizar Guido e os outros o melhor possível. Escreveu para tranqüilizar *monna* Marietta, dizendo que estaria em casa "antes que aconteça alguma aflição", e que eles deveriam estar tranqüilos, e que não dessem ouvidos aos boatos que circulavam em Florença sobre a chegada dos lanceiros. Era uma promessa que não podia manter, mesmo sendo sincero quando afirmou que nunca desejara estar em Florença. Devia continuar a seguir, com Guicciardini, o desenrolar da guerra, para evitar que a imbecilidade e a estupidez do papa e dos outros príncipes ocasionassem uma tragédia da qual ele próprio e seus caros, em Florença, seriam as primeiras vítimas. Suas cartas conseguiram acalmar a brigada: Guido escreveu que, já que ele tinha prometido estar com a família, "não pensamos mais" nos lanceiros, e que a pequena Baccina, sabendo que o pai havia-lhe comprado uma "corrente tão bela", não pensava em mais nada. Para alegrar ainda mais o pai, anunciava-lhe ter iniciado o estudo dos particípios e que, quando ele estivesse de volta, recitaria de cor todo o primeiro livro das *Metamorfoses* de Ovídio.

Enquanto isso, os lanceiros continuam a avançar rumo a Florença. Aquele exército, escreve a Vettori em 5 de abril, "não seria capaz de pilhar nem um rato" se encontrasse pela frente um opositor de verdade. Mas havia o perigo de que nenhum dos príncipes italianos opusesse resistência, indecisos entre a guerra e os acordos, enquanto os imperiais pensavam somente na guerra. Suas cartas eram agora invocações desesperadas. Escreveu a Vettori no dia 16 de abril que, caso o Bourbon resolvesse movimentar seus exércitos no dia seguinte, seria preciso direcionar todos os pensamentos à guerra, "sem deixar que nem mesmo um pêlo pense na paz". A situação era desesperadora, não se podia mais andar coxeando, era preciso "fazer a guerra às loucas". Os inimigos encontravam-se sem artilharias e se moviam ao longo de uma terra hostil; os italianos deveriam "recolher a pouca vida que nos resta", unir as forças da Liga em um só ponto e obrigá-los finalmente a recuar e aceitar um acordo razoável: "Eu amo *messer* Francesco Guicciardini, amo a minha pátria mais do que a minha alma." Finalmente, saem do coração as palavras que ali estiveram desde sempre. É verdade que em Florença "amar a pátria mais do que a própria alma" era um modo de dizer originário da guerra dos Oito Santos, no século XIV. Mas essas palavras de Maquiavel eram mais do que apenas um modo de dizer; representavam a confissão de uma paixão profunda, exprimiam seu sofrimento por assistir ao extermínio da Itália sem nada poder fazer para evitá-lo, mesmo sabendo o que era necessário ser feito. Eis a razão daquele "eu amo *messer* Francesco Guicciardini", porque também Guicciardini naqueles últimos meses tinha compreendido o que era necessário fazer, e tinha-se empenhado, com todas as forças, para persuadir os surdos, para fazer os cegos enxergarem, para instilar um pouco de coragem na alma dos vis. Apenas Guicciardini tinha feito e podia fazer algo em benefício da pátria comum, e por isso Maquiavel o amava. Essas palavras não eram, pois, nem um clichê, nem a expressão de um patriotismo banal; com elas confessava ao amigo o sentido e o sofrimento de sua vida.

Finalmente, após tantas explicações e tantas exortações suas, e sobretudo de Guicciardini, as tropas da Liga se reuniram próximo a Florença para defendê-la dos imperiais. Até mesmo o duque de Urbino tomara posição, mostrando-se inesperadamente vivaz e veloz, depois que os florentinos lhe restituíram San Leo. O duque de Bourbon compreendeu que Florença, assim defendida, era um osso duro demais, e levou suas tropas em direção a Roma. Maquiavel retornou a Florença em 22 de abril, após uma ausência de quase três meses. A cidade estava repleta de tensão e de ódio contra os Medici, representados pelo cardeal de Cortona, que governava no lugar dos dois rebentos ilegítimos, Ippolito e Alessandro. No dia 26 de abril irrompe um tumulto que culmina na ocupação do Palazzo Vecchio por parte dos opositores dos Medici, entre os quais se encontra a nata da nobreza florentina. O cardeal de Cortona, com o consentimento do duque de Urbino, ameaçou mandar liberar o palácio pela força. O massacre de quase toda a nobreza e o saque à cidade por parte das mesmas tropas que tinham vindo para defendê-la foi evitado graças à autoridade e à habilidade de Francesco Guicciardini. Por outro lado, ele foi severamente repreendido tanto pelo cardeal de Cortona, por ter impedido que naquele dia o poder dos Medici fosse perpetuamente assegurado "com as armas e o sangue dos cidadãos", quanto pelos rebeldes, por tê-los induzido a "ceder sem necessidade" para benefício dos Medici (*Storia d'Italia*, XVIII, 7).

Ninguém, excetuando o conde Guido Rangoni, que contava com cinco mil infantes e mil cavalos, deu-se ao trabalho de deter os imperiais que marchavam sobre Roma, agora mais sob a forma de uma horda de desesperados do que como um verdadeiro exército. Ninguém percebeu que, justamente porque tinham sido reduzidos ao desespero, aqueles soldados seriam capazes de tudo. Eles chegaram aos muros de Roma em 4 de maio. No dia 6 tomaram-na e a saquearam, como já foi contado no início desta história.

Esse foi realmente "o fim moral da Itália". Foi também o fim do regime dos Medici em Florença. No dia 16, o cardeal de Cortona, mais por covardia do que por necessidade, deixou aos cidadãos de Florença a liberdade de restaurar a república, em troca de garantias para si, para os sobrinhos e para os jovens Medici. Niccolò Capponi foi eleito gonfaloneiro de justiça por um ano, com a possibilidade de ser reeleito por mais três. No dia seguinte, ele convocou o Grande Conselho, atribuindo-lhe a faculdade de deliberar as leis e de criar todas as magistraturas. Após quinze anos, finalmente era reaberta a "sala", e Florença se tornava livre.

Nesse meio tempo, Maquiavel se comprometera com Guicciardini a socorrer o papa Clemente VII que, por estupidez, não soubera impedir a tragédia do saque de Roma. Quando voltou a Florença, encontrou-a cheia de cidadãos felizes com a liberdade reencontrada. A alegria deles era também sua, ou melhor, principalmente sua. Tinha sido sempre republicano: servira a república durante quinze anos com toda a paixão, a inteligência e uma honestidade impecável. Quando os Medici o destituíram de seu cargo de secretário, escrevera a obra fundamental do republicanismo moderno, os *Discursos sobre a primeira década de Tito Lívio*, um livro totalmente inspirado pelo amor do "livre viver". Seguiram-se *Da arte da guerra* e a *História de Florença*, que também ensinaram que a liberdade deve ser defendida com as armas sob o domínio das leis, protegendo a cidade da peste do sectarismo. Havia educado muitos jovens florentinos sob os ideais republicanos, e esses jovens iriam ser os protagonistas justamente daquela que seria a última República florentina. Enfim, sempre que tivera ocasião de fazê-lo, tinha dito aos Medici que o único governo adequado a Florença era uma república bem ordenada, fundada na soberania do Grande Conselho.

Era natural que ele esperasse que a renascida república restituísse seu antigo cargo de secretário. Era apoiado por Zanobi Buondelmonti e Luigi Alamanni, os dois velhos amigos dos tempos das reuniões nos Orti Oricellari. Porém, no dia 10 de junho, foi nomeado secretário um tal Francesco Tarugi, que tinha sido secretário dos Oito de Prática desde junho de 1525 e que era, portanto, um homem dos Medici.

O que determinara tal escolha, mais ridícula do que propriamente injusta ou infeliz, tinha sido o fato de Maquiavel ter servido Clemente VII na desastrosa guerra contra os imperiais. Mas foi influenciada, sobretudo, pela imagem que muitos faziam de Maquiavel como um homem cruel, herético e conselheiro de tiranos. Um contemporâneo escrevera que o povo "o odiava por causa do *Príncipe*; os ricos achavam que o *Príncipe* era um documento que ensinava o Duque e os pobres, respectivamente, a tirar deles tudo o que eles tinham e toda a sua liberdade. Os *piagnoni* [o velho nome dos sectários de Savonarola, que professavam um moralismo rígido] achavam que ele era um herege; aos bons parecia desonesto, aos tristes mais triste ou valente do que eles. Por isso todos o odiavam" (*Ridolfi*, 388-9).

Ao nomear um outro como secretário, os florentinos não poderiam atingir o velho Maquiavel com dor maior. No curso de apenas um mês, Nicolau viveu primeiro a amargura da derrota de todos seus esforços para salvar a Itália da servidão, e depois a desilusão de se ver expulso mais uma vez do Palazzo Vecchio; dessa vez não por um governo dos Medici, mas pelos republicanos. Nunca como naquele momento lhe pareceram tão verdadeiras as palavras de Petrarca, com as quais encerrou uma *Exortação à penitência,* escrita poucos dias antes:

> Arrepender-se e conhecer claramente
> que tudo o que apraz ao mundo é breve sonho.

Giuliano de' Ricci, neto de Maquiavel por parte de Baccina, sua última filha, disse que seu grande avô pertencera a algumas confrarias seculares cujos membros se reuniam "em diversos oratórios feitos pela cidade, a cantar vésperas e dizer matutinas, a dar-se à disciplina e outras boas obras". Entre os costumes de tais confrades havia aquele de confiar a um colega a tarefa de escrever uma exortação à penitência para ser lida na Quaresma.

Por ser "pessoa tão apta e devota e religiosa", o encargo fora confiado certa vez a Maquiavel.

É difícil acreditar nas palavras de Giuliano. Preocupado como estava em redimir Maquiavel da reputação de homem mau e ateu, quis apresentá-lo como um homem pio e devoto. Mas como acreditar na imagem de um Nicolau que se recolhe em um claustro e faz exortações à penitência, ele que durante toda a vida seguira a máxima "é melhor fazer e arrepender-se do que arrepender sem ter feito", que representa o mais feroz desdém à penitência? De resto, ao ler aquela *Exortação*, pode-se observar que ela é construída totalmente com lugares-comuns da oratória e com paráfrases e citações dos Salmos e do Evangelho. Além do mais, é um texto composto sob encomenda, sob comissão de alguém, como outras orações e poesias que escreveu. Maquiavel adoeceu pouco depois de 10 de junho, possivelmente de peritonite aguda. No dia 20, tomou uma dose talvez excessiva de pílulas a base de aloé, que há muito tempo usava para curar suas dores de estômago e de cabeça. Morreu no dia 21 de junho, depois de se confessar com um certo frade Matteo. Foi sepultado no dia seguinte, no cemitério de Santa Croce. Em seus dias de moléstia contou aos amigos aquele sonho com o qual iniciei esta narração de sua vida. Assim, despediu-se do mundo dizendo que preferia ir para o inferno em companhia dos grandes da antigüidade, para discutir sobre os grandes assuntos da política, a ir ao paraíso, para junto dos beatos e dos santos. Foi sua última pilhéria, contada para rir com os amigos do inferno e do paraíso, para que compreendessem que ele era sempre o mesmo "Machia", e que nem mesmo a morte podia apagar aquele sorriso e petrificar seu rosto com a máscara do medo.

Nicolau morreu assim, com o mesmo sorriso com o qual vivera. Aprendemos que Nicolau respondia com seu sorriso às misérias da vida, para não se deixar vencer pelo sofrimento, pelo desprezo e pela melancolia, e para não dar aos homens e à fortuna a satisfação cruel de vê-lo chorar. Mas seu sorriso não era apenas sua forma de se defender da vida, era também o modo de mergulhar nela. Em seu sorriso havia sempre aquele amor pela liberdade e pela igualdade civil que sempre fora fortíssimo nele, porque somente entre livres e iguais, e não entre patrões e servos, é que se pode realmente rir. E havia, sobretudo, um profundo e sincero senso de compaixão, aquela compaixão que o fazia amar a variedade do mundo e que era o coração de seu amor pela pátria. Aquela compaixão benigna, que "não inveja, não é perversa, não se envaidece, não é ambiciosa, não busca apenas a própria comodidade, não desdenha, não pensa mal, não se alegra com o mal, não goza as vaidades, tudo sofre, tudo crê, tudo espera", como escreve na *Exortação*. Essas palavras, que Maquiavel realmente faz suas, são a derradeira chave para entender, se possível, a beleza de seu sorriso e de seu conhecimento da vida.

CRONOLOGIA ESSENCIAL DOS EVENTOS ITALIANOS, 1494-1527

1494 O rei da França, Carlos VIII, invade a Itália, reivindicando o domínio do Reino de Nápoles. Em Milão, Ludovico, o Mouro, destitui o sobrinho Gian Galeazzo II Sforza. Em Florença, Piero de' Medici é expulso e a república é instaurada. Em Pisa, a cidade se liberta do domínio florentino.

1495 Carlos VIII ocupa Nápoles. É constituída uma liga antifrancesa (firmada por Ludovico, o Mouro, Veneza, o papa, a Espanha e o Império). O rei consegue retornar à França superando o obstáculo representado pelas forças da Liga (batalha de Fornovo).

1498 Morre Carlos VIII. Em Florença, Savonarola é executado.

1499 Luís XII, novo rei da França, alia-se a Veneza, ao papa e a Florença contra Ludovico, o Mouro. César Bórgia (o Valentino) começa a constituir um domínio pessoal sujeitando a Romanha.

1500 Ludovico, o Mouro, é aprisionado pelos franceses, vitoriosos em Novara com o apoio dos suíços. O Tratado de Granada, que permanecerá no papel, prevê a repartição da Itália meridional entre franceses e espanhóis.

1502 Florença institui o gonfaloneiro perpétuo.

1503 Morte do papa Alexandre VI (Rodrigo Bórgia). O domínio de Valentino se desfaz. Após o brevíssimo pontificado de Pio III, o novo papa é Júlio II (Giuliano della Rovere). Com a batalha de Garigliano termina a guerra entre França e Espanha, com vantagem da última.

1504 Pelo armistício de Lyon, Nápoles passa às mãos da Espanha.

1506 Júlio II inicia a guerra contra Bolonha.

1508 Júlio II organiza contra Veneza a Liga de Cambrai (Espanha, França, Império, ducados de Savóia, Ferrara e Mântua).

1509 Derrota dos venezianos em Agnadello. Pisa se rende e retorna ao domínio florentino.

1511 Formação da Liga Santa (papa, Veneza, Espanha, Inglaterra, suíços, Império) contra Luís XII, que convoca em Pisa um concílio com o objetivo de destituir o papa.

1512 Apesar de sua vitória na batalha de Ravena, os franceses são obrigados a se render, após a invasão da Lombardia pelos suíços. Massimiliano Sforza, filho de Ludovico, o Mouro, retoma o poder em Milão. Em Florença, após o saque de Prato, os Medici são reconduzidos ao poder.

1513 Morte de Júlio II. Leão X (Giovanni de' Medici) sobe ao trono pontifício. Os franceses, derrotados pelos suíços, são obrigados a deixar Milão.

1515 Francisco I, novo rei da França, derrota os suíços em Marignano e reconquista o Ducado de Milão. Leão X renuncia a Parma e Piacenza.

1516 Com a paz de Noyon, o rei da Espanha e futuro imperador Carlos V (eleito imperador em 1519) reconhece o domínio francês sobre o Ducado de Milão, enquanto Francisco I renuncia aos direitos sobre o Reino de Nápoles, que fica em poder da Espanha.

1521 Com a invasão do Ducado de Milão pelas forças imperiais, começa a primeira guerra entre Carlos V e Francisco I. Morre Leão X.

1522 É eleito papa Adriano VI (Adriano Florensz). Derrota francesa em Bicocca.

1523 Após a morte de Adriano VI, é eleito papa Clemente VII (Giulio de' Medici).

1524 Francisco I reconquista Milão.

1525 Francisco I é derrotado e aprisionado na batalha de Pavia.

1526 Com a paz de Madri, Francisco I cede Milão à Espanha e renuncia às suas reivindicações sobre Nápoles. Ao retornar à França, assina com Veneza, Milão, Gênova, Florença e o papa a Liga de Cognac. Os espanhóis ocupam Milão.

1527 Saque de Roma por obra dos lanceiros a serviço de Carlos V. Em Florença, os Medici são expulsos e a república é restaurada.

BIBLIOGRAFIA SELECIONADA

ALBERTINI, Rudolf von. *Firenze dalla repubblica al principato*. Turim: Einaudi, 1970.

BARON, Hans. *La crisi del primo Rinascimento italiano*. Florença: Sansoni, 1970.

BOCK, G.; SKINNER, Q. & VIROLI, M. (Orgs.). *Machiavelli and Republicanism*. Cambridge: Cambridge University Press, 1990.

CHABOD, Federico. *Scritti su Machiavelli*. Turim: Einaudi, 1964.

DE GRAZIA, Sebastian. *Machiavelli all'inferno*. Roma-Bari: Laterza, 1990. [Ed. bras.: *Maquiavel no inferno*. Trad. Denise Bottman. São Paulo: Companhia das Letras, 2000.]

DIONISOTTI, Carlo. *Machiavellerie*. Turim: Einaudi, 1980.

GARIN, Eugenio. *Dal Rinascimento all'Illuminismo*. Pisa: Nistri-Lischi, 1970.

GILBERT, Felix. *Machiavelli e Guicciardini*. Turim: Einaudi, 1970.

______. *Machiavelli e il suo tempo*. Bolonha: Il Mulino, 1977.

MARTELLI, Mario. Schede sulla cultura di Machiavelli. *Interpres*, v. 6, p. 283-330, 1985-86.

______. *Machiavelli e gli storici antichi*. Roma: Salerno editrice, 1998.

MATTEUCCI, Nicola. *Alla ricerca dell'ordine politico. Da Machiavelli a Tocquevile*. Bolonha: Il Mulino, 1984.

NITTI, Francesco. *Machiavelli nella vita e nelle dottrine*. PALMIERI, S. & SASSO, G. (orgs.). Bolonha: Il Mulino, 1991, v. I. (reimpressão anastática da edição de 1876, Nápoles).

PAREL, Anthony J. *The Machiavellian Cosmos*. New Haven-Londres: Yale University Press, 1992.

PROCACCI, Giuliano. *Machiavelli nella cultura europea dell'età moderna*. Roma-Bari: Laterza, 1995.

RIDOLFI, Roberto. *Vita di Niccolò Machiavelli*. Florença: Sansoni, 1978.

SASSO, Gennaro. *Machiavelli e gli antichi e altri saggi*. Milão-Nápoles: Riccardo Ricciardi, 1987-88. 3 v.

______. *Niccolò Machiavelli*. Bolonha: Il Mulino, 1993. 2 v.

SKINNER, Quentin. *L'origine del pensiero politico moderno*. Bolonha: Il Mulimo, 1989. v. I. [Ed. bras.: *As fundações do pensamento político moderno*. Trad. Renato Janine Ribeiro e Laura Teixeira Motta. São Paulo: Companhia das Letras, 1996.]

TOMMASINI, Oreste. *La vita e gli scritti di N. Machiavelli*. Roma: Loescher, 1883-1911. 2 v. (o segundo em duas partes.)

VILLARI, Pasquale. *Niccolò Machiavelli e i suoi tempi*. Florença: Le Monnier, 1877-82. 3 v.

VIROLI, Maurizio. *Machiavelli*. Oxford: Oxford University Press, 1998.

ÍNDICE ONOMÁSTICO

Acciaiuoli, Roberto 140, 192, 276
Adriani, Marcello Virgilio 49, 50, 51, 129, 146
Afonso II, rei de Nápoles 37
Alamanni, Luigi di Piero 254, 255
Alamanni, Luigi di Tommaso 217, 223, 229, 255, 293
Alberigo di Giacomo Malaspina 62
Alberto de Orvieto, frei 241
Albizzi, Anton Francesco degli 193, 217, 229
Albizzi, Luca de 63
Alexandre VI (Rodrigo Bórgia), papa 67, 81, 94, 298
Alighieri, Dante 24, 178
Amboise, Carlos de 137
Aníbal 118, 250
Anselmo di Ser Bartolo 108
Antonio de Venafro 80
Appiani, família 95
Appiano, Jacopo IV di 53
Ardinghelli, Pietro 175, 207
Ariosto, Ludovico 223
Aristóteles 21, 173, 234
Avalos, Ferrante di, marquês de Pescara 270

Baglioni, Giampaolo 80, 95, 115, 116, 117, 118
Baldraccani, Antonio 55
Bandello, Matteo 277
Bandini, Bernardo 31
Bartoli, Domenico 45
Bastiano da Castiglione 114
Beaumont, Hugo de 62, 63
Becchi, Ricciardo 49
Bentivoglio, família 115
Bentivoglio, Giovanni 115, 118
Bentivoglios, família 154
Boccaccio, Giovanni 24, 199
Bórgia, César, dito o duque Valentino 55, 56, 57, 67, 72, 73, 74, 76, 79, 80, 81, 82, 83, 85, 89, 91, 92, 94,

95, 96, 97, 99, 104, 112, 188, 189, 297, 298
Bórgia, família 95
Bórgia, Francisco, bispo 149
Boscoli, Pietro Paolo 163, 165, 166, 190
Bracciolini, Poggio 230
Brancacci, Giuliano 170, 175, 202, 203, 204
Briçonnet, Guillaume, bispo 149
Brucioli, Antonio 217
Bruni, Leonardo 50, 230
Bruto, Marcos Júnio 161
Buonaccorsi, Biagio 50, 52, 53, 54, 102, 127, 131, 136, 151, 159
Buondelmonti, Zanobi 191, 217, 227, 229, 254, 255, 293

Calígula 24
Cambi, Giovanni 45
Camilo, Fúrio 93
Cancellieri, família 71
Capponi, Agostino 163, 165, 166, 190
Capponi, Niccolò 128, 293
Capponi, Piero 39, 42
Cardona, Raimondo di, vice-rei de Nápoles 150, 151, 152, 161
Carlos di Bourbon, duque 19, 287, 291, 292
Carlos V de Habsburgo, Imperador e rei da Espanha 255, 263, 273, 274, 275, 287
Carlos VIII, rei da França 37, 39, 40, 42, 43, 47, 59, 113
Carvajal, Bernardino, cardeal 149
Casavecchia, Filippo 122, 130, 170, 202, 203, 204
Castracani, Castruccio 229, 230, 239
César, Caio Júlio 122, 219
Cícero, Marco Túlio 17, 21, 130, 187, 188
Cipião, Públio Cornélio, dito Africano 17, 18, 118
Cipião, Públio Cornélio, dito Emiliano 17
Cipriano di Pontassieve, frade 165
Clemente VII (Giulio de' Medici), papa 175, 207, 224, 225, 231, 234, 236, 250, 253, 254, 263, 265, 272, 274, 276, 278, 293, 294
Colombo, Cesare 265
Colonna, família 278
Colonna, Marcantonio 115
Colonna, Próspero 235
Constanza, viúva romana 203
Corella, Michele de, dom 97, 104
Corno, Donato Del 170, 192, 200, 279
Corsini, Marietta 69, 70, 71, 83, 146, 174, 205, 227, 269, 290
Cybo, Innocenzo, cardeal 287

Da Varano, família 95
Dazzi, Andrea 167
Del Nero, Piero 102

della Casa, Francesco 63, 64, 65
della Magna, Niccolò 21
della Palla, Battista 217, 225, 229, 230
della Robbia, Luca 165
della Rovere, Francesco Maria, duque de Urbino 275
della Valle, Antonio 83
Diacceto, Francesco da, dito o Negro 217
Diacceto, Francesco da, dito o Violáceo 217
Diacceto, Iacopo da, dito o Diaccetino 217 229, 255
Diógenes Laércio 229
Domenico de Ponzo, frei 241
Domingos di Gusmão, são 239
Donà, Giovan Battista 267
Dovizi da Bibbiena, Bernardo, cardeal 207

Este, Isabella d' 134
Eufreducci, Oliverotto, de Fermo 80

Falconetti, Iacopo, dito o Fornalheiro 258, 261, 276
Fernandez de Córdoba, Gonçalo 121
Fernando de Aragão (o Católico), rei de Nápoles e 32, 67, 127, 150, 189
Ferreri, Giovanni, bispo 81
Filicaia, Antonio da 128
Foix, Gaston de 150
Folchi, Giovanni 163, 164
Francisco de Assis, São 239
Francisco I, rei da França 207, 210, 263, 273
Fregoso, Ottaviano 80
Frosino da Panzano 178
Frundsberg, Georg 282, 287

Gabburra, açougueiro 178
Giacomini Tebalducci, Antonio 114
Gianni, Astorre 31
Giannotti, Donato 258
Girolami, Raffaello 102, 255, 256, 257
Giunta, Filippo di 249
Gonzaga, Francesco, duque de Mântua 134
Gualberto, Giovanni, dito o Rovaio, frade 237, 246
Guicciardini, Antonio 178
Guicciardini, Francesco 37, 38, 56, 103, 138, 148, 151, 152, 231, 236, 237, 240, 241, 242, 243, 244, 245, 246, 247, 248, 257, 259, 260, 264, 265, 266, 267, 272, 273, 274, 275, 276, 278, 279, 282, 283, 284, 285, 286, 287, 288, 290, 291, 292, 293
Guicciardini, Luigi 132, 133
Guidetti, Francesco 229
Guinigi, Michele 225

Henrique VIII, rei da Inglaterra 150

Ilarione, frade 237, 248
Isaac, Heinrich 123

Jeanne ou Gianna ou Janna 146, 178, 191
Júlio II (Giuliano della Rovere), papa 95, 97, 99, 102, 114, 115, 118, 137, 138, 140, 142, 148, 151, 167, 189

Lannoy, Charles de, vice-rei de Nápoles 283, 287
Leão X (Giovanni de' Medici), papa 137, 147, 162, 167, 169, 175, 184, 190, 207, 224, 232, 253, 254, 273
Leonini, Camillo, bispo 138, 139
Licurgo 234
Lisandro 244
Lívio, Tito 21, 24, 93, 191, 216, 217, 251, 293
Lomellini, Davide 224
Lorenzo di Giacomino 83
Lorqua, Ramiro de 84
Lucrécia, dita a Riccia 178, 191, 192, 193, 194, 195, 200, 206, 212, 260
Lucrécio Caro, Tito 23
Luís XII, rei da França 55, 62, 63, 66, 67, 137, 150

Machiavelli, família 20, 22
Maliscotta 259, 260, 266, 268
Maquiavel, Bartolomea, dita a Baccina 22, 264, 290, 294
Maquiavel, Bernardo de Niccolò, pai de Nicolau 20, 21, 22, 24, 64, 131, 173
Maquiavel, Bernardo, filho de Nicolau 223, 227
Maquiavel, Guido 289, 290
Maquiavel, Lodovico 223
Maquiavel, Margherita 21
Maquiavel, Primavera 21, 64
Maquiavel, Totto 21, 22, 64, 69, 102, 103, 255
Mário, Caio 122
Martino, Piero di 132
Matteo, frade 295
Maximiliano I de Habsburgo, imperador 121, 123, 125, 126, 127, 132, 150
Medici, Alessandro de', filho natural de Lourenço 254, 292
Medici, Cosme, o Velho, de' 29, 232, 233, 258
Medici, família 28, 29, 31, 32, 33, 34, 39, 42, 43, 45, 74, 137, 142, 146, 151, 152, 153, 154, 155, 156, 160, 161, 162, 163, 164, 165, 167, 168, 175, 184, 190, 224, 230, 232, 233, 234, 235, 253, 254, 258, 272, 281, 292, 293, 294

Medici, Giovanni de', dito Giovanni das Bandas Neg 55, 273, 275, 277, 282, 284, 286
Medici, Giuliano de', duque de Nemours 166, 167, 175, 184, 185, 190, 206, 207, 254
Medici, Giuliano de', filho de Piero 29, 31, 122
Medici, Ippolito de', filho natural de Giuliano du 254, 292
Medici, Lourenço de', dito o Magnífico 29, 31, 32, 33, 35, 39, 118, 134, 154
Medici, Lourenço de', duque de Urbino 184, 190, 191, 224, 232, 254
Medici, Piero de', filho de Cosme 29
Medici, Piero de', filho de Lourenço o Magnífico 39, 40, 43, 46, 59, 81, 137
Michelozzi, Niccolò 163
Moisés 18, 189
Moncada, Hugo de 278, 283
Montefeltro, família 95
Montefeltro, Guidobaldo de, duque de Urbino 73, 80
Montepulciano, Francesco da, frade 59, 194
Montesecco, Giovan Battista de 31
Morone, Girolamo 270

Nardi, Iacopo 217, 229
Nasi, Alessandro 122
Nasi, Giovanbattista 175
Navarra, Pietro, conde 274
Nelli, Bartolomea de' 20, 22
Nerli, Filippo de' 51, 192, 217, 227, 259, 261, 267, 279
Nero 24

Ordelaffi, família 95
Orsini, família 80, 85
Orsini, Francesco, duque de Gravina 85, 86
Orsini, Giambattista 80
Orsini, Giulio 75, 76
Orsini, Paolo 75, 76, 80, 85, 86
Ovídio Nasão, Públio 23, 178, 290

Pacchierotto 240
Panciatichi, Bartolomeu 143
Panciatichi, família 71
Pazzi, família 31, 32, 47
Pazzi, Francesco dei 31, 122
Pazzi, Iacopo dei 31, 32
Petrarca, Francesco 24, 171, 178, 294
Petrucci, Pandolfo 80
Pio, Teodoro 242
Platão 17, 234
Plauto, Tito Márcio 261
Plutarco 17, 83
Pompeu, Cneu 122
Possente, Bastiano 192
Pucci, Giannozzo 45
Pucci, Roberto 255

Rangoni, Guido 275, 292
Riario, Girolamo, conde 56
Ricci, Giovanni de' 264
Ricci, Giuliano de' 264, 294
Riccio di Donato 194, 195
Ridolfi, Giambattista 160
Ridolfi, Lorenzo 260
Ridolfi, Niccolò 45
Ridolfi, Roberto 11
Robertet, Florimond 142
Romolino, Francesco, cardeal 44
Romolo, Andrea di 50, 69, 83
Rômulo 219
Rucellai, Bernardo 217
Rucellai, Cosimo 191, 217

Sadoleto, Iacopo 264, 265, 266
Salutati, Coluccio 50
Salutati Raffacani, Barbera ou Bárbara 258, 259, 260, 261, 262, 267, 268, 276, 277
Salviati, Alamanno 112, 120, 121, 128
Salviati, Francesco, arcebispo 31
Salviati, Giovanni, cardeal 32, 253, 263
Salviati, Iacopo 79, 87, 263, 264
Sano, ser 203, 240
Sanseverino, Federico, cardeal 149
Santi, Sigismondo 237, 242, 243, 245, 246, 247, 248
Savello, Luca 155
Savonarola, Girolamo 33, 34, 35, 37, 39, 40, 43, 44, 45, 46, 47, 49, 96, 160, 237, 241, 294
Scala, Bartolomeo 21, 230
Sforza, Francesco I, duque de Milão 118
Sforza, Francesco II, duque de Milão 270, 278
Sforza, Giovanni 95
Sforza, Ludovico, dito o Mouro, duque de Milão 37, 39, 55
Sforza Riario, Caterina 53, 54, 55, 56, 57, 63, 135, 273
Sforza Riario, Ottaviano 54
Sila, Lúcio Cornélio 122
Sisto IV (Francesco Della Rovere), papa 31, 32
Soderini, Francesco, bispo de Volterra 73, 74, 76, 80, 86, 89, 101, 102, 103, 104, 112, 113, 175
Soderini, Giovan Battista 118
Soderini, Paoloantonio 43
Soderini, Piero 89, 90, 93, 103, 104, 114, 119, 122, 123, 124, 137, 147, 151, 152, 154, 155, 156, 160, 161, 162, 163, 164, 169, 175, 189, 190, 232, 233, 235
Sólon 234
Strozzi, Filippo 250, 273
Strozzi, Lorenzo 224, 250
Strozzi, Matteo 102

Tácito, Públio Cornélio 17, 23
Tafani, família 197, 198

Tafani, Niccolò 195
Tarugi, Francesco 293
Terêncio Afro, Públio 212
Tibério 23
Tíbulo, Albio 23
Tornabuoni, Lorenzo 45
Tosinghi, Pier Francesco 65
Tucídides 23

Valori, Francesco 46
Valori, Niccolò 163, 167
Vangelo, camponês 289
Vernacci, Giovanni 174, 204, 205, 223, 224
Vespucci, Agostino 50, 51, 129
Vespucci, Bartolomeo 113, 119
Vettori 108, 122, 123, 124, 156, 157, 167, 169, 170, 171, 172, 173, 174, 175, 176, 177, 183, 184, 185, 191, 192, 193, 194, 195, 197, 198, 199, 200, 201, 202, 203, 204, 206, 207, 208, 225, 237, 258, 263, 290, 291
Vettori, Francesco 108
Vettori, Paolo 206, 207
Vincenzo, capelão 255
Virgílio Marão, Públio 23
Vitelli, família 85, 95
Vitelli, Paolo, barão 60, 61, 62
Vitelli, Vitello 275
Vitelli, Vitellozzo 72, 75, 76, 80, 85

ESTE LIVRO FOI COMPOSTO EM GATINEAU 10,5 POR 13,5 E IMPRESSO SOBRE PAPEL OFF-SET 75 g/m² NAS OFICINAS DA BARTIRA GRÁFICA EM OUTUBRO DE 2002